westermann

Markus Bauder, Thomas Paaß, Christian Seifritz

Holzer Stofftelegramme Wirtschafts- und Sozialkunde (Gesamtwirtschaft)

Kompetenzbereiche I–IV
Industriekauffrau/-mann
Kauffrau/-mann für Groß- und Außenhandelsmanagement
Kauffrau/-mann für Spedition und Logistikdienstleistung
Immobilienkauffrau/-mann
Kauffrau/-mann für Marketingkommunikation
u. a.

Baden-Württemberg

6. Auflage

Bestellnummer 14903

Die in diesem Produkt gemachten Angaben zu Unternehmen (Namen, Internet- und E-Mail-Adressen, Handelsregistereintragungen, Bankverbindungen, Steuer-, Telefon- und Faxnummern und alle weiteren Angaben) sind i. d. R. fiktiv, d. h., sie stehen in keinem Zusammenhang mit einem real existierenden Unternehmen in der dargestellten oder einer ähnlichen Form. Dies gilt auch für alle Kunden, Lieferanten und sonstigen Geschäftspartner der Unternehmen wie z. B. Kreditinstitute, Versicherungsunternehmen und andere Dienstleistungsunternehmen. Ausschließlich zum Zwecke der Authentizität werden die Namen real existierender Unternehmen und z. B. im Fall von Kreditinstituten auch deren IBANs und BICs verwendet.

Zusatzmaterialien zu „Holzer Stofftelegramme Wirtschafts- und Sozialkunde (Gesamtwirtschaft)“

Für Lehrerinnen und Lehrer

Lösungen zum Schulbuch: 978-3-427-14908-8
Lösungen zum Schulbuch Download: 978-3-427-15198-2

BiBox Einzellizenz für Lehrer/-innen (Dauerlizenz)
BiBox Klassenlizenz Premium für Lehrer/-innen und bis zu 35 Schüler/-innen (1 Schuljahr)
BiBox Kollegiumslizenz für Lehrer/-innen (Dauerlizenz)
BiBox Kollegiumslizenz für Lehrer/-innen (1 Schuljahr)

Für Schülerinnen und Schüler

BiBox Einzellizenz für Schüler/-innen (1 Schuljahr)
BiBox Einzellizenz für Schüler/-innen (4 Schuljahre)
BiBox Klassensatz PrintPlus (1 Schuljahr)

Druck und Bindung: Westermann Druck GmbH, Georg-Westermann-Allee 66, 38104 Braunschweig

ISBN 978-3-427-**14903**-3

Vorwort

Das Buch gewährleistet ein **systematisches Fitnesstraining für Unterricht + Klassenarbeit + Prüfung.** Die Stoffinhalte entsprechen den **Lehrplänen (Wirtschafts- und Sozialkunde kompetenzorientiert: Schwerpunkt Gesamtwirtschaft)** für **Baden-Württemberg (Industrie + Großhandel ... = mittlerweile weitgehend identische Prüfungen).**

Alle Kapitel der Wirtschafts- und Sozialkunde bestehen jeweils aus:

Stofftelegramm	Aufgaben	Prüfungsaufgaben
Stoffinhalte in Kurzform	**typische Fragestellungen zum Stoffgebiet + Tests mit Notenermittlung** in Gesamtwirtschaft	• kapitelzugehörige und zum neuen Lehrplan passende **Prüfungsaufgaben Gesamtwirtschaft (Industrie, Großhandel, Einzelhandel ...)** der letzten Jahre • Die letzten vier Abschlussprüfungen WiSo (ab Winter 2023/2024) befinden sich gebündelt am Ende des Buches.

Einsatzmöglichkeiten:

- **systematische Nachbearbeitung** eines Stoffgebietes
- **eigenverantwortliche Kontrolle** anhand der Übungsaufgaben und **Tests** mit Notenermittlung in Kombination mit dem Lösungsbuch
- **gezielte Vorbereitung auf Klassenarbeiten und Abschlussprüfung**

Das **Lösungsbuch (Bestell-Nr. 14908)** mit ausführlichen Antworten ist getrennt erhältlich.

Verfasser und Verlag wünschen Ihnen viel Erfolg beim Lernen, in der Klassenarbeit und Prüfung. Wir freuen uns, wenn das vorliegende Buch für Sie eine entscheidende Hilfe darstellt.

Inhaltsverzeichnis

Wirtschafts- und Sozialkunde

Kompetenzbereich I: In Ausbildung und Beruf orientieren

1	**Duales Ausbildungssystem**	**7**
1.1	Grundlagen: Beteiligte, Lernorte, Ausbildungsordnung	7
1.2	Das Ausbildungsverhältnis	9
1.3	Konfliktsituationen und Lösungsmöglichkeiten	17
2	**Schutzbestimmungen für Mitarbeiterinnen und Mitarbeiter am Arbeitsplatz**	**19**
2.1	Das Jugendarbeitsschutzgesetz	19
2.2	Arbeits-, Unfall-, Gesundheits- und Kündigungsschutz	22
3	**Mitwirkung und Mitbestimmung nach dem Betriebsverfassungsgesetz**	**24**
3.1	Allgemeine Grundlagen	24
3.2	Betriebsrat und Betriebsversammlung	26
3.3	Jugend- und Auszubildendenvertretung	28
3.4	Aufgaben zu den Kapiteln 3.1–3.3	29
4	**Tarifvertrag, Arbeitskampf und Betriebsvereinbarung**	**33**
4.1	Tarifvertrag und Arbeitskampf	33
4.2	Betriebsvereinbarung	37
4.3	Aufgaben zu den Kapiteln 4.1 und 4.2	37
5	**Das System der sozialen Absicherung**	**42**
5.1	Übersicht über die gesetzliche Sozialversicherung (Stand: 01/2025)	42
5.2	Ergänzungen gesetzliche Krankenversicherung	43
5.3	Ergänzungen gesetzliche Pflegeversicherung	44
5.4	Ergänzungen gesetzliche Rentenversicherung	48
5.5	Ergänzungen gesetzliche Arbeitslosenversicherung	48
5.6	Ergänzungen gesetzliche Unfallversicherung	51
5.7	Probleme der gesetzlichen Sozialversicherung	52
5.8	Das Dreischichtenmodell der Altersvorsorge	53
5.9	Aufgaben zu den Kapiteln 5.1–5.8	53
5.10	Exkurs: Die Gehaltsabrechnung: Fälle und Lösungen (Stand: 01/2025)	56
6	**Prüfungsaufgaben Kompetenzbereich I**	**59**

Kompetenzbereich II: Wirtschaftliches Handeln in der sozialen Marktwirtschaft analysieren

1	**Wechselseitige Beziehungen der Wirtschaftssubjekte**	**93**
1.1	Wirtschaftskreislauf	93
1.2	Bruttoinlandsprodukt als Maß für wirtschaftliche Leistung	95
1.3	Aufgaben zu den Kapiteln 1.1 und 1.2	97
2	**Ordnungsmerkmale der sozialen Marktwirtschaft**	**100**
3	**Kooperation und Konzentration**	**102**
3.1	Grundlagen	102
3.2	Kartell und Kartellverbot	103
3.3	Staatliche Wettbewerbspolitik	107
3.4	Aufgaben zu den Kapiteln 3.1–3.3	108

4 Markt und Preis 109
4.1 Markt und Marktformen 109
4.2 Bestimmungsgründe: Nachfrage und Angebot 112
4.3 Die Marktpreisbildung 118
4.3.1 Vollkommener und unvollkommener Markt 118
4.3.2 Polypol – vollkommener Markt 121
4.3.3 Markteingriffe des Staates 127
4.3.4 Angebotsmonopol 130
4.3.5 Angebotsoligopol 135
5 Prüfungsaufgaben Kompetenzbereich II 138

Kompetenzbereich III: Wirtschaftspolitische Einflüsse auf den Ausbildungsbetrieb, das Lebensumfeld und die Volkswirtschaft einschätzen

1 Konjunktur und Konjunkturpolitik 161
1.1 Konjunkturzyklus(-phasen) 161
1.2 Konjunkturindikatoren 163
1.3 Aufgaben 164
1.4 Konjunkturpolitische Maßnahmen 167
1.4.1 Moglichkeiten der staatlichen Konjunkturpolitik (= Fiskalpolitik) 167
1.4.2 Staatliche Wirtschaftspolitik (angebotsorientiert) 170
2 Wirtschaftspolitische Ziele 171
2.1 Grundlagen 171
2.2 Wirtschaftspolitische Zielkonflikte 172
2.3 Wirtschaftliche Grundprobleme der modernen Industriegesellschaft 174
2.4 Aufgaben 175
3 Beschäftigungs- und Arbeitsmarktpolitik 176
3.1 Die Beschäftigung in einer Volkswirtschaft 176
3.2 Arten und Ursachen der Arbeitslosigkeit 177
3.2.1 Arten der Arbeitslosigkeit 177
3.2.2 Ursachen der Arbeitslosigkeit 178
3.3 Bekämpfung und Probleme der Arbeitslosigkeit 178
3.4 Aufgaben 179
4 Der Wert des Geldes und seine Messung 181
4.1 Preisniveau und Kaufkraft 181
4.2 Entstehung des Verbraucherpreisindex 182
4.3 Ursachen von Inflation (Preisniveausteigerungen) 183
4.4 Auswirkungen von Inflation 183
4.5 Inflation und Deflation (Geldwertschwankungen) 185
4.6 Aufgaben 186
5 Geldtheorie und Geldpolitik 188
5.1 Das Europäische System der Zentralbanken (ESZB) 188
5.2 Geldpolitik der EZB 192
5.2.1 Offenmarktgeschafte der EZB 193
5.2.2 Wirkungsweise von Offenmarktgeschäften 196
5.2.3 Leitzinspolitik der EZB (Übersicht) 197
5.2.4 Aufgaben 199

6 Europäische Integration, Globalisierung, Freihandel, Protektionismus, WTO 200
6.1 Europäische Integration ... 200
6.2 Globalisierung ... 206
6.3 Freihandel – Protektionismus ... 207
6.4 WTO ... 207
6.5 Aufgaben ... 208
7 Prüfungsaufgaben Kompetenzbereich III ... 208

Kompetenzbereich IV: Entscheidungen im Rahmen einer beruflichen Selbstständigkeit treffen

1 Berufliche Selbstständigkeit ... 212
1.1 Anforderungen ... 212
1.2 Beratungs- und Förderangebote für Existenzgründungen ... 214
1.2.1 Beratung ... 214
1.2.2 Forderung und Finanzhilfen ... 214
1.3 Businessplan ... 215
1.4 Amtliche Formalitäten für die berufliche Selbstständigkeit ... 216
2 Standortfaktoren ... 217
2.1 Standortfaktoren und Standortwahl ... 217
2.2 Nutzwertanalyse ... 218
2.3 Aufgaben ... 219
3 Rechtsformen der Unternehmung ... 220
3.1 Kaufmann – Handelsregister – Firma ... 220
3.2 Übersicht über die wesentlichen Rechtsformen ... 226
3.3 Einzel- oder Gesellschaftsunternehmung ... 226
3.4 Die Kommanditgesellschaft (KG) ... 228
3.5 Die GmbH (einschließlich UG) ... 234
3.6 Die GmbH & Co. KG ... 239
3.7 Aufgaben zu den Unternehmensformen ... 241
3.8 Prüfungsaufgaben ... 245
4 Unternehmensziele und Unternehmensleitbild ... 249
4.1 Unternehmensziele ... 249
4.2 Unternehmensleitbild ... 251
4.3 Aufgabe zu den Kapiteln 4.1 und 4.2 ... 254
4.4 Prüfungsaufgaben ... 255

Komplette Prüfungsaufgaben Wirtschafts- und Sozialkunde ab Winter 2023/2024

1 Prüfungsaufgaben Wirtschafts- und Sozialkunde Winter 2023/2024 ... 262
2 Prüfungsaufgaben Wirtschafts- und Sozialkunde Sommer 2024 ... 269
3 Prüfungsaufgaben Wirtschafts- und Sozialkunde Winter 2024/2025 ... 277
4 Prüfungsaufgaben Wirtschafts- und Sozialkunde Sommer 2025 ... 283

Bildquellenverzeichnis ... 290

Wirtschafts- und Sozialkunde

Kompetenzbereich I: In Ausbildung und Beruf orientieren

1 Duales Ausbildungssystem

1.1 Grundlagen: Beteiligte, Lernorte, Ausbildungsordnung

Stofftelegramm

- **Beteiligte:**

Ausbildender
(Unternehmen, z. B. LaSo GmbH)

Ausbilder
(verantwortlicher Mitarbeiter, z. B. Herr Haaf)

← **Ausbildungsvertrag** →

Auszubildender

Azubi < 18 Jahre
(auch gesetzlicher Vertreter, z. B. Eltern)

Kammer (IHK, HWK)

- führt ein Verzeichnis aller Ausbildungsverhältnisse
- überwacht die Berufsausbildung
- berät Auszubildende und Betriebe während der Ausbildung
- führt vor allem mündliche Prüfungen durch
- stellt Zeugnisse aus
- Unternehmen sind Zwangsmitglieder und zahlen Beiträge

Berufsschule

unterrichtet die Azubis,
s. u. Lernort

- **Rechtliche Vorschriften:**
  - Berufsbildungsgesetz (BBiG)
  - Jugendarbeitsschutzgesetz (JArbSchG); gültig für Azubis < 18 Jahre
  - Ausbildungsordnung (AO)
  - Bundesurlaubsgesetz (BUrlG)
  - Arbeitszeitgesetz (ArbZG)
  - Kündigungsschutzgesetz (KSchG)
  - Betriebsverfassungsgesetz (BetrVG)

- **Inhalte der Ausbildungsordnung (§ 5 BBiG):**
  - Bezeichnung des Ausbildungsberufes
  - Ausbildungsdauer (zwei bis drei Jahre)
  - Ausbildungsberufsbild: Fertigkeiten und Kenntnisse, die Gegenstand der Ausbildung sind

- Ausbildungsrahmenplan: Anleitung zur sachlichen und zeitlichen Gliederung der Fertigkeiten und Kenntnisse
- Prüfungsanforderungen

- **Duales System:** Verbindung von praktischer und theoretischer Ausbildung

System **duale** Ausbildung

Lernort Betrieb	Lernort Berufsschule
fachliche Ausbildung + Vermittlung betrieblicher Praxis	allgemeine Bildung (z. B. D, GK, E) + theoretisches und praktisches Wissen (berufliches Wissen, Lehrwerkstätten)
Gesetze, Inhalte, Verantwortliche, Abschluss, Finanzierung	
• BBiG, JArbSchG • Ausbildungsordnung • Ausbilder • Gesellen/Gehilfenbrief • Ausbildungsbetriebe	• Schulgesetz • Lehrpläne (Berufe) • Lehrer • Schulabschlusszeugnis • Länder, Landkreise/Gemeinden

- **Vor- und Nachteile der dualen Ausbildung:**

Vorteile	Nachteile
• Kombination aus praxisbezogener Ausbildung und theoretischer Ausbildung • Geld/Entlohnung • reale Arbeitswelt • Sozial-Team-Methodenkompetenz • Erfahrungen durch Austausch mit Kollegen • Allgemein- und berufsspezifisches Wissen	• Qualität der Ausbildungsbetriebe unterschiedlich • „billige“ Arbeitskraft für den Betrieb • Doppelbelastung der Azubis • arbeits- und kostenintensiv für den Ausbilder • Lehrpläne können veraltet sein • Anzahl der gewünschten Ausbildungsstellen ≠ Anzahl der verfügbaren Ausbildungsstellen (Allokationsproblem)

Aufgaben

1. Nennen Sie vier rechtliche Vorschriften der Berufsausbildung.
2. Erklären Sie den Begriff „duales Ausbildungssystem“.
3. Nennen Sie fünf Inhalte der Ausbildungsordnung.
4. Erklären Sie kurz den Begriff „Ausbildungsberufsbild“.
5. Erklären Sie kurz den Begriff „Ausbildungsrahmenplan“.

1.2 Das Ausbildungsverhältnis

Stofftelegramm

Wichtige gesetzliche Grundlage für Rechte und Pflichten vgl. §§ 13 ff. Berufsbildungsgesetz.

Rechte des Azubis = Pflichten des Ausbilders	**Pflichten d. Azubis = Rechte d. Ausbilders**
• Vergütung	• Sorgfalts-, Befolgungspflicht
• Urlaub	• Lernpflicht
• Vergütung	• Beachtung der betrieblichen Ordnung
• Fürsorge	• Berufsschulbesuch[1]
• Freistellung zur Berufsschule	• Schweigepflicht
• Ausbildung	• Berichtsheft führen
• Bereitstellung Ausbildungs- + Prüfungsmittel	• bestimmte ärztliche Untersuchungen
• Zeugnis (s. u.)	• Weisungen befolgen
	• Entschuldigung bei Krankheit

Einfaches Zeugnis:
Dauer und Art der Beschäftigung
(Führung + Leistung nicht beurteilt)

Auf Verlangen:
Qualifiziertes Zeugnis:
Führung + Leistung zusätzlich beurteilt

Formulierungen beachten („zu unserer vollsten Zufriedenheit“ usw.)

---

[1] *Seit dem 01.01.2020 sind Azubis $\geqq$ 18 Jahren den Azubis < 18 Jahren gleichgestellt, was die Anrechnung der Berufsschule angeht (vgl. § 15 BBiG).*

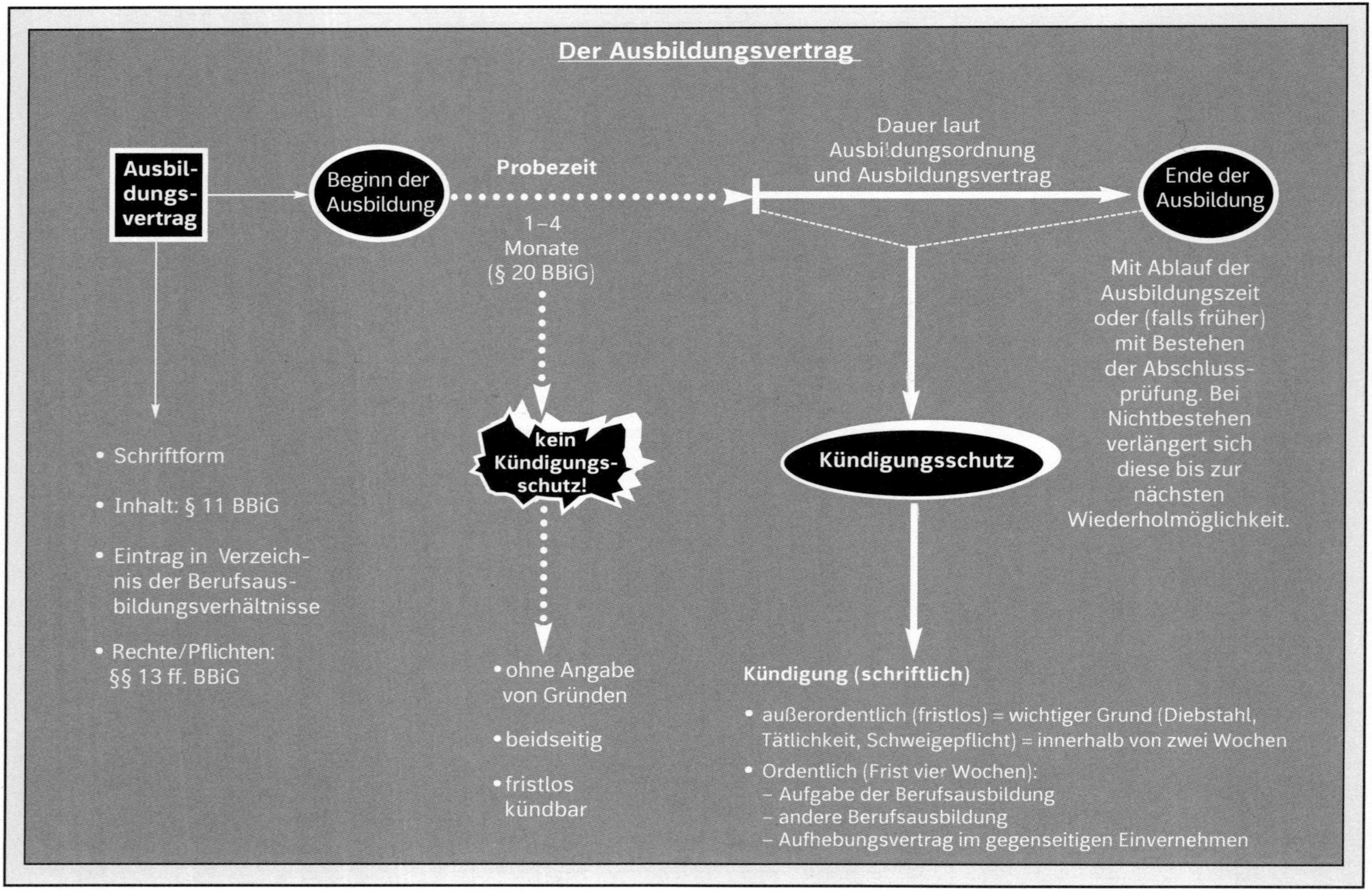
Der Ausbildungsvertrag
Ausbildungsvertrag
Beginn der Ausbildung
Probezeit
1–4 Monate (§ 20 BBiG)
Dauer laut Ausbildungsordnung und Ausbildungsvertrag
Ende der Ausbildung
Mit Ablauf der Ausbildungszeit oder (falls früher) mit Bestehen der Abschlussprüfung. Bei Nichtbestehen verlängert sich diese bis zur nächsten Wiederholmöglichkeit.
• Schriftform
• Inhalt: § 11 BBiG
• Eintrag in Verzeichnis der Berufsausbildungsverhältnisse
• Rechte/Pflichten: §§ 13 ff. BBiG
kein Kündigungsschutz!
• ohne Angabe von Gründen
• beidseitig
• fristlos kündbar
Kündigungsschutz
Kündigung (schriftlich)
• außerordentlich (fristlos) = wichtiger Grund (Diebstahl, Tätlichkeit, Schweigepflicht) = innerhalb von zwei Wochen
• Ordentlich (Frist vier Wochen):
– Aufgabe der Berufsausbildung
– andere Berufsausbildung
– Aufhebungsvertrag im gegenseitigen Einvernehmen

Mindestinhalte Ausbildungsvertrag lt. § 11 BBiG:

<table>
<tr><td>Art, Gliederung und Ziel der Berufsausbildung</td><td>z. B. Industriekaufmann oder Kaufmann für Büromanagement</td></tr>
<tr><td>Ausbildungsstätte/-n</td><td>Ortsangabe, Maßnahmen außerhalb der Ausbildungsstätte (z. B. Lehrgänge, Maschinenführerschein, Schweißkurse, Staplerschein usw.)</td></tr>
<tr><td>Beginn und Dauer der Ausbildung</td><td>i. d. R. nicht weniger als zwei Jahre und nicht mehr als drei Jahre
z. B. 36 Monate lt. Ausbildungsordnung
z. B. 01.09.2023–31.08.2026</td></tr>
<tr><td>Tägliche Ausbildungszeit</td><td><table><tr><th>Azubi ≧ 18 Jahre</th><th>Azubi < 18 Jahre</th></tr><tr><td>§ 3 ArbZG:<ul><li>8 Std./Tag</li><li>Ausnahme: 10 Std./Tag möglich bei Ausgleich innerhalb von sechs Monaten</li></ul></td><td>§ 8 Abs. 1 JArbSchG:<ul><li>8 Std./Tag</li><li>40 Std./Woche</li></ul></td></tr></table></td></tr>
<tr><td>Dauer der Probezeit</td><td>1–4 Monate (§ 20 BBiG)</td></tr>
<tr><td>Vergütung</td><td><ul><li>angemessene Vergütung, die jährlich ansteigen muss (§ 17 BBiG)</li><li>Zahlung spätestens am letzten Arbeitstag des Monats (§ 18 BBiG)</li><li>Für neu abgeschlossene Verträge ab dem 01.01.2020 gilt als Mindestausbildungsvergütung nach § 17 Abs. 2 BBiG:</li></ul>
<table><tr><th>Beginn der Ausbildung</th><th>1. Jahr</th><th>2. Jahr + 18 %</th><th>3. Jahr + 35 %</th><th>4. Jahr + 40 %</th></tr>
<tr><td>2022</td><td>585,00 EUR</td><td>690,00 EUR</td><td>790,00 EUR</td><td>819,00 EUR</td></tr>
<tr><td>2023</td><td>620,00 EUR</td><td>732,00 EUR</td><td>837,00 EUR</td><td>868,00 EUR</td></tr>
<tr><td>2024</td><td>649,00 EUR</td><td>766,00 EUR</td><td>876,00 EUR</td><td>909,00 EUR</td></tr>
<tr><td>2025</td><td>682,00 EUR</td><td>805,00 EUR</td><td>921,00 EUR</td><td>955,00 EUR</td></tr></table>
<ul><li>Seit 2024 erfolgt die Festlegung der Mindestausbildungsvergütung durch das Ministerium für Bildung und Forschung spätestens zum 01.11. des alten Jahres für das Folgejahr. Basis ist die durchschnittliche Ausbildungsvergütung der beiden vorangegangenen Jahre.</li></ul></td></tr>
<tr><td>Dauer des Urlaubs</td><td><table><tr><th>Azubi ≧ 18 Jahre</th><th>Azubi < 18 Jahre</th></tr><tr><td>§ 3 BUrlG:<ul><li>mind. 24 Werktage</li><li>Werktage = Mo–Sa
= 6 Arbeitstage</li></ul>Merke:
Arbeitswoche von Mo–Fr = 5 Arbeitstage
Urlaubsanspruch: 24 : 6 · 5 = mind. 20 Tage</td><td>§ 19 JArbSchG:<ul><li>15 Jahre: mind. 30 Tage</li><li>16 Jahre: mind. 27 Tage</li><li>17 Jahre: mind. 25 Tage</li></ul>Merke:
evtl. Wechsel auf ≧ 18 Jahre = BUrlG</td></tr></table>
Anteiliger Urlaub zu Anfang und Ende der Ausbildung:<ul><li>jeder volle Monat = anteiliger Urlaubsanspruch (ein Zwölftel)
Beispiel: Beginn der Ausbildung zum 01.09. = 4 Monate = $\frac{4}{12}$ von 24 Tagen = 4 · 24 : 12 = 8 Tage</li><li>Endet die Ausbildung im Juni: anteiliger Urlaubsanspruch</li><li>Endet die Ausbildung im Juli: voller Jahresurlaubsanspruch</li></ul></td></tr>
<tr><td>Kündigungsvoraussetzungen</td><td>Grundsatz: niemals unterhalb der gesetzlichen Regelung</td></tr>
</table>

Hinweis auf weitere Regelungen	• Grundsatz: niemals unterhalb der gesetzlichen Regelung; darüber ist immer möglich, auch einzelvertraglich. • Tarifvertrag • Betriebsvereinbarung
Unterschriften	• Ausbildender (Azubi) • Auszubildender (betrieblicher Vertreter) • Bei Minderjährigen: gesetzliche Vertreter (z. B. Eltern)

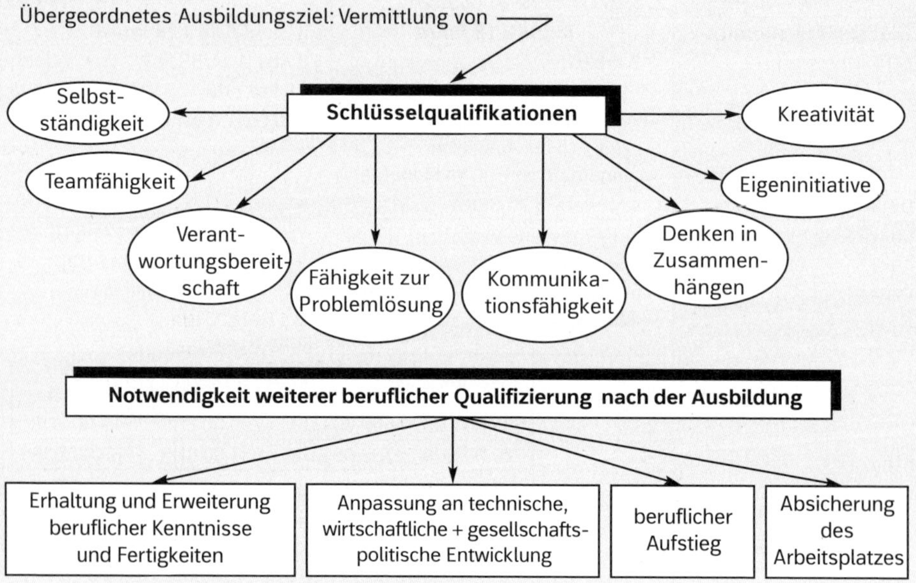

Aufgaben

1. Welche Unter- und Obergrenze ist bei der Probezeit eines Auszubildenden zu beachten?
2. Welche Kündigungsregeln gelten für Auszubildende?
3. Nennen Sie je drei typische Rechte und Pflichten des Auszubildenden.
4. In welchen Gesetzen sind Regelungen über Ausbildungsverträge enthalten?
5. Welche Formvorschrift ist bei Ausbildungsverträgen zu beachten?
6. Wann endet das Ausbildungsverhältnis?
7. Nennen Sie sechs typische Schlüsselqualifikationen
8. Der Sportshop Fittig e. K. bietet in Rottweil alles zum Thema Sport über drei Etagen an. Für das kommende Ausbildungsjahr erhielten vier Bewerber eine mündliche Zusage für einen Ausbildungsplatz als Verkäufer/-in. Ausbildungsbeginn soll der 01.09.2025 sein. Die Ausbildung soll laut Vertrag am 31.08.2027 enden.

Sie arbeiten in der Personalabteilung des Sportshops. In diesem Zusammenhang liegen folgende Aufgaben in Ihrem Verantwortungsbereich:

a) Der Juniorchef, Herr Fittig, hat eine neue Anlage mit Zusatzvereinbarungen zum Ausbildungsvertrag erstellt **(Anlage)**.
Sie überprüfen diese Anlage auf ihre gesetzliche Rechtmäßigkeit (Berufsbildungsgesetz, Jugendarbeitsschutzgesetz, Bundesurlaubsgesetz). Sie notieren zu den Punkten I bis IV eine entsprechende begründete Rückmeldung an Herrn Fittig.

b) Im Rahmen Ihrer Tätigkeit in der Personalabteilung sind Sie immer auch Ansprechpartner für die Auszubildenden. Folgende Fragen haben Ihre Auszubildenden aktuell. Sie beantworten die Fragen unter Berücksichtigung der Rechtslage (Gesetze).
    ba) Die Auszubildende Irina möchte wissen, ob ihre fristlose Kündigung in der Probezeit rechtmäßig ist. Sie war doch nur dreimal zu spät im Betrieb.
    bb) Der Auszubildende Jan möchte nach acht Monaten mit einer Frist von zwei Wochen kündigen, weil ihm die Tätigkeit keinen „Spaß“ mehr macht.
    bc) Der Auszubildende Erdan ist im 2. Ausbildungsjahr zum Verkäufer. Er möchte wissen, wann seine Ausbildung endet. Im Ausbildungsvertrag ist das Ende mit 31.08.2026 angegeben. Seine letzte schriftliche Abschlussprüfung findet am 10.05.2026 statt; der mündliche Teil der Abschlussprüfung am 15.07.2026.
    bd) Der Auszubildende Erdan möchte seine berufliche Laufbahn in Stuttgart in einem großen Sportfachgeschäft fortsetzen. Dafür benötigt er ein Arbeitszeugnis. Er fragt Sie nach den Unterschieden zwischen einem einfachen und einem qualifizierten Zeugnis.

Anlage

Ausbildungsvertrag

I. <u>Vorrang des Betriebes</u>
Betriebliche Belange haben Vorrang vor der Berufsschule. Sie dürfen die Berufsschule nur dann besuchen, wenn wichtige Themen behandelt werden (diese werden anhand des Lehrplanes von uns ausgewählt) bzw. wenn Klassenarbeiten anstehen. Ansonsten wird an Berufsschultagen normal im Betrieb gearbeitet. Bei Besuch der Berufsschule wird diese Zeit vom Gehalt abgezogen.

II. <u>Probezeit</u>
Die Probezeit endet am 31.01.2026. Bis dahin behalten wir uns das Recht vor, das Ausbildungsverhältnis fristlos und ohne Angaben von Gründen zu beenden.

III. <u>Tätigkeiten</u>
Der Auszubildende hat neben seiner üblichen Tätigkeit als Verkäufer/-in die folgenden Aufgaben zu übernehmen: Er unterstützt den Hausmeister bei Arbeiten, die zur Sauberhaltung der Sanitäranlagen und Außenanlagen einschließlich Parkplatz zu erledigen sind. Der Umfang solcher Tätigkeiten soll wöchentlich sechs Stunden nicht überschreiten.

IV. Urlaubsregelung
Volljährige Auszubildende erhalten den gesetzlich bezahlten Mindesturlaub von 24 Tagen; alle Auszubildenden unter 18 Jahren erhalten zwei weitere Urlaubstage.

Der Ausbildende
Sportshop Fittig e. K.

Der Auszubildende

Evtl. gesetzlicher Vertreter

9. Als Mitglied einer Jugend- und Auszubildendenvertretung sollen Sie die folgenden Fragen von Auszubildenden unter Berücksichtigung der gültigen Rechtslage (Berufsbildungsgesetz, Jugendarbeitsschutzgesetz) in einer schriftlichen Kurzmitteilung beantworten.
   a) Ursel Kohn, 17 Jahre alt:
   „Hallo, ich habe in meinem Ausbildungsvertrag eine Probezeit von sechs Monaten. Ein Freund von mir hat nur vier Monate. Geht das überhaupt?"
   b) Kevin Adler, 16 Jahre alt:
   „Hallo, ich habe mal eine Frage in Bezug auf meine Arbeitszeit. Mein Chef verlangt häufig von mir, länger da zu bleiben, sodass ich auch mal auf neun Stunden täglich komme. Im Vertrag habe ich eine Arbeitszeit von acht Stunden vereinbart. Darf ich dann überhaupt länger arbeiten?"
   c) Sabine Sulger, 18 Jahre alt:
   „Hallo, als ich meinen Ausbildungsvertrag unterschrieben habe, wurde ausgemacht, dass meine Ausbildungsvergütung direkt im ersten Jahr etwas höher angesetzt wird, dafür aber in den folgenden Ausbildungsjahren nicht weiter erhöht wird. Damals fand ich das sehr gut, befürchte jetzt aber, dass ich im Vergleich zu den anderen Auszubildenden hierbei benachteiligt werde. Kann ich etwas dagegen tun?"
   d) Armin Mandel, 19 Jahre alt:
   „Hallo, ich habe einem Freund einige interne Informationen aus meiner Abteilung erzählt. Mein Chef hat das rausbekommen und mir fristlos gekündigt. Ist das rechtlich wirksam?"
   e) Nina Grenz, 17 Jahre alt:
   „Hallo, ich habe ein großes Problem. Mein Ausbilder meint, ich könne nicht zweimal die Woche in den Berufsschulunterricht gehen, da er mich hier im Betrieb braucht. Daher darf ich nur montags und nicht donnerstags in die Berufsschule. Dadurch muss ich daheim ganz viel selbst nachholen an Unterrichtsstoff. Kann ich was dagegen machen?"

Test ➤ **Ausbildungsvertrag I** | Punkte

1 Erläutern Sie, was man unter Ausbildung im dualen System versteht. — 2

2 Nennen Sie je zwei Vor- und Nachteile des dualen Systems. — 2

3 Zählen Sie zwei wichtige Gesetze auf, die im Rahmen der Berufsausbildung zu beachten sind. — 2

4 Wie heißen die Vertragspartner, die beim Abschluss eines Ausbildungsvertrages beteiligt sind? — 2

5 In welcher Form ist der Ausbildungsvertrag abzuschließen und wo wird dieser registriert? — 2

6 Nennen Sie zwei Mindestangaben, die ein Berufsausbildungsvertrag enthalten muss. — 2

Punktesumme → 12

Notenermittlung: Kreuzen Sie Ihr Ergebnis an (Korrekturanleitung: siehe Lösung).

Punkte ➤	12	11	10	9	8	7	6	5	4	3	2	1
Note ➤	1,0	1,5	2,0	2,5	3,0	3,5	4,0	4,5	5,0	5,5	6,0	6,0
1. Versuch ➤												
2. Versuch ➤												
3. Versuch ➤												

Test → Ausbildungsvertrag II

Punkte

1 Geben Sie je zwei Pflichten an, die durch den Abschluss eines Ausbildungsvertrages für den Auszubildenden und Ausbildenden entstehen. — 2

2 Welchen Zeitraum schreibt der Gesetzgeber für die Probezeit vor? — 1

3 Weshalb wird im Berufsausbildungsvertrag eine Probezeit vereinbart? — 1

4 Beurteilen Sie die Rechtslage in den folgenden Fällen und begründen Sie jeweils Ihre Antwort.

a) Die Auszubildende Deborah Kendel, die sich noch in der Probezeit befindet, erhielt von ihrem Chef ohne Begründung mündlich die fristlose Kündigung. — 2

b) Kim Faiss möchte nach 6 Monaten eine neue Ausbildung in einem anderen Beruf beginnen und kündigt deshalb fristlos. Die Kündigung nimmt er schriftlich vor. — 2

5

a) Welche Zeugnisart muss der Ausbildungsbetrieb dem Auszubildenden nach Beendigung des Berufsausbildungsverhältnisses ausstellen? — 1

b) Welche Angaben enthält dieses Zeugnis? — 1

c) Welche Angaben sind auf Verlangen des Auszubildenden zusätzlich in das Zeugnis aufzunehmen? — 1

d) Um welche Zeugnisart handelt es sich dann? — 1

Punktesumme → 12

Notenermittlung: Kreuzen Sie Ihr Ergebnis an (Korrekturanleitung: siehe Lösung).

Punkte ➤	12	11	10	9	8	7	6	5	4	3	2	1
Note ➤	1,0	1,5	2,0	2,5	3,0	3,5	4,0	4,5	5,0	5,5	6,0	6,0
1. Versuch ➤												
2. Versuch ➤												
3. Versuch ➤												

1.3 Konfliktsituationen und Lösungsmöglichkeiten

Stofftelegramm

Häufige Konfliktursachen

Konflikte sind meist die Folge von **Kommunikationsstörungen**. Nur 10 % der Konflikte sind auf unterschiedliche Auffassungen über eine **Sachfrage** zurückzuführen. In 90 % aller Konflikte geht es „eigentlich" um die **Beziehung**, die beide Konfliktpartner zueinander haben.

Mobbing liegt vor, wenn der Konflikt über einen **längeren Zeitraum** besteht, die angegriffene Person unterlegen ist und die Angriffe **absichtsvoll und geplant** erfolgen mit dem Ziel, das Mobbingopfer **auszustoßen**. Typische Mobbinghandlungen sind z. B. dauernde Kritik, Anschreien, völlige Nichtbeachtung, Redeverbot, räumliche Isolation, üble Nachrede.

Kommunikationsregeln für das Konfliktgespräch

- Person des Gesprächspartners achten: nur sachliche Kritik vortragen
- keine Vorwürfe, nicht verletzen
- Gesprächspartner nicht ins Wort fallen, ausreden lassen
- Probleme des Gesprächspartners ernst nehmen, nichts herunterspielen
- gemeinsam nach Lösungen suchen
- keine Lösungen aufdrängen

Ablauf eines Konfliktgesprächs

1.	Konflikt gemeinsam genau beschreiben (Um was geht es eigentlich?) Typische Frage: „Wie siehst du das?" (keine Vorwürfe, nicht unterbrechen)
2.	Persönliches Anliegen und Betroffenheit durch **Ich-Botschaften** ausdrücken. Nicht gleich nach Lösungen suchen. Typische Redewendungen: „Mir geht es dabei ...", „Für mich bedeutet das ...", „Ich möchte gern ...", „Ich fühle mich ..."
3.	Gemeinsam nach **Lösungsmöglichkeiten** suchen. Typische Fragen: „Was können wir tun?", „Was hältst du von ...?"
4.	Gemeinsam **Vereinbarungen** beschließen. „Können wir uns darauf einigen ...?", „Ich werde ... tun und du wirst auf ... achten."

Möglicher Ablauf einer Konfliktlösung

Konfliktsignale wahrnehmen

- *Widerspruch* (Drohung, Beleidigung, Polemik)
- *Aufregung* (Unruhe, Streit, Fraktionsbildung)
- *Ausweichen* (Schweigen, Blödeln)
- *Lustlosigkeit* (Desinteresse, Unaufmerksamkeit)
- *Krankheit* (hohe Fehlzeiten), hohe *Fluktuation*

Konfliktursache feststellen

- *Sachfragen* (unterschiedliche Vorstellungen)
- *Beziehungsebene* (Sympathie, Antipathie)
- *Führungsfehler* (Bevorzugung, autoritäre Führung)
- *Organisationsmängel* (Über-, Unterorganisation)

Konflikt handhaben

- *Rückzug* (Umgehung, Vermeidung, Verdrängung)
- *Durchsetzen* (Gewinner)/*Nachgeben* (Verlierer)
- *Kompromiss* (beide geben teilweise nach)
- *Konsens* (gemeinsame Vereinbarung)
- *Intrigen/Sündenbock* suchen

Rückmeldung (Feedback)

- *Ich-Botschaften* geben
- *zeitliche Nähe beachten*
- *konkreter Bezug* auf eine Situation
- *Bezug auf das Verhalten* (nicht auf die Person)
- *Abmahnung*, wenn keine Besserung

Aufgaben

1. Worin liegen die Gründe für Mitarbeiterkonflikte?
2. Erklären Sie den Begriff „Mobbing“.
3. Schildern Sie einige Kommunikationsregeln.
4. Schildern Sie den Ablauf eines Konfliktgespräches.
5. Beschreiben Sie den Stufenplan zur Konfliktbewältigung.

2 Schutzbestimmungen für Mitarbeiterinnen und Mitarbeiter am Arbeitsplatz

Es gibt mehrere wichtige Bestimmungen, Vorschriften und Maßnahmen zum Schutze der Arbeitskraft, zur Vorbeugung vor Gesundheitsgefahren oder Unfällen und zur Ermöglichung von menschengerechtem Arbeiten.

2.1 Das Jugendarbeitsschutzgesetz

Stofftelegramm

Das Jugendarbeitsschutzgesetz (JArbSchG): Geltungsbereich und Zweck

Geltungsbereich

Beschäftigte Personen, die
mind. 15 Jahre alt
max. 17 Jahre alt
sind.

Wer noch keine 15 Jahre alt ist:
= **„Kind“;**
Kinderarbeit verboten
(Ausnahmen!)

Vollzeitschulpflichtige Jugendliche:
Es gelten die Vorschriften für **„Kinder“.**

Zweck

Schutz von Kindern und Jugendlichen vor:
- Überforderung
- Überbeanspruchung
- Gefahren

Verstöße

- Geld- oder Freiheitsstrafe
- Bei mehrmaligem Vergehen: Beschäftigungsverbot für Jugendliche

Das Jugendarbeitsschutzgesetz (JArbSchG): Inhaltliche Regelungen

Arbeitsschutz

Arbeitszeit

- tägl. max. 8 Std. (8,5 Std. wenn an anderen Tagen dafür weniger)
- wöchentl. max. 40 Std.

Verbotene Arbeiten

- Akkordarbeit
- gesundheitsgefährdende Arbeiten
- Arbeiten, die Jugendliche sittlich gefährden
- Arbeiten, die die Leistungsfähigkeit der Jugendlichen übersteigen

Berufsschule und Prüfungen

- > 5 Unterrichtsstunden = ein Arbeitstag
- Freistellung am **Prüfungstag** und am Arbeitstag unmittelbar vor schriftl. Abschlussprüfung

Gesundheitsschutz

Ärztliche Untersuchungen

- Erstuntersuchung
- erste Nachuntersuchung vor Ablauf des ersten Beschäftigungsjahres = Pflicht
- zweite und dritte Nachuntersuchung = freiwillig

Überwachung

Gewerbeaufsichtsamt

Offenlegung

Auslage JArbSchG an geeigneter Stelle im Betrieb

Freizeitschutz

Ruhepausen

- 4,5–6 Std. → 30 Min.
- > 6 Std. → 60 Min.

Urlaub (mind.)

- 15-Jähr. → 30 Werktage
- 16-Jähr. → 27 Werktage
- 17-Jähr. → 25 Werktage

Nachtruhe

i. d. R. 20:00–06:00 Uhr

5-Tage-Woche

Samstags-, Sonntags- und Feiertagsruhe

branchenspezifische Ausnahmen

Tägliche Freizeit

nach Arbeitszeitende ununterbrochene Freizeit von 12 Stunden

Aufgaben

1. Für wen gilt das Jugendarbeitsschutzgesetz?
2. Wer unterliegt einem generellen Beschäftigungsverbot?
3. In welchen Fällen dürfen 14-Jährige beschäftigt werden?
4. Nennen Sie sechs Bereiche, die im Jugendarbeitsschutzgesetz geregelt sind.

Test → **Das Jugendarbeitsschutzgesetz**

Punkte

1 Warum bedürfen arbeitende Jugendliche eines besonderen Schutzes? — 3

2 Für welchen Personenkreis gilt das Jugendarbeitsschutzgesetz? — 3

3 Nennen Sie drei Tätigkeiten, die Jugendlichen aufgrund des Jugendarbeitsschutzgesetzes nicht zugemutet werden dürfen. — 3

4 Wer überwacht die Einhaltung des Jugendarbeitsschutzes? — 1

5 Welche Konsequenzen können sich bei Verstößen gegen das Jugendarbeitsschutzgesetz ergeben? — 2

Punktesumme → 12

Notenermittlung: Kreuzen Sie Ihr Ergebnis an (Korrekturanleitung: siehe Lösung).

Punkte ➤	12	11	10	9	8	7	6	5	4	3	2	1
Note ➤	1,0	1,5	2,0	2,5	3,0	3,5	4,0	4,5	5,0	5,5	6,0	6,0
1. Versuch ➤												
2. Versuch ➤												
3. Versuch ➤												

2.2 Arbeits-, Unfall-, Gesundheits- und Kündigungsschutz

Stofftelegramm

Arbeits-, Gesundheits- und Unfallschutz (körperlicher Schutz des Arbeitnehmers bei der Arbeit)

- Rechtliche Grundlagen (u. a.):
  - Arbeitsschutzgesetz (Inhalte: Arbeitssicherheitsgesetz, Arbeitsstättenverordnung, Gefahrstoffverordnung, Bildschirmarbeitsverordnung (Teil der Arbeitsstättenverordnung), Betriebssicherheitsverordnung)
  - Gewerbeordnung
  - Vorschriften der Berufsgenossenschaften
- Unternehmerpflicht: geeignete Maßnahmen für Arbeits-, Gesundheits- und Unfallschutz der Beschäftigten treffen, Gefahren minimieren, z. B. hinsichtlich Umgebungsbedingungen (Beleuchtung, Lüftung, Staub- und Gasbeseitigung, Schutzvorrichtungen), Arbeitsbedingungen (einseitige Belastung, Monotonie, Körperhaltung), persönlichen Eigenschaften (Alter, werdende Mütter, Erfahrung)
- Überwachende und beratende Institutionen:
  - Gewerbeaufsichtsämter
  - Berufsgenossenschaften
  - Sicherheitsbeauftragte im Betrieb

Sozialer Arbeitsschutz

- Arbeitszeitgesetz (i. d. R. acht, maximal zehn Stunden pro Tag; mehr zulässig, wenn in der Betriebsvereinbarung oder im Tarifvertrag vereinbart; Regelungen zu Ruhepausen, Nacht- und Schichtarbeit)
- Mutterschutzgesetz (keine schwere Arbeit, z. B. Akkordarbeit, Fließbandarbeit, Nachtarbeit etc.; keine Beschäftigung sechs Wochen vor bis zwölf Wochen nach der Geburt)
- Urlaubsanspruch
- Kündigungsschutz

Allgemeiner Kündigungsschutz → = Schutz vor sozial ungerechtfertigter Kündigung

- Voraussetzungen: mind. sechs Monate im gleichen Betrieb; Betrieb hat mehr als zehn Arbeitnehmer
- Kündigung unwirksam, wenn
  - Arbeitnehmer keinen Kündigungsgrund liefert,
  - Kündigung betrieblich nicht notwendig,
  - soziale Gesichtspunkte nicht ausreichend berücksichtigt.

Besonderer Kündigungsschutz

- **Betriebsratsmitglieder und Jugendvertreter:** während Amtszeit und innerhalb eines Jahres danach nicht kündbar; Ausnahme: fristlose Kündigung bei wichtigem Grund
- **werdende Mütter (Mutterschutzgesetz)**
- **Schwerbehinderte (Schwerbehindertengesetz):** Kündigung nur mit Zustimmung der Hauptfürsorgestelle
- **Auszubildende:** Vgl. voriges Kapitel!

Aufgaben

1. a) Welche rechtliche Grundlage hat der Gesundheits- und Unfallschutz im Unternehmen?
   b) Wer überwacht die Einhaltung?
   c) Nennen Sie mehrere Punkte, die beim Gesundheits- und Unfallschutz (für den Unternehmer) zu beachten sind.
2. a) Was versteht man unter allgemeinem Kündigungsschutz?
   b) Für welche Arbeitnehmer gilt der allgemeine Kündigungsschutz?
3. a) Für welche Arbeitnehmer gilt ein besonderer Kündigungsschutz?
   b) Wie sieht dieser Kündigungsschutz jeweils aus?
4. Welche Kündigungsfristen muss ein Arbeitgeber beachten?
   a) Betriebsrat
   b) Auszubildender während und nach der Probezeit
5. Welche Arbeiten sind für werdende Mütter verboten?

3 Mitwirkung und Mitbestimmung nach dem Betriebsverfassungsgesetz

3.1 Allgemeine Grundlagen

Stofftelegramm

Argumente für die Mitbestimmung allgemein:

- Interesse und Motivation der Arbeitnehmer am Betrieb steigen.
- Demokratisierung der Wirtschaft
- Humanisierung des Arbeitslebens
- Gegenseitige Abhängigkeit von Arbeit und Kapital erfordert Mitbestimmung.

Argumente gegen die Mitbestimmung allgemein:

- Erschwerung betrieblicher Entscheidungsprozesse
- Mitbestimmung ohne gleichwertige Mitverantwortung und Risikoübernahme
- evtl. fehlende notwendige Sachkenntnisse der Arbeitnehmer
- evtl. Kapitalflucht des in- und ausländischen Kapitals

Bereiche der Mitbestimmung

Betriebsrat | **Aufsichtsrat** | **Vorstand AG bzw. Geschäftsführung GmbH (Arbeitsdirektor)**

Gesetze: BetrVG (Betriebsrat); Drittelbeteiligungsgesetz, Mitbestimmungsgesetz, Aktiengesetz (Aufsichtsrat, Vorstand AG bzw. Geschäftsführung GmbH)

Der Aufbau des BetrVG

1. Teil: Allgemeine Vorschriften: u. a.
- Errichtung von Betriebsräten
- Arbeitnehmer – leitende Angestellte

2. Teil: Betriebsrat, Betriebsversammlung: u. a.
- Wahl
- Betriebsausschuss
- Betriebsversammlung
- Zusammensetzung
- Kosten
- Ehrenamt

3. Teil: Jugend- und Auszubildendenvertretung

4. Teil: Mitwirkung und Mitbestimmung der Arbeitnehmer: u. a.

- Beratungs-, Mitwirkungs- und Mitbestimmungsrechte
- Einigungsstelle
- Betriebsvereinbarungen
- allgemeine Aufgaben des Betriebsrates

Übersicht: Betriebsrat und Jugend- und Auszubildendenvertretung

Abkürzungen: **BR** = Betriebsrat; **JAV** = Jugend- und Auszubildendenvertretung; **V** = Vorsitzender; **StV** = Stellvertreter des Vorsitzenden

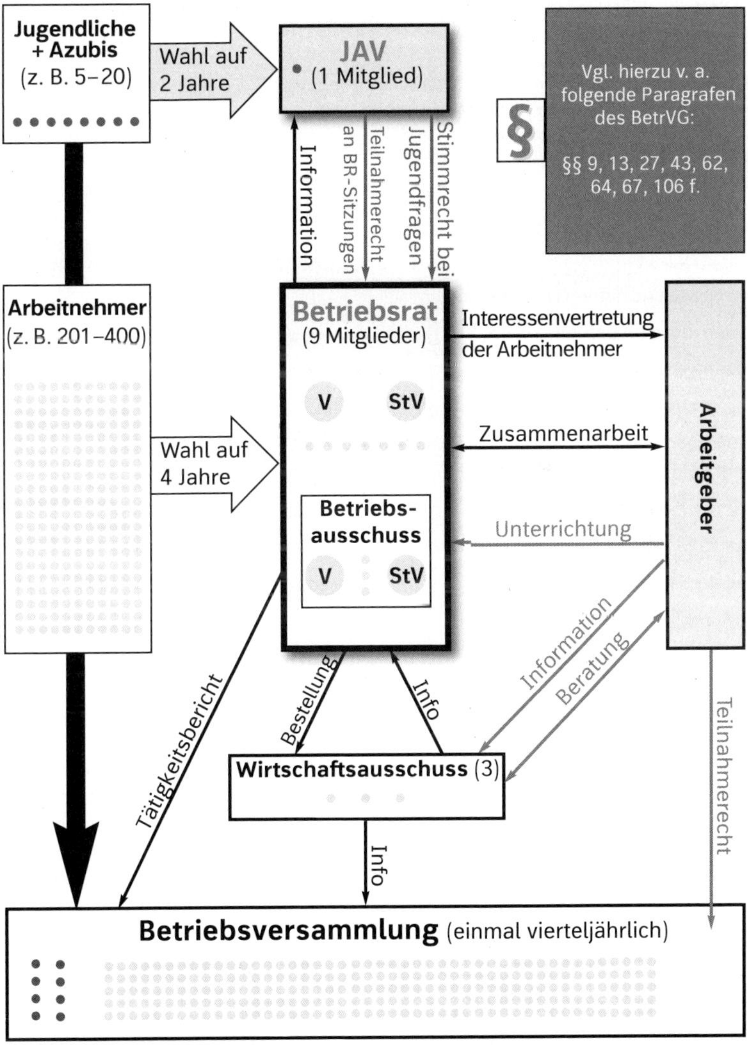

3.2 Betriebsrat und Betriebsversammlung

Stofftelegramm

Betriebsrat: Die Einrichtung eines Betriebsrats ist keine Pflicht des Unternehmens, sondern ein Recht der Arbeitnehmer auf Antrag. Die Mitglieder arbeiten ehrenamtlich (Freistellung) und genießen Kündigungsschutz. Wahl für vier Jahre.

- **Sinn und Aufgaben allgemein:** Vertretung der Interessen der Mitarbeiterinnen und Mitarbeiter gegenüber der Geschäftsleitung, berät und unterstützt bei Fragen und Problemen, überwacht die Einhaltung von Gesetzen.
- **Voraussetzungen für die Wahl eines Betriebsrates:** mind. fünf Wahlberechtigte (mind. 16 Jahre alt; auch Teilzeitkräfte, Aushilfen, Azubis, Leiharbeiter, wenn länger als drei Monate im Betrieb eingesetzt; nicht: leitende Angestellte) und davon drei Wählbare (mind. 18 Jahre alt, mind. sechs Monate im Betrieb) (§§ 1, 7, 8 BetrVG)
- **Ablauf Betriebsratsgründung:** Prüfung ob Voraussetzungen erfüllt → Betriebsversammlung → Wahl Wahlvorstand → Wahl Betriebsrat (§§ 14 ff. BetrVG)
- **Anzahl Mitglieder:** 1, 3, 5 etc., abhängig von der Zahl der wahlberechtigten Arbeitnehmer (§ 9 BetrVG). Das Geschlechterverhältnis ist zu beachten (20 % Frauen, mind. 20 % der Mitglieder weiblich).
- **Aufgaben des Betriebsrats im Detail (vgl. § 80 BetrVG):**
  - Überwachung der zugunsten der Arbeitnehmer durchzuführenden Gesetze, Unfallverhütungsvorschriften, Tarifverträge und Betriebsvereinbarungen
  - Maßnahmen, die dem Betrieb und der Belegschaft dienen, beim Arbeitgeber beantragen
  - Durchsetzung der Gleichstellung von Frauen und Männern
  - Förderung der Vereinbarkeit von Familie und Erwerbstätigkeit
  - Zusammenarbeit mit Arbeitnehmern und der Jugend- und Auszubildendenvertretung (Anregungen entgegennehmen und mit Arbeitgeber verhandeln)
  - Förderung der Eingliederung Schwerbehinderter
  - Wahl einer Jugend- und Auszubildendenvertretung vorbereiten und durchführen
  - Förderung der Beschäftigung älterer Arbeitnehmer im Betrieb
  - Förderung und Sicherung der Beschäftigung im Betrieb
  - Förderung von Maßnahmen des Arbeits- und Umweltschutzes

Betriebsausschuss: Wird gebildet, wenn der Betriebsrat mindestens neun Mitglieder umfasst (§ 27 BetrVG).

Betriebsversammlung:
- Versammlung aller Arbeitnehmer eines Betriebes während der Arbeitszeit
- Der Arbeitgeber ist einzuladen.
- Berichte des Betriebsrates und des Arbeitgebers (§ 43 BetrVG)
- dient der Aussprache zwischen Betriebsrat und Arbeitnehmern.
- einmal pro Kalendervierteljahr

Wirtschaftsausschuss: s. u.

- in Unternehmen mit mehr als 100 Mitarbeiterinnen und Mitarbeitern
- Aufgabe: Beratung wirtschaftlicher Angelegenheiten mit Arbeitgeber
- Bestimmung der Mitglieder durch Betriebsrat

Einigungsstelle: zur Beilegung von Meinungsverschiedenheiten zwischen Arbeitgeber und Betriebsrat (§ 76 BetrVG)

Allgemeine Rechte des Betriebsrates nach dem Betriebsverfassungsgesetz (BetrVG)

Info + Beratung

Beispiele

- wirtschaftliche Lage (§ 106)
- Planung Bauten, Arbeitsverfahren, Arbeitsplätze (§ 90)
- Personalplanung (§ 92)
- Vorschläge BR und Beratung mit AG bzgl.:
  - flexible Arbeitszeiten
  - Teilzeitarbeit
  - Arbeitsverfahren
  - Produktionsprogramm (§ 92a)
- Geplante Betriebsänderungen (§ 111):
  - Betriebsstilllegung
  - Betriebsverlegung
  - Zusammenschluss
  - Rationalisierungen

wirtschaftliche Angelegenheiten

Mitwirkung

Beispiele

- Personelle Einzelmaßnahmen (§ 99):
  - Einstellung
  - Eingruppierung
  - Versetzung
  - Kündigung (§ 102)

- Mitwirkung = **eingeschränkte Mitbestimmung**
- BR kann unter bestimmten Voraussetzungen seine Zustimmung verweigern bzw. Widerspruch einlegen.

  Bei Nichteinigung:

  Auf Antrag entscheidet **Arbeitsgericht**.

personelle Angelegenheiten

Mitbestimmung

Beispiele

- Soziale Angelegenheiten (§ 87):
  - Betriebsordnung
  - Arbeitszeiten
  - Lohngestaltung
  - Urlaubsplan
  - Gesundheits- und Unfallschutz
  - Sozialeinrichtungen
- Sozialplan bei geplanten Betriebsänderungen (§ 112)
- Personalfragebögen, Beurteilungsgrundsätze (§ 94)
- betriebliche Bildungsmaßnahmen (§ 98)

Uneingeschränkte Mitbestimmung: BR-Zustimmung notwendig; falls keine Einigkeit: Einigungsstelle entscheidet

soziale Angelegenheiten

3.3 Jugend- und Auszubildendenvertretung

Stofftelegramm

- Errichtung: Pflicht in Betrieben mit mind. fünf jugendlichen Arbeitnehmern unter 18 Jahren sowie Auszubildenden und bestehendem Betriebsrat
- Zahl Mitglieder: 1 (5–20 Wahlberechtigte), 3, 5, 7 etc., abhängig von der Anzahl Jugendlicher und Auszubildender (Geschlechterverhältnis muss beachtet werden)
- Wahlberechtigt: alle Arbeitnehmer unter 18 Jahren und alle Azubis
- Wählbar: alle Arbeitnehmer des Betriebes unter 25 Jahren oder alle Azubis auf zwei Jahre
- Stellung der Mitglieder: Sie arbeiten ehrenamtlich, genießen Kündigungsschutz und erhalten eine Weiterbeschäftigungsgarantie.

Beachten Sie besonders §§ 60 ff. BetrVG.

3.4 Aufgaben zu den Kapiteln 3.1–3.3

1. Nennen Sie je drei Argumente für und gegen die Mitbestimmung.

2. Definieren Sie möglichst kurz folgende Begriffe:
   a) Betriebsrat
   b) Einigungsstelle
   c) Betriebsversammlung
   d) Wirtschaftsausschuss
   e) Betriebsausschuss
   f) Jugend- und Auszubildendenvertretung

3. Im Rahmen einer Veranstaltung zeigt sich, dass viele Mitarbeiterinnen und Mitarbeiter überhaupt nicht wissen, welche Aufgaben der Betriebsrat hat. Sie erstellen im Auftrag des Betriebsrates ein übersichtliches Informationsschreiben.

4. Welche Rechte hat der Betriebsrat in folgenden Fällen? Wie wird die Situation im Streitfall jeweils gelöst?
   a) Neueinstellung eines Arbeitnehmers
   b) Änderung der Arbeitszeiten
   c) Ein Betriebsteil soll stillgelegt werden, wobei Teile des Personals entlassen bzw. versetzt werden sollen.
   d) Der Chef plant, im nächsten Jahr 50 Arbeiter einzustellen.
   e) Dem Angestellten Schnecke soll fristgemäß gekündigt werden.
   f) Der Betriebsrat verlangt vom Arbeitgeber, 30 neu zu besetzende Arbeitsplätze zuerst innerbetrieblich auszuschreiben. Der Arbeitgeber lehnt ab und stellt sofort 30 neue Kräfte ein.
   g) Kaufmann Butz ist die Faulheit in Person. Der Arbeitgeber kündigt fristgemäß, ohne den Betriebsrat zu informieren.
   h) Für die Buchhaltungsabteilung wurde eine neue DV-Anlage angeschafft. Von den drei Angestellten der Abteilung (zwei 28-jährige Junggesellen und Herr Boll, 45-jähriger Vater von neun Töchtern) wird einer überflüssig. Herrn Boll, der ein hohes Gehalt bezieht, trifft die vom Arbeitgeber ausgesprochene Kündigung nach vorheriger Anhörung des Betriebsrates.

5. Welche Rechte hat der einzelne Arbeitnehmer nach dem BetrVG?

6. Welche allgemeinen Aufgaben hat der Betriebsrat?

7. Wovon hängt die Zahl der Betriebsratsmitglieder ab?

8. Worauf ist bei der Zusammensetzung des Betriebsrates zu achten?

9. Überprüfen Sie folgende Aussage auf ihre Korrektheit:
   „In einem Unternehmen mit 160 Arbeitnehmern muss ein Betriebsrat gewählt werden. Er besteht aus sieben Mitgliedern."

10. Kann ein 17-jähriger Auszubildender bei der Betriebsratswahl mitbestimmen?

11. Der 20-jährige Kaufmann Lapp ist seit vier Monaten im Betrieb. Ist er in den Betriebsrat wählbar?

12. Kann ein türkischer Mitarbeiter Betriebsratsmitglied werden?

13. Die Geschäftsleitung eines Unternehmens möchte an der Betriebsversammlung teilnehmen und eine Ansprache halten. Ist dies möglich? Begründung.

14. Das Einzelhandelsunternehmen „Genter GmbH“ aus Stuttgart ist in der Lebensmittelbranche tätig. Das Unternehmen beschäftigt 70 Mitarbeiterinnen und Mitarbeiter, von denen 18 Auszubildende sind. Die „Genter GmbH“ verfügt über einen Betriebsrat (BR) und eine Jugend- und Auszubildendenvertretung (JAV).
Sie sind Mitglied im Betriebsrat und haben diese Woche verschiedene Anliegen und Probleme der Beschäftigten zu bearbeiten.
a) Für die nächsten Betriebsratswahlen haben bereits zwei Mitarbeiterinnen und ein Mitarbeiter Interesse für eine Kandidatur gezeigt. Sie prüfen, ob die folgenden Personen überhaupt kandidieren können (Betriebsverfassungsgesetz).

Kandidat 1: Erik Hanke, 22 Jahre
Herr Hanke arbeitet seit vier Monaten bei der „Genter GmbH“ im Bereich Einkauf.

Kandidat 2: Beata Persson, 35 Jahre
Frau Persson ist seit acht Jahren im Betrieb und arbeitet in der Obst- und Gemüseabteilung. Sie hat die schwedische Staatsangehörigkeit.

Kandidat 3: Franziska Junke, 17 Jahre
Frau Junke ist Auszubildende im 1. Ausbildungsjahr und seit acht Monaten im Unternehmen.

b) Einige ältere Beschäftigte sind der Ansicht, dass die Jugend- und Auszubildendenvertretung in der „Genter GmbH“ völlig überflüssig ist. Der Betriebsrat würde vollkommen ausreichen. Sie überzeugen diese Mitarbeiterinnen und Mitarbeiter vom Gegenteil, indem Sie Ihnen drei Aufgaben der JAV erklären.
c) Mit Spannung haben die Mitarbeiterinnen und Mitarbeiter der „Genter GmbH“ die Diskussionen um einen Dioxin-Skandal verfolgt.
ca) In verschiedenen Medienberichten fällt der Begriff Nachhaltigkeit. Sie erklären einem interessierten Kollegen, was man unter Nachhaltigkeit versteht.
cb) Sie werden beauftragt, zwei konkrete Vorschläge vorzubringen, wie die „Genter GmbH“ in ihrem Unternehmen für mehr Nachhaltigkeit sorgen könnte.
cc) Die „Genter GmbH“ möchte in Zukunft noch stärker auf die Verwirklichung sozialer Ziele achten. Sie nennen drei Beispiele für soziale Ziele innerhalb eines Unternehmens.

15. Der Sportshop Fittig e. K. bietet in Rottweil alles zum Thema Sport über drei Etagen an. Sie arbeiten in der Personalabteilung des Sportshops und sind Mitglied des Betriebsrates. Im Rahmen dieser Tätigkeiten sind Sie immer auch Ansprechpartner für die Mitarbeitenden.
a) Die Mitarbeiterin Alina Sauer ist Ende April beim Wandern gestürzt und hat sich einen komplizierten Beinbruch zugezogen. Sie kann voraussichtlich erst wieder ab September arbeiten. Sie möchte wissen, ob sie bis dahin keinen Lohn erhält. Sie geben ihr darüber Auskunft.
b) Die Neuwahl des Betriebsrates steht an. Es gibt bereits zwei Bewerber, die sich in den Betriebsrat wählen lassen wollen. Sie geben den Bewerbern mithilfe der gesetzlichen Regelungen eine begründete Rückmeldung bezüglich ihrer Wählbarkeit:
- Bewerber Alberto Lopez: 28 Jahre alt; seit drei Jahren bei Sportshop Fittig e. K.; Verkäufer, Staatsangehörigkeit: spanisch

- Bewerberin Luise Müller: 43 Jahre alt, seit zwanzig Jahren als Verkäuferin bei verschiedenen Einzelhandelsunternehmen tätig, seit drei Monaten bei Sportshop Fittig e. K., Staatsangehörigkeit: deutsch

c) Auch die Jugend- und Auszubildendenvertretung soll neu gewählt werden. Sie bereiten eine Schulung zu diesem Thema vor. Dafür erstellen Sie eine Übersicht mit folgenden Inhaltspunkten:
- Wahlberechtigung
- Wählbarkeit
- Amtszeit
- Aufgaben der Jugend- und Auszubildendenvertretung (drei Angaben)

Test → Betriebsrat

Punkte

1

Das Autohaus Schnell OHG beschäftigt ständig 65 Arbeitnehmer. Bisher gab es keinen Betriebsrat. Wegen einer Auseinandersetzung einiger Arbeitnehmer mit dem Unternehmer Hugo Schnell über Fragen der Arbeitspausenregelung verlangen die Arbeitnehmer jetzt die Wahl eines Betriebsrates.

a) Kann sich Unternehmer Hugo Schnell dieser Forderung widersetzen? Begründen Sie Ihre Antwort. — 1

b) Wovon hängt die Zahl der Betriebsratsmitglieder eines Betriebes ab? — 2

c) Nennen Sie zwei allgemeine Aufgaben des Betriebsrates. — 2

d) Wie ist bei der Betriebsratswahl das aktive und passive Wahlrecht geregelt? — 2

e) Hugo Schnell ist der Ansicht, dass er bei der Arbeitspausenregelung den Betriebsrat sowieso nicht fragen muss. Ist die Ansicht von Hugo Schnell richtig? Begründen Sie Ihre Aussage. — 1

f) Für wie viele Jahre wird der Betriebsrat gewählt? — 1

g) Welcher Aufgabe muss der Betriebsrat einmal in jedem Kalendervierteljahr nachkommen? — 1

h) Nennen Sie je zwei Angelegenheiten, in denen der Betriebsrat mitbestimmen und mitwirken kann. — 2

Punktesumme → 12

Notenermittlung: Kreuzen Sie Ihr Ergebnis an (Korrekturanleitung: siehe Lösung).

Punkte ➤	12	11	10	9	8	7	6	5	4	3	2	1
Note ➤	1,0	1,5	2,0	2,5	3,0	3,5	4,0	4,5	5,0	5,5	6,0	6,0
1. Versuch ➤												
2. Versuch ➤												
3. Versuch ➤												

Test ➤ Jugend- und Auszubildendenvertretung (JAV)

Punkte

1 Im Kaufhaus Helmut Wohlfahrt e. K. stehen Wahlen zur Jugend- und Auszubildendenvertretung an. Yasmin Bauknecht, 18 Jahre, Auszubildende zur Kauffrau für Bürokommunikation, im 2. Ausbildungsjahr, kandidiert als Jugend- und Auszubildendenvertreterin.

a) Welche Voraussetzungen für die Wahl einer Jugend- und Auszubildendenvertretung müssen erfüllt sein? **2**

b) Welcher Personenkreis kann Yasmin in die Jugend- und Auszubildendenvertretung wählen? **1**

c) Wer ist bei der Wahl zur Jugend- und Auszubildendenvertretung wählbar? **1**

d) Auf wie viele Jahre wird die Jugend- und Auszubildendenvertretung gewählt? **1**

e) Welche Hauptaufgabe hat die Jugend- und Auszubildendenvertretung? **1**

f) Wann sind alle JAV-Mitglieder zur Teilnahme und zur Abstimmung in der Betriebsratssitzung berechtigt? **1**

g) Begründen Sie, weshalb die Jugend- und Auszubildendenvertretung auch für den Arbeitgeber bedeutsam sein kann. **1**

h) Die türkischen Auszubildenden wollen einen ihrer Landsleute, der sich im ersten Ausbildungsjahr befindet und 17 Jahre alt ist, in die JAV wählen. Kann er gewählt werden? **2**

i) Verschiedene ausländische Auszubildende, alle im ersten Ausbildungsjahr und 16 Jahre alt, wollen ihre Stimme zur JAV abgeben. Der Wahlleiter verweigert dies. Beurteilen Sie die Handlungsweise des Wahlleiters. **2**

Punktesumme ➤ **12**

Notenermittlung: Kreuzen Sie Ihr Ergebnis an (Korrekturanleitung: siehe Lösung).

Punkte ➤	12	11	10	9	8	7	6	5	4	3	2	1
Note ➤	1,0	1,5	2,0	2,5	3,0	3,5	4,0	4,5	5,0	5,5	6,0	6,0
1. Versuch ➤												
2. Versuch ➤												
3. Versuch ➤												

4 Tarifvertrag, Arbeitskampf und Betriebsvereinbarung

4.1 Tarifvertrag und Arbeitskampf

Stofftelegramm

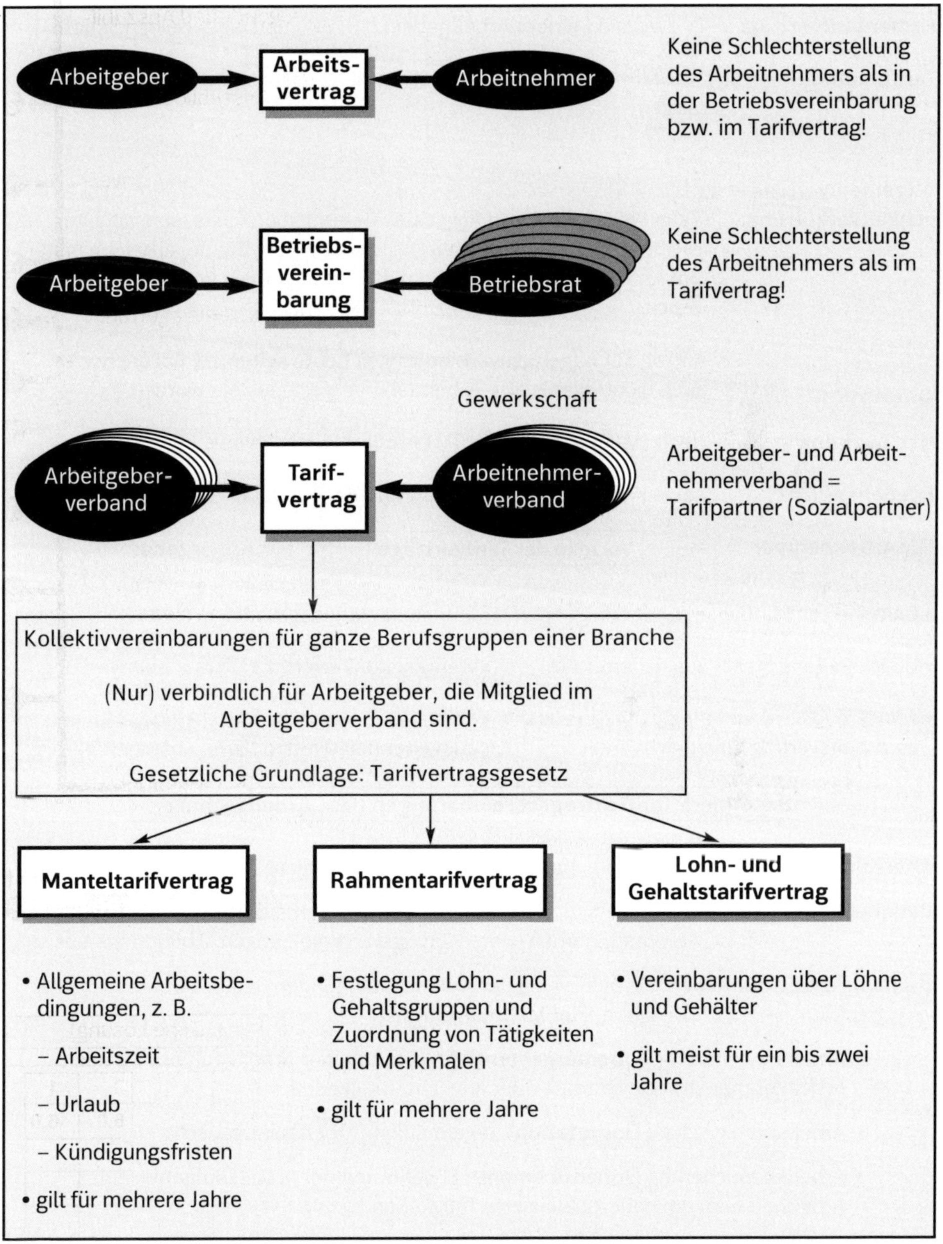

Koalitionsfreiheit: Art. 9 GG: Recht zum Zusammenschluss (z. B. zu einem AG-Verband)

Tarifautonomie: keine staatliche Einmischung in Tarifverhandlungen

Verbandstarifvertrag: TV zwischen Arbeitgeber- und Arbeitnehmerverband (Regelfall)

Firmentarifvertrag: TV zwischen **einem** Arbeitgeber (z. B. VW) und einer Gewerkschaft

Tarifbindung: TV = Mindestbedingungen bei Arbeitsverträgen und Betriebsvereinbarungen

Allgemeinverbindlichkeitserklärung: TV gilt für **alle** AG und AN seines Geltungsbereiches, also auch für Nichtmitglieder („Außenseiter"), wenn er vom Bundesarbeitsminister auf Antrag einer Tarifvertragspartei für allgemein verbindlich erklärt wurde.

Antrag auf Allgemeinverbindlichkeit heute selten, da üblicherweise auch nichtorganisierte Arbeitnehmer gleichgestellt werden.

Nachwirkung: Nach TV-Ablauf gilt alter TV bis zum Neuabschluss.

Friedenspflicht: Keine Kampfmaßnahmen während der TV-Dauer erlaubt!

Vorteile der Tarifverträge

Für Arbeitnehmer

- Garantie von Mindestarbeitsbedingungen
- Gleichstellung gleich qualifizierter AN
- AN wäre AG evtl. unterlegen, wenn alles im Arbeitsvertrag zu regeln wäre.

Für Arbeitgeber

- klare Kalkulationsgrundlage, da einheitl. Tarife
- weniger Konkurrenz bei Personalanwerbung
- Vertragsinhalte müssen nicht jedes Mal neu ausgehandelt werden (Zeit-, Kostenersparnis).

Besondere Tarifvertragsvereinbarungen betr. Arbeitsschutz

Alterssicherung: Kündigungsschutz und Garantieverdienst für ältere Arbeitnehmer

Rationalisierungsschutz: Beseitigung, Verminderung der Nachteile bei Rationalisierungsmaßnahmen (Umschulungen, Versetzungen, Abfindungen usw.)

Humanisierung der Arbeit: Verbesserung der Arbeitsbedingungen und des Betriebsklimas, Abbau der Monotonie durch:

- Arbeitserweiterung (**Jobenlargement**): Erweiterung der Arbeitsaufgaben eines Arbeitnehmers um gleichartige oder ähnliche Tätigkeiten
- Arbeitsplatzwechsel (**Jobrotation**): regelmäßiger Arbeitsplatztausch
- Arbeitsbereicherung (**Jobenrichment**): Erweiterung der Arbeitsaufgaben eines Arbeitnehmers um höherqualifizierte Tätigkeiten

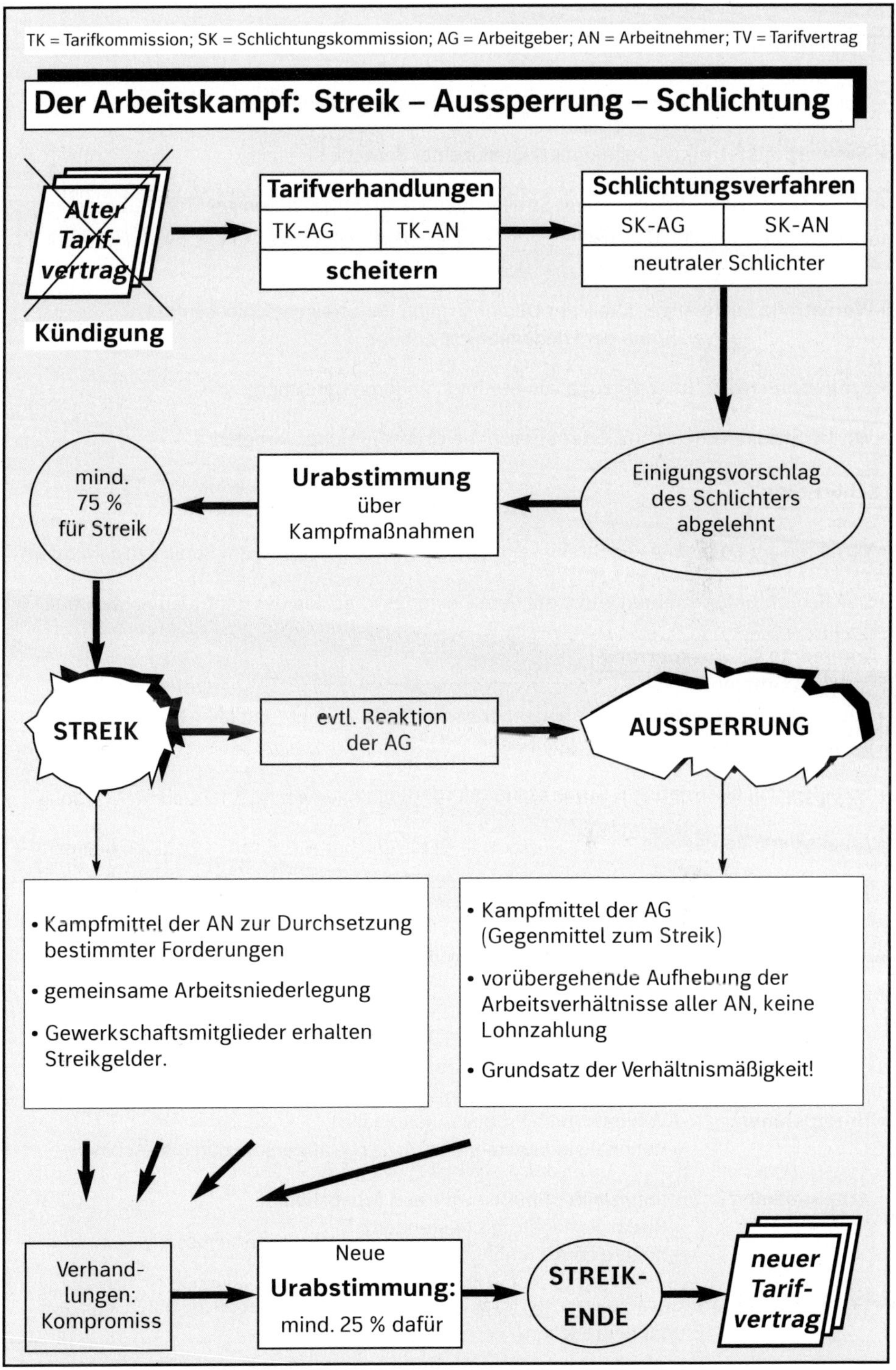
TK = Tarifkommission; SK = Schlichtungskommission; AG = Arbeitgeber; AN = Arbeitnehmer; TV = Tarifvertrag
Der Arbeitskampf: Streik – Aussperrung – Schlichtung
Alter Tarifvertrag
Kündigung
Tarifverhandlungen
TK-AG
TK-AN
scheitern
Schlichtungsverfahren
SK-AG
SK-AN
neutraler Schlichter
Einigungsvorschlag des Schlichters abgelehnt
Urabstimmung über Kampfmaßnahmen
mind. 75 % für Streik
STREIK
evtl. Reaktion der AG
AUSSPERRUNG
• Kampfmittel der AN zur Durchsetzung bestimmter Forderungen
• gemeinsame Arbeitsniederlegung
• Gewerkschaftsmitglieder erhalten Streikgelder.
• Kampfmittel der AG (Gegenmittel zum Streik)
• vorübergehende Aufhebung der Arbeitsverhältnisse aller AN, keine Lohnzahlung
• Grundsatz der Verhältnismäßigkeit!
Verhandlungen: Kompromiss
Neue Urabstimmung: mind. 25 % dafür
STREIK-ENDE
neuer Tarifvertrag

Streikarten

- **Voll- bzw. Flächenstreik:** Alle Arbeitnehmer des Tarifgebiets streiken.
- **Schwerpunktstreik:** Arbeitnehmer nur einzelner Betriebe streiken.
- **Mini-Max-Streik:** Mit minimalem Streikgeldaufwand (Streik in wenigen Zulieferbetrieben) wird maximale Wirkung erzielt (Lahmlegung eines großen Wirtschaftsbereiches).
- **Warnstreik:** kurzfristiger Streik zur Demonstration der Streikentschlossenheit, auch während der Friedenspflicht erlaubt
- **Sympathiestreik:** Unterstützung von Streiks in anderen Bereichen
- **Wilder Streik:** nicht organisierter Streik ohne Urabstimmung; verboten

Schlichtung

- Verfahren zur Beilegung von Streitigkeiten bei Tarifverhandlungen, um Streiks zu verhindern
- Das Schlichtungsverfahren endet mit dem Einigungsvorschlag des neutralen Schlichters.

Argumente für Aussperrung

- notwendiges Gegenmittel der Arbeitgeber gegen Schwerpunkt- und Mini-Max-Streiks („Waffengleichheit")
- Verhinderung übertriebener Gewerkschaftsforderungen
- Arbeitskampfverkürzung

Argument gegen Aussperrung

Arbeitgeberverbände finanziell evtl. besser gestellt, somit ggf. im Vorteil

Auswirkung von Arbeitskämpfen

- **Gewerkschaften:** Streikgelder leeren Kasse
- **Unternehmen:**
  - Verluste durch Produktionsausfälle
  - Rationalisierungstendenz (Arbeitskräfteersatz durch Maschinen)
- **Arbeitnehmer:**
  - finanzielle Einbußen während Arbeitskampf
  - Risiko: Rationalisierungstendenz
  - höhere Löhne = höherer Lebensstandard
- **Gesamtwirtschaft:** Gesamtwirtschaftliche Verflechtung bewirkt negative Folgen auch auf andere Branchen.

4.2 Betriebsvereinbarung

Stofftelegramm

Betriebsvereinbarung
=
Vertrag zwischen Arbeitgeber und Betriebsrat

Geltungsbereich: für alle Arbeitnehmer des Betriebs

Inhalt: Rechte, Pflichten, Vereinbarungen und verbindliche Normen, z. B.
- zusätzliche Maßnahmen zur Verhütung von Arbeitsunfällen,
- Sozialeinrichtungen,
- Förderung Vermögensbildung,
- nur wenn Tarifvertrag erlaubt: Arbeitsentgelte, Arbeitsbedingungen

Sonderfall einer Betriebsvereinbarung:
Sozialplan: Vereinbarungen zu Lohnminderungen, Versetzungen oder Entlassungen bei Betriebsänderungen (z. B. Verlagerung oder Stilllegung). Vereinbart wird z. B. die Höhe von Abfindungen oder die Errichtung einer Beschäftigungsgesellschaft.

Betriebsvereinbarungen haben Vorrang vor Einzelarbeitsverträgen.

4.3 Aufgaben zu den Kapiteln 4.1 und 4.2

1. Welches Gesetz ist bei Tarifverträgen zu beachten?
2. Wer sind die Vertragspartner bei Arbeitsverträgen, Betriebsvereinbarungen, Tarifverträgen?
3. Welche Beziehungen bestehen zwischen Arbeitsvertrag, Betriebsvereinbarung, Tarifvertrag und gesetzlichen Regelungen?
4. Wer sind die Tarifpartner (Sozialpartner) im Normalfall?
5. Unterscheiden Sie die Begriffe: a) Manteltarifvertrag, b) Lohn- und Gehaltstarifvertrag.
6. Erklären Sie kurz:
   a) Tarifvertrag
   b) Tarifautonomie
   c) Koalitionsfreiheit
   d) Tarifbindung
   e) Friedenspflicht
   f) Nachwirkung der Tarifverträge
   g) Allgemeinverbindlichkeit
7. Nennen Sie je drei Vorteile des Tarifvertrages für Arbeitnehmer und Arbeitgeber.
8. Tarifverträge beinhalten oft Regelungen über **Rationalisierungsschutz** und **Humanisierung der Arbeit**. Erklären Sie die Begriffe.

9. Notieren Sie folgende Begriffe in richtiger Reihenfolge: erste Urabstimmung, Tarifverhandlungen, Streik, Kündigung des Tarifvertrages, Schlichtungsverfahren, Aussperrung, neuer Tarifvertrag, Einigungsvorschlag Schlichter, zweite Urabstimmung, neue Verhandlungen.

10. Erklären Sie die Begriffe:
    a) Vollstreik
    b) Schwerpunktstreik
    c) Mini-Max-Streik
    d) Warnstreik
    e) wilder Streik
    f) Schlichtung
    g) Aussperrung

11. Warum ist die Aussperrung ein gerechtfertigtes Mittel im Arbeitskampf und welchen Hauptzweck verfolgt sie?

12. Ein Tarifvertrag gilt bis 30.06. Er wird von der Gewerkschaft fristgemäß gekündigt. Welche Kampfmaßnahmen können bereits vor, welche erst nach dem 30.06. vorgenommen werden? Begründung.

13. Der arbeitslose Facharbeiter Boll ist in keiner Gewerkschaft. Er bewirbt sich bei der Schnippel GmbH und vereinbart einen Lohn, der um 200,00 EUR unter dem Tariflohn liegt.
    Die Schnippel GmbH ist im Arbeitgeberverband. Beurteilen Sie die rechtliche Situation.

14. Beurteilen Sie, ob in folgenden Fällen ein Tarifvertrag jeweils für den Arbeitnehmer gelten muss, wenn keine Allgemeinverbindlichkeitserklärung vorliegt.

	a	b	c	d
Arbeitnehmer in Gewerkschaft?	nein	ja	ja	nein
Arbeitgeber im Arbeitgeberverband?	ja	ja	nein	nein

15. Beurteilen Sie die Rechtsgültigkeit folgender Fälle:
    a) Ein Tarifvertrag läuft bis zum 30.06. und wurde fristgerecht gekündigt. Die Verhandlungen verlaufen zäh. Am 15.07. legen 200 Arbeitnehmer ohne Urabstimmung für zwei Tage die Arbeit nieder.
    b) Wie a, jedoch wird nur 15 Minuten gestreikt.
    c) Wie b, jedoch erfolgt der Streik bereits am 25.05.
    d) Die Gewerkschaft droht mit Streik. Um ihr zuvorzukommen, sperren die Arbeitgeber aus.
    e) Die Gewerkschaft führt einen Schwerpunktstreik durch, die Arbeitgeber sperren lediglich die gewerkschaftlich organisierten Arbeitnehmer aus.
    f) Die Gewerkschaft führt einen Schwerpunktstreik durch. Die Arbeitgeber von nicht bestreikten Betrieben derselben Branche sperren die Arbeitnehmer aus.
    g) Nach Beendigung des Arbeitskampfes stellt ein Arbeitgeber nur 80 % der ausgesperrten Arbeitnehmer wieder ein.

h) 5.000 Arbeitnehmer einer Branche streiken, 70.000 Arbeitnehmer nicht bestreikter Betriebe werden ausgesperrt.

16. Was versteht man unter
    a) Tariflohn,
    b) Ecklohn?

17. Nach dem erfolgreichen Abschluss Ihrer Ausbildung arbeiten Sie als Verkäufer/-in im Supermarkt Meier GmbH. Im Einzelhandel wurde der alte Lohn- und Gehaltstarifvertrag gekündigt. Die Gewerkschaft möchte im Rahmen einer Informationsveranstaltung die Beschäftigten des Supermarktes Meier GmbH über die anstehenden Verhandlungen und die rechtlichen Rahmenbedingungen informieren. Sie sind Mitglied des Betriebsrates und helfen bei der Vorbereitung und Durchführung der Informationsveranstaltung.

    Während der Veranstaltung ergeben sich verschiedene Fragen. Sie beantworten diese rechtlich fundiert und begründet.

    a) Frau Müller möchte wissen: „Was wird denn jetzt überhaupt neu verhandelt? Was regelt denn dieser Lohn- und Gehaltstarifvertrag?"
    b) Frau Müller: „Und gibt es nicht auch noch einen Manteltarifvertrag? Was steht denn in dem?"
    c) Herr König: „Hoffentlich gibt es bald einen neuen Tarifvertrag, sonst können die Arbeitgeber doch im Moment mit uns machen, was sie wollen!"
    d) Herr Bauer: „Ich bin dafür, wir zeigen den Arbeitgebern gleich mal unsere Stärke. Lasst uns ab morgen streiken!"
    e) Frau Schulz: „Könnte nicht der Staat ein Machtwort sprechen?"
    f) Herr Berger: „Mir ist das sowieso egal. Ich bin nicht in der Gewerkschaft, also gilt der Tarifvertrag für mich überhaupt nicht!"
    g) Der Inhaber des Supermarktes Meier: „Ich finde, ihr von der Gewerkschaft solltet euch lieber zurückhalten, sonst sperre ich ab morgen die ersten Mitarbeiter aus!"

18. Im Rahmen der Veranstaltung zeigt sich, dass viele Mitarbeiterinnen und Mitarbeiter überhaupt nicht wissen, welchen Inhalt eine Betriebsvereinbarung hat und für wen sie gültig ist. Klären Sie darüber auf.

Test → **Tarifvertrag**

Punkte

1 Wer sind die Vertragspartner beim Abschluss eines Tarifvertrages? — 1

2 Was ist ein Tarifvertrag? — 1

3 Wie unterscheidet sich der Manteltarifvertrag vom Lohn- und Gehaltstarifvertrag? Stellen Sie anhand einer Gegenüberstellung zwei Unterscheidungsmerkmale heraus. — 2

4 Was versteht man unter einem Ecklohn und welche Bedeutung kommt diesem zu? — 2

5 Was bedeutet Tarifautonomie? — 1

6 Erläutern Sie, was man unter Allgemeinverbindlichkeit versteht. — 1

7 Nennen Sie je zwei Vorteile, die sich aus dem Abschluss eines Tarifvertrages für Arbeitgeber und Arbeitnehmer ergeben. — 4

Punktesumme → 12

Notenermittlung: Kreuzen Sie Ihr Ergebnis an (Korrekturanleitung: siehe Lösung).

Punkte ➤	12	11	10	9	8	7	6	5	4	3	2	1
Note ➤	1,0	1,5	2,0	2,5	3,0	3,5	4,0	4,5	5,0	5,5	6,0	6,0
1. Versuch ➤												
2. Versuch ➤												
3. Versuch ➤												

Test → Arbeitskampf

Punkte

1 Bei einer Stammtischrunde im Gasthaus „Schwarzer Adler“ wird über die vergangene Lohntarifrunde diskutiert. Dabei werden folgende Begriffe genannt:

- Streik
- Aussperrung

Erklären Sie diese Begriffe. — 3

2 Nennen Sie zwei mögliche Streitpunkte bei Tarifverhandlungen. — 1

3 Erläutern Sie die Begriffe „Schwerpunktstreik“ und „Flächenstreik“. — 2

4 Wann liegt ein wilder Streik vor? — 1

5 Welche Rechtsfolge kann sich aus einem wilden Streik für die teilnehmenden Arbeitnehmer ergeben? — 1

6 Welche Voraussetzungen müssen erfüllt sein, bevor es zum Streikaufruf der Gewerkschaft kommt? — 1

7 Welches Hauptziel wird mit einem Schlichtungsverfahren verfolgt? — 1

8 Von wem erhalten die streikenden bzw. ausgesperrten Arbeitnehmer während des Arbeitskampfes ihren Lohn bzw. Gehalt? Nehmen Sie dazu Stellung. — 2

Punktesumme → 12

Notenermittlung: Kreuzen Sie Ihr Ergebnis an (Korrekturanleitung: siehe Lösung).

Punkte ➤	12	11	10	9	8	7	6	5	4	3	2	1
Note ➤	1,0	1,5	2,0	2,5	3,0	3,5	4,0	4,5	5,0	5,5	6,0	6,0
1. Versuch ➤												
2. Versuch ➤												
3. Versuch ➤												

5 Das System der sozialen Absicherung

5.1 Übersicht über die gesetzliche Sozialversicherung (Stand: 01/2025)

Stofftelegramm

Abkürzungen: **KV, RV, AV, UV, PV** = Kranken-, Renten-, Arbeitslosen-, Unfall-, Pflegeversicherung; **AN** = Arbeitnehmer; **AG** = Arbeitgeber; **W** = West; **O** = Ost; **BBG** = Beitragsbemessungsgrenze; **Z** = Zusatzbeitrag

	KV	RV	AV	PV	UV
Träger	AOK, Innungs-, Betriebs-, Ersatzkrankenkassen	Deutsche Rentenversicherung	Bundesagentur für Arbeit	Pflegekassen bei den Krankenkassen	Berufsgenossenschaften
Vers.-pfl.	alle AN bis Versicherungspflichtgrenze **6.150,00 EUR**	alle AN, Azubis	– wie RV –	Mitglieder der gesetzl./privaten Krankenkassen	alle Beschäftigten
BBG	Höhe: **5.512,50 EUR mtl.**	**8.050,00 EUR monatl.**	– wie RV –	– wie KV –	– entfällt –
Beiträge	bis BBG steigend ab BBG konstant	– wie KV –	– wie KV/RV –	– wie KV –	nach Unfallgefahren
	AN: 7,3 % + 1/2 Zusatzbeitrag AG: 7,3 % + 1/2 Zusatzbeitrag Spezialfall: **556-Euro-Jobs**	AG und AN je 9,3 %	– AG und AN je 1,3 % –	Kinderlosenzuschlag AN alleine, AG stets 1,8 %	AG allein
Beitr.-satz	14,6 % (allgemeiner Beitragssatz)	18,6 %	2,6 %	4,2 % für Kinderlose über 23 (AG 1,8 %, AN 2,4 %; AN je nach Kinderzahl niedrigerer Satz) Sachsen: AG stets 1,3 %	nach Unfallgefahren
LEISTUNGEN	• **Krankenhilfe:** Arzt-, Krankenhaus-, Arzneikosten; Krankengeld ab 7. Woche (70 % vom Bruttolohn); max. 90 % des Nettolohns • Vorsorgeuntersuchungen • Mutterschaftshilfe • Familienhilfe • Zuzahlung zu Arzneimitteln durch Versicherten	**Rentenzahlung:** • Rente w. Alters • Rente wegen Berufs- oder Erwerbsunfähigkeit • Witwen- und Waisenrente **Rehabilitationsmaßnahmen**	• Arbeitslosengeld I • Kurzarbeitergeld • Saison-Kurzarbeitergeld • Insolvenzausfallgeld • KV-Beiträge Arbeitsloser • Berufsberatung • Arbeitsvermittlung • Umschulungen • Förderung Einstieg in Selbstständigkeit (Gründerzuschuss) • Ein-Euro-Jobs (= Zusatzjobs) vermitteln • Bewerbungstraining • berufliche Rehabilitation	• **Häusliche Pflege:** Sachleistung (Pflege durch Profis) bzw. Pflegegeld (bei Versorgung durch Angehörige) • **stationäre Pflege** • **Sonstige Leistungen:** Pflegehilfsmittel, technische Hilfen (z. B. Rollstühle), Zuschüsse zu notwendigen Umbauten, soziale Sicherung der Pflegepersonen • Leistungen je nach Pflegegrad	**Arbeitsunfallfolgen (auch Wegeunfälle):** • Krankenhilfe • Berufshilfe • Renten an Verletzte + Hinterbliebene **Unfallverhütung:** • Aufklärung • Belehrung • Überwachung

Hinweise zum Arbeitslosengeld und Bürgergeld: Dauer der Zahlung

Arbeitslosengeld
Dauer maximal: ab 12 Monate versichert für 6 Monate ALG, ab mind. 24 Monate versichert 12 Monate (ab 50 Jahre max. 15 Monate, ab 55 Jahre max. 18 Monate, ab 58 Jahre max. 24 Monate)

Bürgergeld (steuerfinanziert, keine Leistung der Arbeitslosenversicherung)
Bürgergeld wird gezahlt für erwerbsfähige Menschen, die ihren Lebensunterhalt nicht aus eigenem Einkommen decken können und andere vorrangige Leistungen (Arbeitslosengeld, Wohngeld, Kinderzuschlag etc.) nicht ausreichend sind.

5.2 Ergänzungen gesetzliche Krankenversicherung

Stofftelegramm

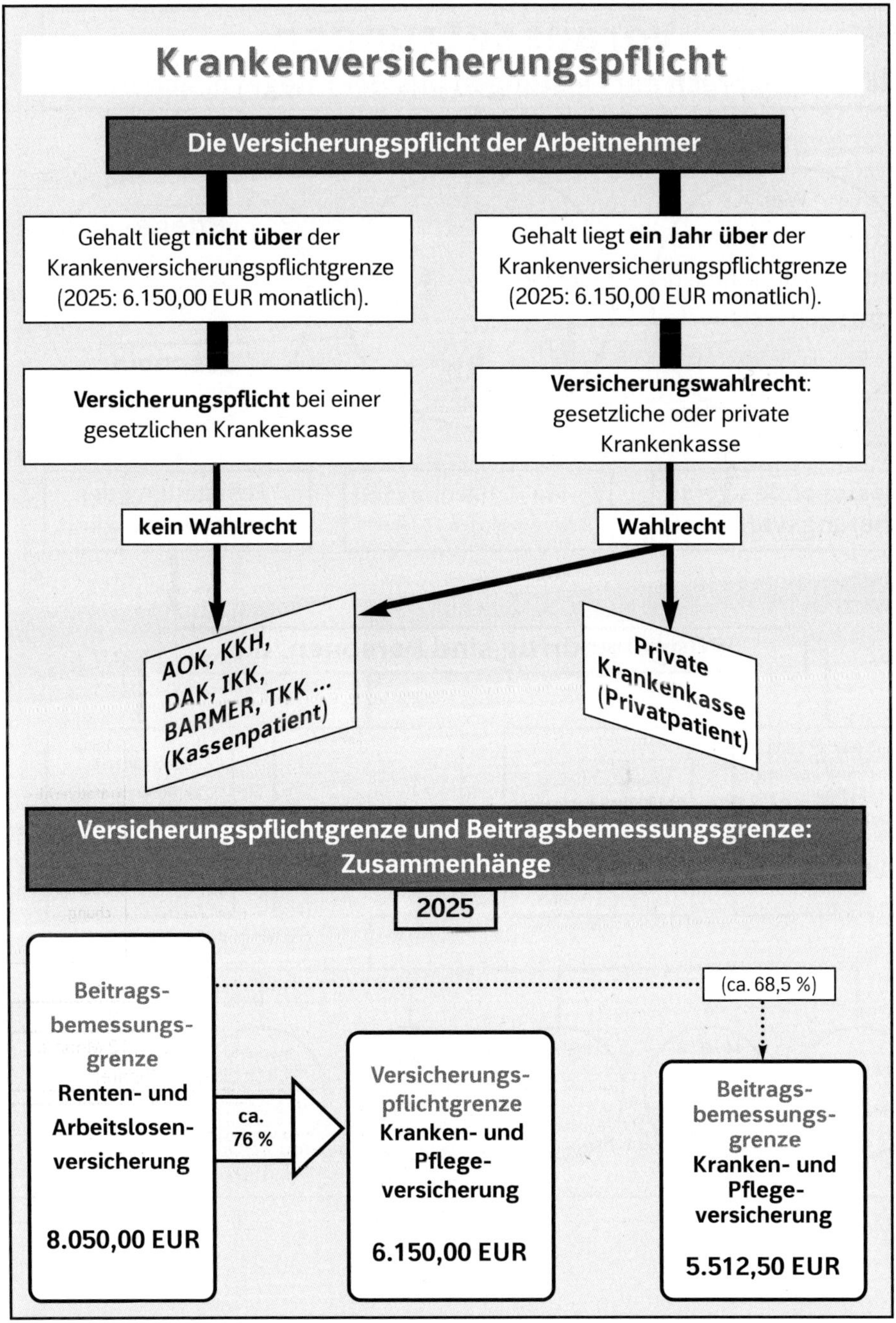

5.3 Ergänzungen gesetzliche Pflegeversicherung

Stofftelegramm

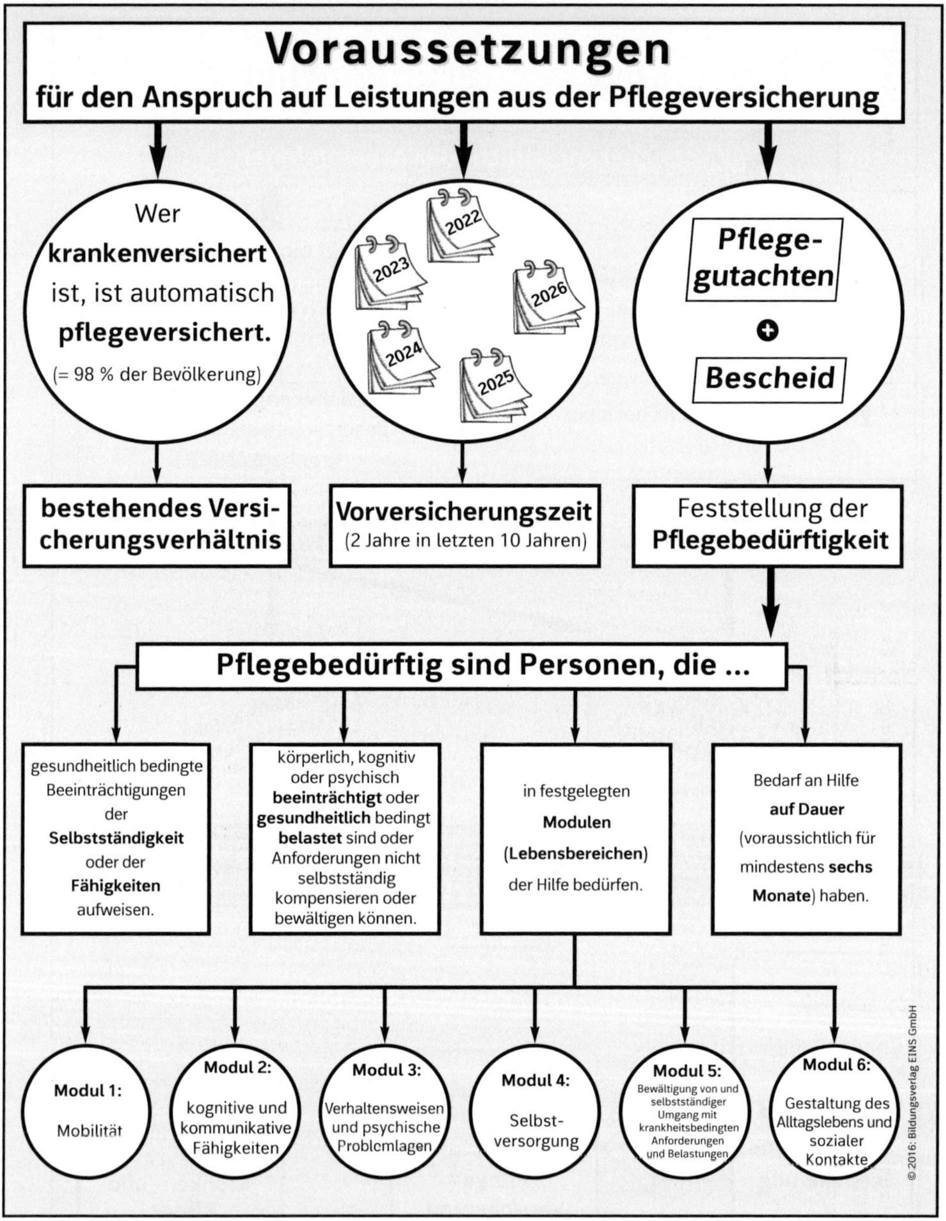

Kriterien bei der Begutachtung zur Feststellung der Pflegebedürftigkeit (§ 14 Abs. 2, § 15 Abs. 2, Anlage 1 zu § 15, § 18 Abs. 5a SGB XI)

Gewichtung: 10 %	**Modul 1:** Mobilität	• Position im Bett ändern • stabile Sitzposition halten • innerhalb des Wohnbereichs fortbewegen • Treppensteigen
Gewichtung: zusammen 15 %	**Modul 2:** kognitive und kommunikative Fähigkeiten	• Personen aus dem näheren Umfeld erkennen • örtliche und zeitliche Orientierung haben • Erinnerung an wichtige Ereignisse • Entscheidungen im Alltagsleben treffen • Risiken und Gefahren erkennen • elementare Bedürfnisse mitteilen • an einem Gespräch beteiligen
	Modul 3: Verhaltensweisen und psychische Problemlagen	• nächtliche Unruhe • selbst schädigendes und autoaggressives Verhalten • Beschädigung von Gegenständen • physisch aggressives Verhalten gegenüber Anderen • verbale Aggression u. a. gegenüber Pflegepersonen • Ängste, Antriebslosigkeit bei depressiver Stimmung • sozial inadäquate Verhaltensweisen
Gewichtung: 40 %	**Modul 4:** Selbstversorgung	• Waschen des vorderen Oberkörpers • Duschen und Baden, Waschen der Haare • An- und Auskleiden des Oberkörpers • mundgerechtes Zubereiten der Nahrung • Essen und Trinken, Eingießen von Getränken • eine Toilette oder einen Toilettenstuhl benutzen • Folgen einer Stuhlinkontinenz bewältigen ...
Gewichtung: 20 %	**Modul 5:** Bewältigung von und selbstständiger Umgang mit krankheitsbedingten Anforderungen und Belastungen	• Medikation, Injektionen ... • Verbandwechsel und Wundversorgung • Einmalkatheterisierung, Nutzung Abführmethoden • Arztbesuche und Besuch anderer medizinischer oder therapeutischer Einrichtungen
Gewichtung: 15 %	**Modul 6:** Gestaltung des Alltagslebens und sozialer Kontakte	• Tagesablauf gestalten, an Veränderungen anpassen • Ruhen und Schlafen • Sichbeschäftigen • mit Personen im direkten Kontakt interagieren • Kontakte pflegen zu Personen außerhalb des direkten Umfeldes
zwei zusätzliche Lebensbereiche	**Modul 7:** außerhäusliche Aktivitäten	• Bereich der Wohnung oder Einrichtung verlassen • öffentliche Verkehrsmittel im Nahverkehr nutzen • an kulturellen, religiösen oder sportlichen Veranstaltungen teilnehmen • Besuch von sonstigen Einrichtungen
	Modul 8: Haushaltführung	• für den täglichen Bedarf einkaufen • einfache Mahlzeiten zubereiten • einfache Aufräum- und Reinigungsarbeiten • mit finanziellen Angelegenheiten umgehen • Umgang mit Behördenangelegenheiten

Die Pflegegrade (Sie bestimmen die Leistungshöhe.)

1 – **geringe** Beeinträchtigung der Selbstständigkeit oder der Fähigkeiten (nur für neu eingestufte Personen)

2 – **erhebliche** Beeinträchtigung der Selbstständigkeit oder der Fähigkeiten

3 – **schwere** Beeinträchtigung der Selbstständigkeit oder der Fähigkeiten

4 – **schwerste** Beeinträchtigung der Selbstständigkeit oder der Fähigkeiten

5 – **schwerste** Beeinträchtigung der Selbstständigkeit oder der Fähigkeiten **mit besonderen Anforderungen an die pflegerische Versorgung**

Leistungen der Pflegeversicherung

- **ambulante Pflege (Pflegesachleistungen)**
- **Angehörigenpflege (Pflegegeld)**
- **Heimpflege (stationär)**

Erläuterung zu Pflegesachleistungen: Versicherte nehmen die Hilfe eines ambulanten Pflegedienstes (Pflegefachkräfte) in Anspruch. Ambulante Sachleistungen können auch mit dem Pflegegeld kombiniert werden. Geräte und Sachen (Pflegehilfsmittel), die zur häuslichen Pflege notwendig sind, sie erleichtern etc. oder eine selbstständigere Lebensführung ermöglichen, werden i. d. R. zur Verfügung gestellt (evtl. Zuzahlung). Die Kosten für Verbrauchsprodukte in Höhe von bis zu 42,00 EUR pro Monat werden von der Pflegekasse erstattet (z. B. Einmalhandschuhe, Desinfektionsmittel oder Betteinlagen).

Erläuterung zu Angehörigenpflege: Ein „staatliches Gehalt" für die Pflegenden gibt es nicht. Das Pflegegeld kann aber an die dauerhaft pflegenden Angehörigen weitergeleitet werden. Auch während Erholungszeiten/Auszeiten (Verhinderungspflege) der pflegenden Person wird ein Teil des Pflegegeldes bis max. acht Wochen fortgezahlt. Unter bestimmten Bedingungen haben diese Personen auch Ansprüche auf Leistungen zur Rentenversicherung durch die Pflegeversicherung.
Pflegeunterstützungsgeld: seit 2024 jährlich Anspruch für bis zu 10 Tage pro Jahr in akuten unerwarteten Situationen, Freistellung vom Job und Übernahme des entfallenden Nettoverdienstes (Höchstbeträge) durch die PV.

Maximalleistungen (monatlich)

Pflegegrade	ambulante Pflege (Pflegesachleistung)	Angehörigenpflege (Pflegegeld)	Heimpflege (stationär)
1	0,00 EUR	0,00 EUR	Unterkunft und Verpflegung sind selbst zu tragen. Je höher der Pflegegrad, desto mehr der Pflegekosten werden übernommen (Leistung ähnlich der Pflegesachleistung plus Zuschlag abhängig von der Verweildauer), wodurch der Eigenanteil sinkt. Bei Finanzierungsproblemen evtl. staatliche Unterstützung oder Unterhaltspflicht durch Kinder.
2	796,00 EUR	347,00 EUR	
3	1.497,00 EUR	599,00 EUR	
4	1.859,00 EUR	800,00 EUR	
5	2.299,00 EUR	990,00 EUR	

§ 45b SGB: Für alle Pflegegrade (Pflegebedürftige in häuslicher Pflege) gilt außerdem ein einheitlicher **Entlastungsbetrag** von je 131,00 EUR.

5.4 Ergänzungen gesetzliche Rentenversicherung

Stofftelegramm

• **„Meldung zur Sozialvers.":**	Der Meldevordruck ist ein Dreifach-Durchschreibesatz.
• **Generationenvertrag:**	Die beitragszahlende Generation sichert mit ihren Beiträgen die Renten der Renten empfangenden Generation.
• **Rentenhöhe:** abhängig von	– **Lebenseinkommen:** Summe aller Bruttoarbeitsentgelte – **Anrechnungsfähige Versicherungsjahre:** Beitragszeiten + Berücksichtigungszeiten (Kindererziehungs-, Pflegezeiten) + Anrechnungszeiten (Ausbild.zeit max. 3 Jahre; Krankheits-, Schwangerschafts-, Arbeitslosigkeits-, Schlechtwetterzeiten) + Ersatzzeiten (Kriegsdienstzeiten) + Zurechnungszeiten (bei sehr früher Erwerbsunfähigkeit) – **durchschnittliche Arbeitsverdienste aller Arbeitnehmer** – **Steigerungssatz**
• **Rentendynamisierung:**	Rentenanpassung an allgemeine Lohnentwicklung
• **Rente wegen Alters:**	
– Normale Altersrente:	mit 65, schrittweise Erhöhung für nach 1946 Geborene, ab Geburtsjahrgang 1964 mit 67
– Vorzeitige Inanspruchnahme:	gegen dauerhaften Abzug (ca. 0,3 % für jeden Monat früherer Inanspruchnahme) Teilrente: Auch nur teilweise vorzeitige Verrentung (z. B. 40 %) möglich (Flexirentengesetz). Es gelten seit 2023 keine Hinzuverdienstgrenzen.
– Sonderregelungen:	z. B. für Schwerbehinderte, besonders langjährig Versicherte, vor 1952 geborene Frauen, Altersteilzeit

5.5 Ergänzungen gesetzliche Arbeitslosenversicherung

Stofftelegramm

	Arbeitslosengeld	**Bürgergeld**
Voraus-setzungen	1. Antragsteller arbeitslos 2. Arbeitslosmeldung beim Arbeitsamt 3. Antragstellung beim Arbeitsamt 4. verfügbar zur Arbeitsvermittlung 5. innerhalb der letzten drei Jahre mindestens 360 Tage beitragspflichtig beschäftigt	• Voraussetzungen 1 bis 4 des Arbeitslosengeldes sind erfüllt • kein Anspruch (mehr) auf Arbeitslosengeld • Bedürftigkeit (Karenzzeit [Schonzeit] von einem Jahr für Vermögen bis 40.000,00 EUR)
Höhe	67 % vom letzten Nettoverdienst (Kinderlose: 60 %)	Regelleistung: 563,00 EUR + Leistungen f. Unterkunft und Heizung
Dauer	maximal zwölf Monate (ab 55 Jahre max. 18 Monate; ab 58 Jahre max. 24 Monate)	zeitlich unbegrenzt; Bewilligung jeweils für max. sechs Monate
Finanzierung	aus Beitragszahlungen	aus Steuergeldern
Sperrzeiten bzw. **Absenkung/Wegfall**	Verkürzung der Dauer des AL-Geldbezugs u. a. bei Arbeitsablehnung, unzureichenden Eigenbemühungen, Meldeversäumnis, Arbeitsaufgabe (= **Sperrzeit**)	**Leistungsminderung:** z. B. bei Ablehnung einer zumutbaren Arbeit oder Eingliederungsmaßnahme, bei Pflichtverletzung

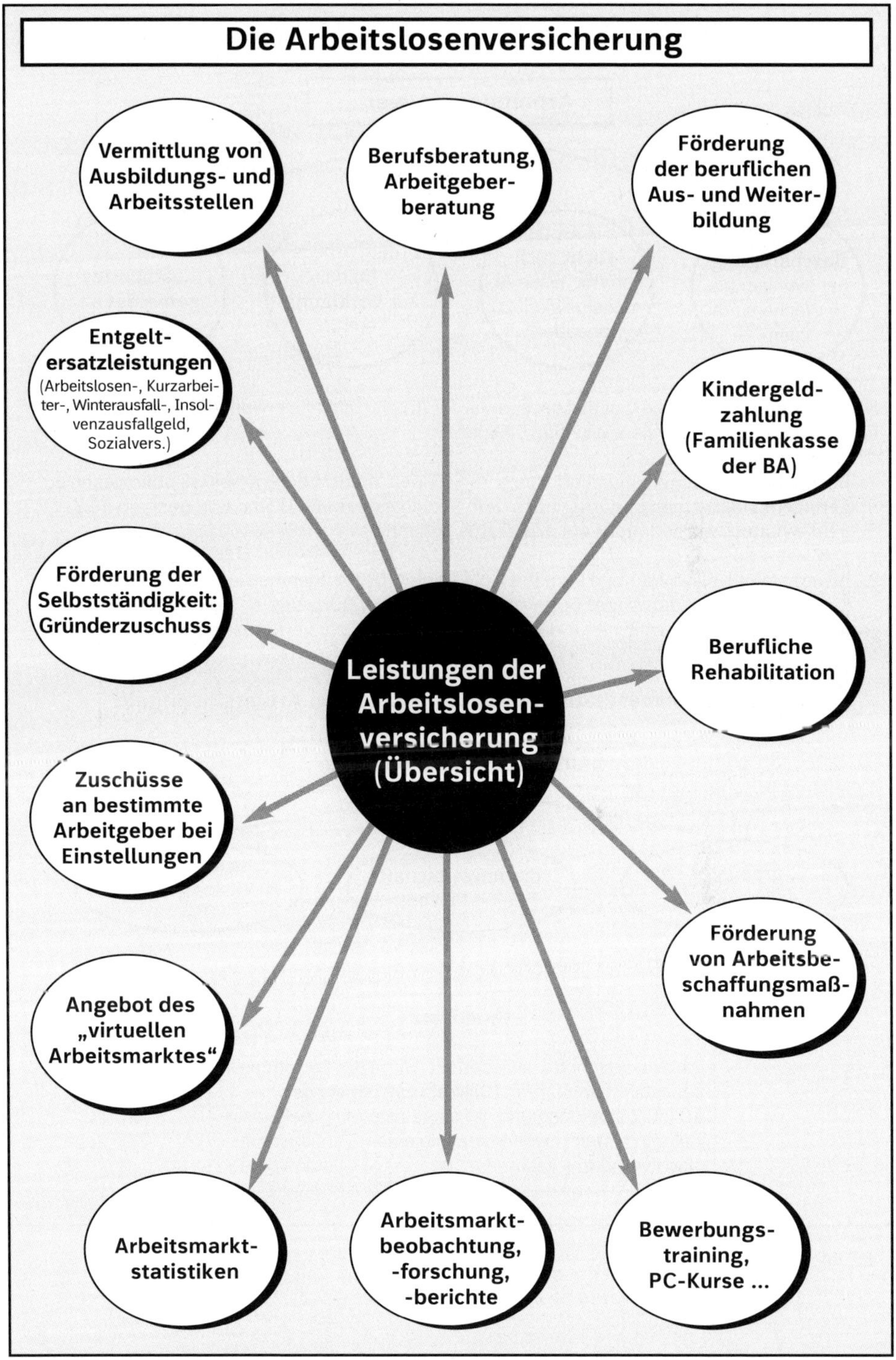
Die Arbeitslosenversicherung
Leistungen der Arbeitslosenversicherung (Übersicht)
Vermittlung von Ausbildungs- und Arbeitsstellen
Berufsberatung, Arbeitgeberberatung
Förderung der beruflichen Aus- und Weiterbildung
Entgeltersatzleistungen (Arbeitslosen-, Kurzarbeiter-, Winterausfall-, Insolvenzausfallgeld, Sozialvers.)
Kindergeldzahlung (Familienkasse der BA)
Förderung der Selbstständigkeit: Gründerzuschuss
Berufliche Rehabilitation
Zuschüsse an bestimmte Arbeitgeber bei Einstellungen
Förderung von Arbeitsbeschaffungsmaßnahmen
Angebot des „virtuellen Arbeitsmarktes“
Arbeitsmarktstatistiken
Arbeitsmarktbeobachtung, -forschung, -berichte
Bewerbungstraining, PC-Kurse ...

Definition der Arbeitslosigkeit nach dem Sozialgesetzbuch

Arbeitslos ist, wer ...

- ... **keine Beschäftigung** hat (weniger als 15 Wochenstunden).
- ... Arbeit **sucht** (sich bemüht, seine Arbeitslosigkeit zu beenden).
- ... dem Arbeitsmarkt **zur Verfügung** steht.
- ... arbeitslos **gemeldet** ist.

Nach dieser Definition sind laut Bundesagentur für Arbeit nicht alle erwerbsfähigen Hilfebedürftigen als arbeitslos zu zählen. Wichtige Beispiele:

1. Beschäftigte Personen, die mindestens 15 Stunden in der Woche arbeiten, aber wegen zu geringem Einkommen bedürftig nach dem Sozialgesetzbuch II sind und deshalb Bürgergeld erhalten, werden **nicht als arbeitslos** gezählt.

2. Erwerbsfähige hilfsbedürftige Personen, die keine Arbeit aufnehmen können, weil sie kleine Kinder erziehen oder Angehörige pflegen, erhalten Bürgergeld; sie werden **nicht als arbeitslos** gezählt, weil sie für die Arbeitsaufnahme nicht verfügbar sein müssen.

Anspruchsvoraussetzungen für den Bezug von Arbeitslosengeld

Arbeitslosengeld erhält, wer ...

- ... **arbeitslos** ist (siehe oben).
- ... die **Anwartschaftszeit** erfüllt hat.
- ... sich persönlich arbeitslos **gemeldet** hat.

Grundsatz

Die Anwartschaftszeit ist erfüllt, wenn der Betroffene in den letzten drei Jahren **(Dreijahresfrist)** vor der Arbeitslosmeldung und der eingetretenen Arbeitslosigkeit mindestens zwölf Monate in einem Versicherungspflichtverhältnis gestanden hat.

5.6 Ergänzungen gesetzliche Unfallversicherung

Stofftelegramm

Die Träger der gesetzlichen Unfallversicherung

- Gewerbliche Berufsgenossenschaften →
- Unfallversicherungsträger der öffentlichen Hand →
- Landwirtschaftliche Berufsgenossenschaften

Spitzenverband: **Deutsche Gesetzliche Unfallversicherung (DGUV)**

Beiträge

- **Zahlung** durch **Unternehmer** allein
- **Beitragshöhe** abhängig von: **Finanzbedarf, Unfallrisiko, Lohnsumme**

Versicherungspflichtige

- Beschäftigte
- Auszubildende
- Schüler, Studenten
- Kinder in Kitas
- Pflegepersonen
- Landwirte
- Arbeitslose
- Haushaltshilfen

Versicherungsfreie

- Beamte
- Richter
- Berufssoldaten

freiwillig Versicherte

Unternehmer und mitarbeitende Ehegatten

Versicherungsschutz

Arbeitsunfall – Wegeunfall – Berufskrankheit – Kita-, Schul-, Hochschulunfall

Aufgaben + Leistungen der Unfallversicherungsträger

Prävention	Heilbehandlung/Reha	Finanzielle Leistungen
• Erlass von Unfallverhütungsvorschriften • Unternehmensberatung • Sicherungsbeauftragte	• ärztl. Behandlung • Behandlung Krankenhaus + Reha-Zentren • Berufsvorbereitung	• Verletztengeld • Übergangsgeld • Renten • Sterbegeld

5.7 Probleme der gesetzlichen Sozialversicherung

Stofftelegramm

Rentenversicherung

- Altersquotient (Rentner/-innen : Erwerbsfähige) steigt (Gesellschaft altert = demografischer Wandel)
- Auf die Beitragszahler kommen immer mehr Rentenbezieher durch:
  - längere Ausbildung
  - späterer Eintritt ins Erwerbsleben
  - Zunahme von Teilzeitarbeit
  - Trend zur Selbstständigkeit (immer mehr freie Mitarbeiter/-innen, Telearbeitsplätze ...)
  - Verringerung der Erwerbsquote der über 50-Jährigen
  - durchschnittl. Rentenbezugsdauer steigt (höhere Lebenserwartung)
  - Verkürzung der Lebensarbeitszeit
  - sinkende Beitragseinnahmen in Wirtschaftsflauten

→ Die Beschäftigten müssen für immer mehr Rentner/-innen aufkommen.

→ Sozialausgaben übersteigen Beitragseinnahmen.

Folgen:

- Leistungseinschränkungen bzw.
- Beitragserhöhungen bzw.
- Verlagerung auf private Altersvorsorge

Krankenversicherung

- Hohe Ausgabensteigerungen im Gesundheitswesen:

  steigende – Krankenhauskosten,
  – Kosten für Medikamente,
  – Kosten für Ärzte
- sinkende Beitragseinnahmen in Wirtschaftsflauten

Arbeitslosenversicherung

bei steigender Arbeitslosigkeit → Ausgaben für Arbeitslosengelder steigen

Pflegeversicherung

- steigende Zahl der Pflegebedürftigen aufgrund höherer Lebenserwartung
- zunehmende Entstehung von Ein-Personen-Haushalten (→ weniger Pflege durch Familienangehörige)

Unfallversicherung

- Finanzierung durch Beiträge der Arbeitgeber
- Beiträge abhängig v. a. von der Unfallgefahr im jeweiligen Betrieb

→ Einnahmen decken Ausgaben.

Wichtig: Zusätzlich private Vorsorgemaßnahmen treffen! (s. u.)

5.8 Das Dreischichtenmodell der Altersvorsorge

Stofftelegramm

Mit Rentenlücke bzw. Versorgungslücke wird der Prozentanteil oder Betrag bezeichnet, um den das letzte monatliche Netto-Einkommen vor Renteneintritt die spätere gesetzliche Altersrente übersteigt. Das Rentenniveau wird 2030 nur noch bei knapp 50 % des letzten Nettogehalts liegen (Schätzung!).
Gegen das zu starke Absinken der verfügbaren Finanzmittel muss vorgesorgt werden, z. B. durch betriebliche und private Vorsorgemaßnahmen.

3	**Kapitalanlageprodukte = private Vorsorge**	private Kapitalanlagen und Rentenversicherungen, die nicht zwingend für die Altersvorsorge genutzt werden müssen **Beispiele:** *klassische private Rentenversicherung, Kapitallebensversicherung*
2	**Zusatzversorgung = staatlich geförderte Altersvorsorge**	• betriebliche Altersversorgung • „Riester-Rente“ (hohe staatliche Förderung!)
1	**Basisversorgung**	• gesetzliche Rente • private Basisrente („Rürup“)

Als weitere Altersabsicherung wird auch der Erwerb von Immobilien gesehen. Der große Vorteil: Mit einer Eigentumswohnung oder einem Eigenheim hat man bereits lange vor dem Alter einen Nutzen.

5.9 Aufgaben zu den Kapiteln 5.1–5.8

1. Nennen Sie a) die Zweige, b) die Träger der Sozialversicherung.
2. Welche Bedeutung hat die Beitragsbemessungsgrenze für die einzelnen Sozialversicherungsarten?
3. Wer ist sozialversicherungspflichtig (wesentliche Gruppen)?
4. Wer führt die Sozialversicherung an welche Institutionen ab?
5. Nennen Sie die wesentlichen Leistungen der Sozialversicherungen.
6. Wer muss den Arbeitnehmer zur Sozialversicherung melden?
7. Welche Folgen hat es, wenn ein Arbeitgeber es versäumt, einen neuen Arbeitnehmer bei der Krankenkasse anzumelden?
8. Der kaufmännische Angestellte Schlapp ist sieben Wochen krank. Wovon lebt er in dieser Zeit?
9. Unterscheiden Sie die Begriffe „Arbeitslosengeld“ und „Bürgergeld“.

10. a) Heidi Sonne kündigt fristgemäß, um eine halbjährige Südseereise zu unternehmen. Die Finanzierung soll über das Arbeitslosengeld gesichert werden. Nehmen Sie Stellung.
    b) Eugen Schott kündigt fristgemäß, weil ihm das Arbeitsklima bei Teufel & Co. nicht behagt. Beurteilen Sie, ob sein Antrag auf Arbeitslosengeld erfolgreich sein wird.
    c) Schott möchte gegen den Bescheid des Arbeitsamtes klagen. Welches Gericht ist zuständig?

11. Nico Schlau erhält als DV-Spezialist ein Gehalt von 6.500,00 EUR. Da er ein großes Vermögen besitzt, ist er weder auf eine spätere Rente noch auf Arbeitslosengeld im Falle einer Arbeitslosigkeit angewiesen. Zudem fühlt er sich kerngesund. Er will alle Sozialversicherungen kündigen. Ist dies möglich? Begründung.

12. Erklären Sie kurz folgende Begriffe:
    a) Meldung zur Sozialversicherung
    b) Generationenvertrag
    c) Rentendynamisierung
    d) anrechnungsfähige Versicherungsjahre

13. a) Wovon hängt die Höhe der Rente ab?
    b) Begründen Sie die Notwendigkeit einer zusätzlichen Altersvorsorge.
    c) Beschreiben Sie das Dreischichtenmodell der Altersvorsorge.

14. Unter welchen Voraussetzungen können die Leistungen der gesetzlichen Unfallversicherung in Anspruch genommen werden?

15. Worin unterscheiden sich Sozial- und Individualversicherung?

16. Wann zahlt der Arbeitgeber die Sozialversicherungsbeiträge allein?

17. Was versteht man unter Selbstverwaltung?

18. Welcher Versicherungsträger erbringt in folgenden Fällen welche Leistung?
    a) Der Angestellte Schlotter bleibt wegen Schüttelfrost auf ärztlichen Rat hin fünf Tage zu Hause.
    b) Ein 50-jähriger Prokurist, der eine Frau und drei Kinder hinterlässt, stirbt.
    c) Der 55-jährige Angestellte Hupf tritt auf dem Heimweg von der Arbeit in einen Pferdeapfel, fällt und bricht sich dabei drei Finger und das Nasenbein. Er nimmt ärztliche Behandlung in Anspruch.
    d) Ein Angestellter kann nach einem privaten Autounfall seinen Beruf nicht mehr ausüben.
    e) Ein Arbeiter kann nach einem privaten Autounfall seinen Beruf nicht mehr ausüben.
    f) Ein 65-jähriger Angestellter begibt sich in den Ruhestand.
    g) Die 25-jährige Arbeiterin Nina Friedlein kündigt fristlos, weil sie die ständigen Beleidigungen ihres Chefs nicht länger hinnehmen will.
    h) Ein Angestellter erkrankt schwer und ist zukünftig in keiner Weise mehr arbeitsfähig.

19. Nennen Sie die wesentlichen Probleme der gesetzlichen Sozialversicherung.

Test → Sozialversicherung

Punkte

1 Nennen Sie die fünf Zweige der Sozialversicherung und deren Träger. — 5

2 Wer bezahlt die Beiträge zu den einzelnen Versicherungen? — 1

3 Nennen Sie für jeden Zweig der Sozialversicherung je zwei wesentliche Leistungen. — 5

4 Erläutern Sie die Bedeutung der Beitragsbemessungsgrenze für die einzelnen Zweige der Sozialversicherung. — 4

5 Erklären Sie den Begriff „Generationenvertrag". — 1

6 Unterscheiden Sie die Begriffe „Arbeitslosengeld" und „Bürgergeld". — 4

Punktesumme → 20

Notenermittlung: Kreuzen Sie Ihr Ergebnis an (Korrekturanleitung: siehe Lösung).

Punkte:	20	19	18	17	16	15	14	13	12	11	10	9	8	7	6	5	4	3
Note:	1,0	1,3	1,6	1,9	2,2	2,5	2,7	3,0	3,3	3,6	3,9	4,2	4,5	4,8	5,1	5,4	5,7	6,0
1. Versuch:																		
2. Versuch:																		
3. Versuch:																		

5.10 Exkurs: Die Gehaltsabrechnung: Fälle und Lösungen (Stand: 01/2025)

Stofftelegramm

Solidaritätszuschlag
- **fällt nur noch bei sehr hohen Einkommen an**

Kirchensteuer
- Bad.-Württ. und Bayern jeweils **8 %** der Lohn- bzw. Einkommensteuer
- restliche Länder jeweils **9 %** • **s. u. „Annahmen"**

Rentenversicherung
- **Beitragssatz**: **18,6 %** (Arbeitnehmeranteil 9,3 %)
- **Beitragsbemessungsgrenze**: **8.050,00 EUR/96.600,00 EUR**

Arbeitslosenversicherung
- **Beitragssatz**: **2,6 %** (AN-Anteil 1,3 %)
- **Beitragsbemessungsgrenze** wie bei Rentenversicherung

Krankenversicherung

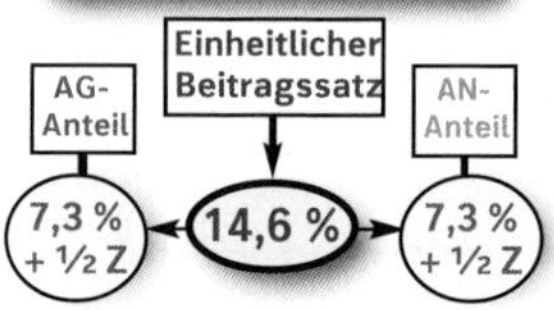

- Allgemeiner **Beitragssatz: 14,6 %** des sozialversicherungspflichtigen Gehalts; **kassenindividueller Zusatzbeitrag (Z)**
  →AN-Anteil = 7,3 % + ½ Z; AG-Anteil = 7,3 % + ½ Z
- **Beitragsbemessungsgrenze: 5.512,50 EUR/66.150,00 EUR**
- **Versicherungspflichtgrenze: 6.150,00 EUR/73.800,00 EUR**

Pflegeversicherung
- **Beitragssatz:** 4,2 % des sozialversicherungspflichtigen Gehalts bei Kinderlosen, AN-Anteil 2,4 %; gestaffelte Sätze für AN je nach Kinderzahl; AG-Anteil stets 1,8 % (Sachsen: AG-Anteil stets 1,3 %)
- **Bemessungsgrenzen** wie bei der Krankenversicherung

Übungen zur Gehaltsabrechnung für Ost- und Westdeutschland in Euro:

Annahmen:
- Krankenversicherungssatz (inkl. Zusatzbeitrag): 15,6 %; alle Arbeitnehmer haben keine Kinder (AN-Anteil bei der Pflegeversicherung somit 2,4 %)
- Die Lohnsteuerbeträge wurden unterstellt; sie sind letztlich von der Lohnsteuerklasse abhängig.
- vermögenswirksames Sparen jeweils 40,00 EUR
- vermögenswirksame Leistung des Arbeitgebers jeweils 20,00 EUR
- Der Solidaritätszuschlag wird erst ab hohen Einkünften erhoben und wird hier nicht berücksichtigt.

	Fall 1	Fall 2	Fall 3	Fall 4
Bruttogehalt:	2.500,00 EUR	3.000,00 EUR	6.000,00 EUR	8.800,00 EUR
Lohnsteuer (unterstellt):	250,00 EUR	400,00 EUR	1.000,00 EUR	2.500,00 EUR
Kirchensteuersatz:	8 % (9 %)	8 % (9 %)	8 % (9 %)	8 % (9 %)
Vorschussverrechnung:	–	–	500,00 EUR	–

Aufgabe: Erstellen Sie die Gehaltsabrechnungen unter Berücksichtigung von 8 % (9 %) Kirchensteuer.

Hinweis: Nur in Baden-Württemberg und Bayern beträgt der Kirchensteuersatz 8 %, ansonsten bundesweit 9 %.

Abkürzungen: **vL-AG** = vermögenswirksame Leistung des Arbeitgebers
SolZ = Solidaritätszuschlag
KiSt. = Kirchensteuer
RV, KV, PV, AV = Renten-, Kranken-, Pflege-, Arbeitslosenversicherung
vS = vermögenswirksames Sparen
st + sv Gehalt = steuer- und sozialversicherungspflichtiges Gehalt

Lösung Fall 1

		KiSt. 8 %		KiSt. 9 %
Bruttogehalt		**2.500,00**		**2.500,00**
+ vL-AG		20,00		20,00
= st + sv Gehalt		2.520,00		2.520,00
– Lohnsteuer		250,00		250,00
– KiSt.	(8,0 % v. 250,00)	20,00	(9 % v. 250,00)	22,50
– KV	(7,8 % v. 2.520,00)	196,56		196,56
– RV	(9,3 % v. 2.520,00)	234,36		234,36
– AV	(1,3 % v. 2.520,00)	32,76		32,76
– PV	(2,4 % v. 2.520,00)	60,48		60,48
= Nettogehalt		1.725,84		1.723,34
– vS		40,00		40,00
= Überweisungsbetrag		**1.685,84**		**1.683,34**

Lösung Fall 2

		KiSt. 8 %		KiSt. 9 %
Bruttogehalt		**3.000,00**		**3.000,00**
+ vL-AG		20,00		20,00
= st + sv Gehalt		3.020,00		3.020,00
– Lohnsteuer		400,00		400,00
– KiSt.	(8,0 % v. 400,00)	32,00	(9 % v. 400,00)	36,00
– KV	(7,8 % v. 3.020,00)	235,56		235,56
– RV	(9,3 % v. 3.020,00)	280,86		280,86
– AV	(1,3 % v. 3.020,00)	39,26		39,26
– PV	(2,4 % v. 3.020,00)	72,48		72,48
= Nettogehalt		1.959,84		1.955,84
– vS		40,00		40,00
= Überweisungsbetrag		**1.919,84**		**1.915,84**

Lösung Fall 3		KiSt. 8 %		KiSt. 9 %
Bruttogehalt		**6.000,00**		**6.000,00**
+ vL-AG		20,00		20,00
= st + sv Gehalt		6.020,00		6.020,00
– Lohnsteuer		1.000,00		1.000,00
– KiSt.	(8,0 % v. 1.000,00)	80,00	(9 % v. 1.000,00)	90,00
– KV	(7,8 % v. 5.512,50)	429,98		429,98
– RV	(9,3 % v. 6.020,00)	559,86		559,86
– AV	(1,3 % v. 6.020,00)	78,26		78,26
– PV	(2,4 % v. 5.512,50)	132,30		132,30
= Nettogehalt		**3.739,60**		**3.729,60**
– vS		40,00		40,00
– Vorschuss		500,00		500,00
= Überweisungsbetrag		**3.199,60**		**3.189,60**

Lösung Fall 4		KiSt. 8 %		KiSt. 9 %
Bruttogehalt		**8.800,00**		**8.800,00**
+ vL-AG		20,00		20,00
= st + sv Gehalt		8.820,00		8.820,00
– Lohnsteuer		2.500,00		2.500,00
– KiSt.	(8,0 % v. 2.500,00)	200,00	(9 % v. 2.500,00)	225,00
– KV	(7,8 % v. 5.512,50)	429,98		429,98
– RV	(9,3 % v. 8.050,00)	748,65		748,65
– AV	(1,3 % v. 8.050,00)	104,65		104,65
– PV	(2,4 % v. 5.512,50)	132,30		132,30
= Nettogehalt		**4.704,42**		**4.679,42**
– vS		40,00		40,00
= Überweisungsbetrag		**4.664,42**		**4.639,42**

6 Prüfungsaufgaben Kompetenzbereich I

Prüfungsaufgaben Sommer 2020 (Aufgabe 1, Jahreszahlen wurden aktualisiert)

Sie haben Ihre kaufmännische Ausbildung im Autohaus Müller GmbH erfolgreich durchlaufen und sind in der Personalabteilung eingesetzt. Neben den dort üblichen Aufgaben sind Sie auch zuständig für die Beantwortung von Nutzerfragen, die über das Intranet gestellt werden.

1.1 Die IHK sendet dem Autohaus Müller einen fehlerhaften Ausbildungsvertrag zurück **(Anlagen 1 und 2)**.

Erstellen Sie für den zuständigen Sachbearbeiter einen schriftlich begründeten Korrekturvorschlag.

1.2 Sie erhalten vier Anfragen aus dem elektronischen Kummerkasten (**Anlage 3**).

Formulieren Sie zu jedem Anliegen ein Antwortschreiben auf Grundlage der Gesetzestexte **(Anlage 2)**.

Anlage 1 (verändert)

Berufsausbildungsvertrag

AUSFERTIGUNG FÜR **AUSZUBILDENDE**
BLATT 3 / SEITE 1 VON 4

(§§ 10, 11 des Berufsbildungsgesetzes – BBiG)

UNGÜLTIG

Zwischen dem Ausbildenden (Ausbildungsbetrieb) und der/dem Auszubildenden wird nachstehender Berufsausbildungsvertrag zur Ausbildung im Ausbildungsberuf

Automobilkaufmann

(wenn einschlägig, bitte einschließlich Fachrichtung, Schwerpunkt, Wahlqualifikation(en) und/oder Einsatzgebiet nach der Ausbildungsordnung bezeichnen)

nach Maßgabe der Ausbildungsordnung[1] geschlossen.

Zuständige Berufsschule

Änderungen des wesentlichen Vertragsinhaltes sind vomAusbildenden unverzüglich zur Eintragung in das Verzeichnis der Berufsausbildungsverhältnisse bei der Industrie- und Handelskammer anzuzeigen. Die beigefügten Angaben zur sachlichen und zeitlichen Gliederung des Ausbildungsablaufes (Ausbildungsplan) sowie die beigefügten **weiteren Bestimmungen** sind Bestandteil dieses Vertrages

Angaben zum Ausbildenden

Autohaus Müller GmbH
Name des Ausbildenden (Ausbildungsbetriebes)[2]

Mechtersheimer Straße 23
Straße, Haus-Nr.

75173 Pforzheim
PLZ Ort

info@automueller.de
E-Mail-Adresse (Angabe freiwillig)

07231-555-555
Telefonnummer

Jung, Margarethe
Name, Vorname verantwortliche/r Ausbilder/in

Angaben zum/zu gesetzlichen Vertreter(n)[3]

☐ keiner ☒ Eltern ☐ Mutter ☐ Vater ☐ Vormund

Bechtl, Monika
Name, Vorname

Kepplerstraße 25
Straße, Haus-Nr.

75175 Pforzheim
PLZ Ort

☐ keiner ☐ Eltern ☐ Mutter ☐ Vater ☐ Vormund

Bechtl, Martin
Name, Vorname

Kepplerstraße 25
Straße, Haus-Nr.

75175 Pforzheim
PLZ Ort

Angaben zur/zum Auszubildenden

Becht Jonas
Name Vorname

Kepplerstraße 25
Straße, Haus-Nr.

75175 Pforzheim
PLZ Ort

14.03.2008 jonas_yolo@waeb.de
Geburtsdatum E-Mail-Adresse (Angabe freiwillig)

Mobil-/Telefonnummer (Angabe freiwillig)

§ 1 – Dauer der Ausbildung

Dauer

Die Ausbildungsdauer beträgt nach der Ausbildungsordnung

☐ 24 Monate. ☒ 36 Monate. ☐ 42 Monate.

Auf die Ausbildungsdauer wird die Berufsausbildung zur/zum[4]

bzw. eine berufliche Vorbildung in

mit .... Monaten angerechnet.[5]

Die Berufsausbildung wird in

☒ Vollzeit ☐ Teilzeit[6,7] .... (% der Ausbildungszeit in Vollzeit) durchgeführt.

Die Ausbildungsdauer verlängert sich aufgrund der Teilzeit um .... Monate.

Die Ausbildungsdauer verkürzt sich vorbehaltlich der Entscheidung der zuständigen Stelle aufgrund

.... um .... Monate.[7]

Soweit keine geschlechtsneutrale Formulierung gewählt wird, dient dies allein der Vereinfachung der Lesbarkeit. Auch dort werden alle Menschen angesprochen – unabhängig von ihremGeschlecht (w/m/d).

UNGÜLTIG

AUSFERTIGUNG FÜR **AUSZUBILDENDE**
BLATT 3 / SEITE 2 VON 4

☐ Die Berufsausbildung wird im Rahmen eines ausbildungsintegrierenden dualen Studiums absolviert.

Das Berufsausbildungsverhältnis

beginnt am 01.09.2023 und endet am:[8] 31.08.2026

Probezeit

Die Probezeit beträgt in Monaten[9]

☐ einen ☐ zwei ☐ drei ☒ vier

§ 2 – siehe S. 3 des Berufsausbildungsvertrages

§ 3 – Ausbildungsstätte

Die Ausbildung findet vorbehaltlich der Regelungen nach § 4 Nr. 12 dieses Vertrages in

Autohaus Müller
Mechtersheimer Straße 23
57173 Pforzheim

Name/Anschrift der Ausbildungsstätte

und den mit dem Betriebssitz für die Ausbildung üblicherweise zusammenhängenden Bau-, Montage- und sonstigen Arbeitsstellen statt.

§ 4 – Pflichten des Ausbildenden

Ausbildungsmaßnahmen außerhalb der Ausbildungsstätte(n) sind für den folgenden Zeitraum in der/den folgenden Ausbildungsstätte(n) vorgesehen (hierzu zählen auch Auslandsaufenthalte)

§ 5 – Pflichten der/des Auszubildenden

Führung von schriftlichen oder elektronischen Ausbildungsnachweisen

Der Ausbildungsnachweis wird wie folgt geführt: ☐ schriftlich ☒ elektronisch

§ 6 – Bestandteile der Vergütung und sonstige Leistungen

Höhe und Fälligkeit

☐ Das Ausbildungsverhältnis fällt in den Geltungsbereich des folgenden Tarifvertrages:

☐ Das Ausbildungsverhältnis fällt nicht in den Geltungsbereich eines gültigen Tarifvertrages.

Der Ausbildende zahlt der/dem Auszubildenden eine angemessene Vergütung; diese beträgt zurzeit monatlich brutto

EUR	706,00	746,00	746,00	
im	ersten	zweiten	dritten	vierten

Ausbildungsjahr.

☐ Die Vergütung setzt sich aus verschiedenen Bestandteilen zusammen, die dem Vertrag als Anlage beigefügt werden.

Überstunden[10]

Überstunden werden ☐ besonders vergütet. ☐ besonders vergütet **oder** in Freizeit ausgeglichen. ☐ in Freizeit ausgeglichen. ☐ besonders vergütet **und** in Freizeit ausgeglichen.

§ 7 – Ausbildungszeit, Anrechnung und Urlaub

Tägliche und wöchentliche Ausbildungszeit[11]

Die regelmäßige tägliche Ausbildungszeit beträgt 8,00 Stunden.[12]

Die durchschnittliche wöchentliche Ausbildungszeit beträgt 40,00 Stunden.

Urlaub

Es besteht ein Urlaubsanspruch

im Kalenderjahr	2023	2024	2025	2026
Werktage	7,00	20,00	20,00	13,00
Arbeitstage				

§§ 8 bis 11 – siehe S. 4 des Berufsausbildungsvertrages

§ 12 – Sonstige Vereinbarungen[13]**; Hinweis auf anzuwendende Betriebs- bzw. Dienstvereinbarungen**

☐ Anlage gemäß § 1 Nr. 1 des Berufsausbildungsvertrages[14]

Die beigefügten weiteren Bestimmungen (Blatt 3 / Ausfertigung für **Auszubildende** / S. 3 und S. 4) sind Gegenstand dieses Vertrages.

Pforzheim, 24.04.2023
Ort, Datum

Jonas Becht
Unterschrift der/des Auszubildenden*

Autohaus
MÜLLER GmbH

A. Müller
Stempel und Unterschrift des Ausbildenden*

Unterschrift(en) der/des gesetzlichen Vertreter/s*

* Bei elektronischer Abfassung ist die Vertragsabfassung so zu übermitteln, dass die Auszubildenden und ggf. deren gesetzliche Vertreter/in diese speichern und ausdrucken können. Ausbildende haben den Empfang durch die Auszubildende und ggf. deren gesetzliche Vertreter/in nachzuweisen (§ 11 Abs. 2 Satz 2 und 3 BBiG). Auszubildende sind verpflichtet den Empfang der Vertragsabfassung zu bestätigen (§ 13 S. 2 Nr. 8 BBiG).

Anlage 2: Gesetzesauszüge

Auszug aus dem Berufsbildungsgesetz (BBiG)

§ 5 Ausbildungsordnung

(1) Die Ausbildungsordnung hat festzulegen

1. die Bezeichnung des Ausbildungsberufes, der anerkannt wird,
2. die Ausbildungsdauer; sie soll nicht mehr als drei und nicht weniger als zwei Jahre betragen,
3. die beruflichen Fertigkeiten, Kenntnisse und Fähigkeiten, die mindestens Gegenstand der Berufsausbildung sind (Ausbildungsberufsbild), [...]

§ 10 Vertrag

(1) Wer andere Personen zur Berufsausbildung einstellt (Ausbildende), hat mit den Auszubildenden einen Berufsausbildungsvertrag zu schließen. [...]

§ 11 Vertragsniederschrift[1]

(1) Ausbildende haben unverzüglich nach Abschluss des Berufsausbildungsvertrages, spätestens vor Beginn der Berufsausbildung, den wesentlichen Inhalt des Vertrages gemäß Satz 2 schriftlich niederzulegen; die elektronische Form ist ausgeschlossen. In die Niederschrift sind mindestens aufzunehmen

1. Art, sachliche und zeitliche Gliederung sowie Ziel der Berufsausbildung, insbesondere die Berufstätigkeit, für die ausgebildet werden soll,
2. Beginn und Dauer der Berufsausbildung,
3. Ausbildungsmaßnahmen außerhalb der Ausbildungsstätte,
4. Dauer der regelmäßigen täglichen Ausbildungszeit,
5. Dauer der Probezeit,
6. Zahlung und Höhe der Vergütung,
7. Dauer des Urlaubs,
8. Voraussetzungen, unter denen der Berufsausbildungsvertrag gekündigt werden kann,
9. ein in allgemeiner Form gehaltener Hinweis auf die Tarifverträge, Betriebs- oder Dienstvereinbarungen, die auf das Berufsausbildungsverhältnis anzuwenden sind, [...]

(2) Die Niederschrift ist von den Ausbildenden, den Auszubildenden und deren gesetzlichen Vertretern und Vertreterinnen zu unterzeichnen.

(3) Ausbildende haben den Auszubildenden und deren gesetzlichen Vertretern und Vertreterinnen eine Ausfertigung der unterzeichneten Niederschrift unverzüglich auszuhändigen.

[...]

§ 17 Vergütungsanspruch[2]

(1) Ausbildende haben Auszubildenden eine angemessene Vergütung zu gewähren. Sie ist nach dem Lebensalter der Auszubildenden so zu bemessen, dass sie mit fortschreitender Berufsausbildung, mindestens jährlich, ansteigt.

(2) Sachleistungen können in Höhe der nach § 17 Abs. 1 Satz 1 Nr. 4 des Vierten Buches Sozialgesetzbuch festgesetzten Sachbezugswerte angerechnet werden, jedoch nicht über 75 Prozent der Bruttovergütung hinaus.

---

[1] *Alte Fassung, seit 01.08.2022 neue Fassung.*
[2] *Alte Fassung, seit 01.07.2022 neue Fassung.*

(3) Eine über die vereinbarte regelmäßige tägliche Ausbildungszeit hinausgehende Beschäftigung ist besonders zu vergüten oder durch entsprechende Freizeit auszugleichen.

§ 18 Bemessung und Fälligkeit der Vergütung[1]

(1) Die Vergütung bemisst sich nach Monaten. Bei Berechnung der Vergütung für einzelne Tage wird der Monat zu 30 Tagen gerechnet.
(2) Die Vergütung für den laufenden Kalendermonat ist spätestens am letzten Arbeitstag des Monats zu zahlen.

§ 20 Probezeit

Das Berufsausbildungsverhältnis beginnt mit der Probezeit. Sie muss mindestens einen Monat und darf höchstens vier Monate betragen.

§ 21 Beendigung[2]

(1) Das Berufsausbildungsverhältnis endet mit dem Ablauf der Ausbildungsdauer. Im Falle der Stufenausbildung endet es mit Ablauf der letzten Stufe.
(2) Bestehen Auszubildende vor Ablauf der Ausbildungsdauer die Abschlussprüfung, so endet das Berufsausbildungsverhältnis mit Bekanntgabe des Ergebnisses durch den Prüfungsausschuss.
(3) Bestehen Auszubildende die Abschlussprüfung nicht, so verlängert sich das Berufsausbildungsverhältnis auf ihr Verlangen bis zur nächstmöglichen Wiederholungsprüfung, höchstens um ein Jahr.

§ 22 Kündigung[2]

(1) Während der Probezeit kann das Berufsausbildungsverhältnis jederzeit ohne Einhalten einer Kündigungsfrist gekündigt werden.
(2) Nach der Probezeit kann das Berufsausbildungsverhältnis nur gekündigt werden
1. aus einem wichtigen Grund ohne Einhalten einer Kündigungsfrist,
2. von Auszubildenden mit einer Kündigungsfrist von vier Wochen, wenn sie die Berufsausbildung aufgeben oder sich für eine andere Berufstätigkeit ausbilden lassen wollen.

(3) Die Kündigung muss schriftlich und in den Fällen des Absatzes 2 unter Angabe der Kündigungsgründe erfolgen.
(4) Eine Kündigung aus einem wichtigen Grund ist unwirksam, wenn die ihr zugrunde liegenden Tatsachen dem zur Kündigung Berechtigten länger als zwei Wochen bekannt sind. Ist ein vorgesehenes Güteverfahren vor einer außergerichtlichen Stelle eingeleitet, so wird bis zu dessen Beendigung der Lauf dieser Frist gehemmt.

§ 23 Schadensersatz bei vorzeitiger Beendigung

(1) Wird das Berufsausbildungsverhältnis nach der Probezeit vorzeitig gelöst, so können Ausbildende oder Auszubildende Ersatz des Schadens verlangen, wenn die andere Person den Grund für die Auflösung zu vertreten hat. Dies gilt nicht im Falle des § 22 Absatz 2 Nummer 2.
(2) Der Anspruch erlischt, wenn er nicht innerhalb von drei Monaten nach Beendigung des Berufsausbildungsverhältnisses geltend gemacht wird.

§ 36 Antrag und Mitteilungspflichten[2]

(1) Ausbildende haben unverzüglich nach Abschluss des Berufsausbildungsvertrages die Eintragung in das Verzeichnis zu beantragen. Der Antrag kann schriftlich oder elektronisch gestellt

---

[1] *Alte Fassung, seit 01.01.2020 neue Fassung.*
[2] *Alte Fassung, seit 01.08.2024 neue Fassung.*

werden; eine Kopie der Vertragsniederschrift ist jeweils beizufügen. Auf einen betrieblichen Ausbildungsplan im Sinne von § 11 Absatz 1 Satz 2 Nummer 1, der der zuständigen Stelle bereits vorliegt, kann dabei Bezug genommen werden. Entsprechendes gilt bei Änderungen des wesentlichen Vertragsinhalts.
(2) Ausbildende und Auszubildende sind verpflichtet, den zuständigen Stellen die zur Eintragung nach § 34 erforderlichen Tatsachen auf Verlangen mitzuteilen.

Auszug aus dem Jugendarbeitsschutzgesetz (JArbSchG)

§ 8 Dauer der Arbeitszeit
(1) Jugendliche dürfen nicht mehr als acht Stunden täglich und nicht mehr als 40 Stunden wöchentlich beschäftigt werden.
(2) Wenn in Verbindung mit Feiertagen an Werktagen nicht gearbeitet wird, damit die Beschäftigten eine längere zusammenhängende Freizeit haben, so darf die ausfallende Arbeitszeit auf die Werktage von fünf zusammenhängenden, die Ausfalltage einschließenden Wochen nur dergestalt verteilt werden, daß die Wochenarbeitszeit im Durchschnitt dieser fünf Wochen 40 Stunden nicht überschreitet. Die tägliche Arbeitszeit darf hierbei achteinhalb Stunden nicht überschreiten.
(2a) Wenn an einzelnen Werktagen die Arbeitszeit auf weniger als acht Stunden verkürzt ist, können Jugendliche an den übrigen Werktagen derselben Woche achteinhalb Stunden beschäftigt werden.
[...]

§ 19 Urlaub
(1) Der Arbeitgeber hat Jugendlichen für jedes Kalenderjahr einen bezahlten Erholungsurlaub zu gewähren.
(2) Der Urlaub beträgt jährlich
1. mindestens 30 Werktage, wenn der Jugendliche zu Beginn des Kalenderjahrs noch nicht 16 Jahre alt ist,
2. mindestens 27 Werktage, wenn der Jugendliche zu Beginn des Kalenderjahrs noch nicht 17 Jahre alt ist,
3. mindestens 25 Werktage, wenn der Jugendliche zu Beginn des Kalenderjahrs noch nicht 18 Jahre alt ist.

[...]

Auszug aus dem Arbeitszeitgesetz (ArbZG)

§ 3 Arbeitszeit der Arbeitnehmer
Die werktägliche Arbeitszeit der Arbeitnehmer darf acht Stunden nicht überschreiten. Sie kann auf bis zu zehn Stunden nur verlängert werden, wenn innerhalb von sechs Kalendermonaten oder innerhalb von 24 Wochen im Durchschnitt acht Stunden werktäglich nicht überschritten werden.

Auszug aus dem Bundesurlaubsgesetz (BUrlG)

§ 3 Dauer des Urlaubs
(1) Der Urlaub beträgt jährlich mindestens 24 Werktage.
(2) Als Werktage gelten alle Kalendertage, die nicht Sonn- oder gesetzliche Feiertage sind.

Auszug aus dem Mutterschutzgesetz (MuSchG)

§ 3 Schutzfristen vor und nach der Entbindung

(1) Der Arbeitgeber darf eine schwangere Frau in den letzten sechs Wochen vor der Entbindung nicht beschäftigen (Schutzfrist vor der Entbindung), soweit sie sich nicht zur Arbeitsleistung ausdrücklich bereit erklärt. Sie kann die Erklärung nach Satz 1 jederzeit mit Wirkung für die Zukunft widerrufen. Für die Berechnung der Schutzfrist vor der Entbindung ist der voraussichtliche Tag der Entbindung maßgeblich, wie er sich aus dem ärztlichen Zeugnis oder dem Zeugnis einer Hebamme oder eines Entbindungspflegers ergibt. Entbindet eine Frau nicht am voraussichtlichen Tag, verkürzt oder verlängert sich die Schutzfrist vor der Entbindung entsprechend.

(2) Der Arbeitgeber darf eine Frau bis zum Ablauf von acht Wochen nach der Entbindung nicht beschäftigen (Schutzfrist nach der Entbindung). Die Schutzfrist nach der Entbindung verlängert sich auf zwölf Wochen

1. bei Frühgeburten,
2. bei Mehrlingsgeburten und,
3. wenn vor Ablauf von acht Wochen nach der Entbindung bei dem Kind eine Behinderung im Sinne von § 2 Absatz 1 Satz 1 des Neunten Buches Sozialgesetzbuch ärztlich festgestellt wird.

Bei vorzeitiger Entbindung verlängert sich die Schutzfrist nach der Entbindung nach Satz 1 oder nach Satz 2 um den Zeitraum der Verkürzung der Schutzfrist vor der Entbindung nach Absatz 1 Satz 4. Nach Satz 2 Nummer 3 verlängert sich die Schutzfrist nach der Entbindung nur, wenn die Frau dies beantragt.

(3) Die Ausbildungsstelle darf eine Frau im Sinne von § 1 Absatz 2 Satz 2 Nummer 8 bereits in der Schutzfrist nach der Entbindung im Rahmen der schulischen oder hochschulischen Ausbildung tätig werden lassen, wenn die Frau dies ausdrücklich gegenüber ihrer Ausbildungsstelle verlangt. Die Frau kann ihre Erklärung jederzeit mit Wirkung für die Zukunft widerrufen.

[...]

Auszug aus dem Bürgerlichen Gesetzbuch (BGB)

§ 106 Beschränkte Geschäftsfähigkeit Minderjähriger

Ein Minderjähriger, der das siebente Lebensjahr vollendet hat, ist nach Maßgabe der §§ 107 bis 113 in der Geschäftsfähigkeit beschränkt.

§ 107 Einwilligung des gesetzlichen Vertreters

Der Minderjährige bedarf zu einer Willenserklärung, durch die er nicht lediglich einen rechtlichen Vorteil erlangt, der Einwilligung seines gesetzlichen Vertreters.

§ 108 Vertragsschluss ohne Einwilligung

(1) Schließt der Minderjährige einen Vertrag ohne die erforderliche Einwilligung des gesetzlichen Vertreters, so hängt die Wirksamkeit des Vertrags von der Genehmigung des Vertreters ab.

(2) Fordert der andere Teil den Vertreter zur Erklärung über die Genehmigung auf, so kann die Erklärung nur ihm gegenüber erfolgen; eine vor der Aufforderung dem Minderjährigen gegenüber erklärte Genehmigung oder Verweigerung der Genehmigung wird unwirksam. Die Genehmigung kann nur bis zum Ablauf von zwei Wochen nach dem Empfang der Aufforderung erklärt werden; wird sie nicht erklärt, so gilt sie als verweigert.

(3) Ist der Minderjährige unbeschränkt geschäftsfähig geworden, so tritt seine Genehmigung an die Stelle der Genehmigung des Vertreters.

Anlage 3: Auszug aus dem Intranet der Müller GmbH

autohaus-mueller

//intranet-mueller-ah-kummerkasten.int

Nutzen Sie die Möglichkeit unseres elektronischen Kummerkastens und stellen Sie Ihre Fragen. In Kürze wird unser Serviceteam Ihr Anliegen beantworten.

Seit der letzten Aktualisierung eingegangene Nutzerfragen:

Lfd. Nr.	Datum		Status
1	14.04.	Guten Tag liebes Serviceteam, mein Mitschüler in der Berufsschule prahlt damit, dass er jetzt, nach Ablauf seiner Probezeit, nicht mehr gekündigt werden kann. Seitdem sehe ich ihn in der Schule auch immer seltener. Stimmt seine Behauptung?	offen
2	20.04.	Ich bin verzweifelt und hoffe, Sie können mir helfen. Nach einem Jahr Ausbildungszeit habe ich festgestellt, dass mir die Büroarbeit doch nicht so viel Spaß macht. Dabei hat mir der Betrieb sogar den Führerschein bezahlt. Ich möchte, statt meine kaufmännische Ausbildung fortzuführen, lieber eine Ausbildung im Bereich Pflege absolvieren, so habe ich dann viel mehr mit Menschen zu tun. Welche Möglichkeiten bestehen für mich, meine bisherige Ausbildung abzubrechen, um im September mit der Ausbildung zur Fachkraft für Pflegeassistenz zu beginnen? Mit welchen Folgen müsste ich rechnen?	offen
3	24.04.	Liebes Serviceteam, seit dem letzten Jahr bin ich als Sachbearbeiter beschäftigt. Unser Unternehmen ist nicht tariflich gebunden. Gibt es dennoch eine Möglichkeit, dass auch wir Tarifgehälter bekommen können?	offen
4	27.04.	Hallo liebes Serviceteam, ich habe eine Frage. Meine Abteilungsleiterin, Frau Krause, ist hochschwanger. Sie möchte aber unbedingt bei den bald stattfindenden Einstellungsgesprächen für die neuen Auszubildenden dabei sein. Der Geschäftsführer sagt, er könne dies nicht zulassen, da dieser Zeitraum eine Woche vor dem voraussichtlichen Entbindungstermin liegt. Er sieht sich gesetzlich gezwungen, sie von der Arbeit freizustellen. Hat der Geschäftsführer recht? Kann sie nicht an den Einstellungsgesprächen teilnehmen? Leider muss ich jetzt die Einstellungsgespräche ganz alleine vorbereiten, dabei wollte mir Frau Krause doch helfen. Ich hoffe auf eine rasche Antwort.	offen

Onlineformular für Ihre eigene Nutzeranfrage:

Name: [ ]

E-Mail: [ ]

Frage: [ ]

Prüfungsaufgaben Winter 2020/2021 (Aufgabe 1)

Die Fischer GmbH mit Sitz in Heilbronn ist ein mittelständisches Unternehmen, welches bekannte Lebensmittelketten mit Klima- und Kühlgeräten ausstattet, die das Unternehmen selbst entwickelt und vertreibt.

Sie sind im letzten Ausbildungsjahr Ihrer dreijährigen kaufmännischen Ausbildung und momentan in der Personalabteilung beschäftigt.

1.1 Der Personalleiter, Herr Vogel, teilt Ihnen sichtlich verärgert mit, dass Sven Müller aus dem zweiten Ausbildungsjahr laut Auskunft der Berufsschule den Unterricht ohne Abmeldung und Einverständnis des Lehrers verlassen hat, um bei einer „Fridays for Future"-Demonstration teilzunehmen.

Herr Vogel überlegt nun, ob das Ausbildungsverhältnis mit ihm nach diesem Vorfall beendet werden kann, da er mit den Leistungen von Sven sowieso nicht zufrieden ist.

Prüfen Sie die Rechtslage hinsichtlich einer angestrebten Kündigung (**Anlage 1**).

1.2 Am 5. März 2020 bekommen Sie eine E-Mail von einem Kollegen (**Anlage 2**).

Formulieren Sie unter Berücksichtigung gesetzlicher Vorschriften eine begründete Antwort per E-Mail (**Anlage 1**).

1.3 Herr Vogel legt Ihnen Zahlen (**Anlage 3**) vom Statistischen Bundesamt vor und erteilt Ihnen den Auftrag, junge Mitarbeiter*innen für die zusätzliche private Altersvorsorge zu sensibilisieren.

1.3.1 Immer wieder werden die flächendeckende Einführung einer Grundrente und eine allgemeine Erhöhung des Renteneintrittsalters diskutiert.

Erklären Sie diese zwei Maßnahmen.

1.3.2 Es wird häufig vorgeschlagen, eine Altersvorsorge in Form einer Immobilieninvestition zu tätigen.

Nennen Sie je zwei Vor- und Nachteile für eine Investition in Immobilien aus Sicht der „jungen Menschen".

Anlage 1: Gesetzesauszüge

Auszug aus dem Berufsbildungsgesetz (BBiG)

§ 19 Fortzahlung der Vergütung

(1) Auszubildenden ist die Vergütung auch zu zahlen

1. für die Zeit der Freistellung (§ 15),
2. bis zur Dauer von sechs Wochen, wenn sie
   a) sich für die Berufsausbildung bereithalten, diese aber ausfällt oder
   b) aus einem sonstigen, in ihrer Person liegenden Grund unverschuldet verhindert sind, ihre Pflichten aus dem Berufsausbildungsverhältnis zu erfüllen.

(2) Können Auszubildende während der Zeit, für welche die Vergütung fortzuzahlen ist, aus berechtigtem Grund Sachleistungen nicht abnehmen, so sind diese nach den Sachbezugswerten (§ 17 Absatz 6) abzugelten.

§ 20 Probezeit
Das Berufsausbildungsverhältnis beginnt mit der Probezeit. Sie muss mindestens einen Monat und darf höchstens vier Monate betragen.

§ 21 Beendigung[1]
(1) Das Berufsausbildungsverhältnis endet mit dem Ablauf der Ausbildungsdauer. Im Falle der Stufenausbildung endet es mit Ablauf der letzten Stufe.
(2) Bestehen Auszubildende vor Ablauf der Ausbildungsdauer die Abschlussprüfung, so endet das Berufsausbildungsverhältnis mit Bekanntgabe des Ergebnisses durch den Prüfungsausschuss.
(3) Bestehen Auszubildende die Abschlussprüfung nicht, so verlängert sich das Berufsausbildungsverhältnis auf ihr Verlangen bis zur nächstmöglichen Wiederholungsprüfung, höchstens um ein Jahr.

§ 22 Kündigung[1]
(1) Während der Probezeit kann das Berufsausbildungsverhältnis jederzeit ohne Einhalten einer Kündigungsfrist gekündigt werden.
(2) Nach der Probezeit kann das Berufsausbildungsverhältnis nur gekündigt werden
1. aus einem wichtigen Grund ohne Einhalten einer Kündigungsfrist,
2. von Auszubildenden mit einer Kündigungsfrist von vier Wochen, wenn sie die Berufsausbildung aufgeben oder sich für eine andere Berufstätigkeit ausbilden lassen wollen.

(3) Die Kündigung muss schriftlich und in den Fällen des Absatzes 2 unter Angabe der Kündigungsgründe erfolgen.
(4) Eine Kündigung aus einem wichtigen Grund ist unwirksam, wenn die ihr zugrunde liegenden Tatsachen dem zur Kündigung Berechtigten länger als zwei Wochen bekannt sind. Ist ein vorgesehenes Güteverfahren vor einer außergerichtlichen Stelle eingeleitet, so wird bis zu dessen Beendigung der Lauf dieser Frist gehemmt.

§ 23 Schadensersatz bei vorzeitiger Beendigung
(1) Wird das Berufsausbildungsverhältnis nach der Probezeit vorzeitig gelöst, so können Ausbildende oder Auszubildende Ersatz des Schadens verlangen, wenn die andere Person den Grund für die Auflösung zu vertreten hat. Dies gilt nicht im Falle des § 22 Absatz 2 Nummer 2.
(2) Der Anspruch erlischt, wenn er nicht innerhalb von drei Monaten nach Beendigung des Berufsausbildungsverhältnisses geltend gemacht wird.

---
[1] *Alte Fassung, seit 01.08.2024 neue Fassung.*

Auszug aus dem Bundesurlaubsgesetz (BUrlG)

§ 3 Dauer des Urlaubs

(1) Der Urlaub beträgt jährlich mindestens 24 Werktage.

(2) Als Werktage gelten alle Kalendertage, die nicht Sonn- oder gesetzliche Feiertage sind.

§ 5 Teilurlaub

(1) Anspruch auf ein Zwölftel des Jahresurlaubs für jeden vollen Monat des Bestehens des Arbeitsverhältnisses hat der Arbeitnehmer

a) für Zeiten eines Kalenderjahrs, für die er wegen Nichterfüllung der Wartezeit in diesem Kalenderjahr keinen vollen Urlaubsanspruch erwirbt;

b) wenn er vor erfüllter Wartezeit aus dem Arbeitsverhältnis ausscheidet;

c) wenn er nach erfüllter Wartezeit in der ersten Hälfte eines Kalenderjahrs aus dem Arbeitsverhältnis ausscheidet.

(2) Bruchteile von Urlaubstagen, die mindestens einen halben Tag ergeben, sind auf volle Urlaubstage aufzurunden.

(3) Hat der Arbeitnehmer im Falle des Absatzes 1 Buchstabe c bereits Urlaub über den ihm zustehenden Umfang hinaus erhalten, so kann das dafür gezahlte Urlaubsentgelt nicht zurückgefordert werden.

Auszug aus dem Jugendarbeitsschutzgesetz (JArbSchG)

§ 19 Urlaub

(1) Der Arbeitgeber hat Jugendlichen für jedes Kalenderjahr einen bezahlten Erholungsurlaub zu gewähren.

(2) Der Urlaub beträgt jährlich

1. mindestens 30 Werktage, wenn der Jugendliche zu Beginn des Kalenderjahrs noch nicht 16 Jahre alt ist,
2. mindestens 27 Werktage, wenn der Jugendliche zu Beginn des Kalenderjahrs noch nicht 17 Jahre alt ist,
3. mindestens 25 Werktage, wenn der Jugendliche zu Beginn des Kalenderjahrs noch nicht 18 Jahre alt ist.

Jugendliche, die im Bergbau unter Tage beschäftigt werden, erhalten in jeder Altersgruppe einen zusätzlichen Urlaub von drei Werktagen.

(3) Der Urlaub soll Berufsschülern in der Zeit der Berufsschulferien gegeben werden. Soweit er nicht in den Berufsschulferien gegeben wird, ist für jeden Berufsschultag, an dem die Berufsschule während des Urlaubs besucht wird, ein weiterer Urlaubstag zu gewähren.

(4) Im übrigen gelten für den Urlaub der Jugendlichen § 3 Abs. 2, §§ 4 bis 12 und § 13 Abs. 3 des Bundesurlaubsgesetzes. Der Auftraggeber oder Zwischenmeister hat jedoch abweichend von § 12 Nr. 1 des Bundesurlaubsgesetzes den jugendlichen Heimarbeitern für jedes Kalenderjahr einen bezahlten Erholungsurlaub entsprechend Absatz 2 zu gewähren; das Urlaubsentgelt der jugendlichen Heimarbeiter beträgt bei einem Urlaub von 30 Werktagen 11,6 vom Hundert, bei einem Urlaub von 27 Werktagen 10,3 vom Hundert und bei einem Urlaub von 25 Werktagen 9,5 vom Hundert.

§ 33 Erste Nachuntersuchung

(1) Ein Jahr nach Aufnahme der ersten Beschäftigung hat sich der Arbeitgeber die Bescheinigung eines Arztes darüber vorlegen zu lassen, daß der Jugendliche nachuntersucht worden ist (erste Nachuntersuchung). Die Nachuntersuchung darf nicht länger als drei Monate zurückliegen. Der Arbeitgeber soll den Jugendlichen neun Monate nach Aufnahme der ersten Beschäftigung nachdrücklich auf den Zeitpunkt, bis zu dem der Jugendliche ihm die ärztliche Bescheinigung nach Satz 1 vorzulegen hat, hinweisen und ihn auffordern, die Nachuntersuchung bis dahin durchführen zu lassen.

(2) Legt der Jugendliche die Bescheinigung nicht nach Ablauf eines Jahres vor, hat ihn der Arbeitgeber innerhalb eines Monats unter Hinweis auf das Beschäftigungsverbot nach Absatz 3 schriftlich aufzufordern, ihm die Bescheinigung vorzulegen. Je eine Durchschrift des Aufforderungsschreibens hat der Arbeitgeber dem Personensorgeberechtigten und dem Betriebs- oder Personalrat zuzusenden.

(3) Der Jugendliche darf nach Ablauf von 14 Monaten nach Aufnahme der ersten Beschäftigung nicht weiterbeschäftigt werden, solange er die Bescheinigung nicht vorgelegt hat.

§ 34 Weitere Nachuntersuchungen

Nach Ablauf jedes weiteren Jahres nach der ersten Nachuntersuchung kann sich der Jugendliche erneut nachuntersuchen lassen (weitere Nachuntersuchungen). Der Arbeitgeber soll ihn auf diese Möglichkeit rechtzeitig hinweisen und darauf hinwirken, daß der Jugendliche ihm die Bescheinigung über die weitere Nachuntersuchung vorlegt.

§ 35 Außerordentliche Nachuntersuchung

(1) Der Arzt soll eine außerordentliche Nachuntersuchung anordnen, wenn eine Untersuchung ergibt, daß

1. ein Jugendlicher hinter dem seinem Alter entsprechenden Entwicklungsstand zurückgeblieben ist,
2. gesundheitliche Schwächen oder Schäden vorhanden sind,
3. die Auswirkungen der Beschäftigung auf die Gesundheit oder Entwicklung des Jugendlichen noch nicht zu übersehen sind.

(2) Die in § 33 Abs. 1 festgelegten Fristen werden durch die Anordnung einer außerordentlichen Nachuntersuchung nicht berührt.

Anlage 2

Von:	**markymark@mail.de**
An:	**auszubildender@fischer-gmbh.com**
Betreff:	**Benötige dringend deinen Rat!**

Hallo,
Du hast mir neulich erzählt, dass Du momentan in der Personalabteilung tätig bist und Dich mit rechtlichen Sachen bezüglich Ausbildung gut auskennst.

Daher habe ich zwei fachliche Fragen an dich:

1. Meinem Bruder Sascha, geboren am 27. Februar 2003, liegt der Entwurf seines Ausbildungsvertrages zum Automobilkaufmann für den 01.09.2020 vor. Wie ist es möglich, dass mein Bruder im ersten Jahr acht Urlaubstage und im letzten Jahr (2023) 20 Urlaubstage hat? Wurden die Urlaubstage richtig berechnet?
2. Wie Du bereits weißt, bin ich nun in meinem ersten Ausbildungsjahr. Jetzt hat mich neulich mein Ausbilder angesprochen und mir aufgetragen, mich in den nächsten Monaten einer gesundheitlichen Überprüfung zu unterziehen und ihm anschließend die Bescheinigung vorzulegen. Muss ich nun wirklich jedes Jahr zu so einer Nachuntersuchung gehen?

Es wäre super, wenn Du mir diesbezüglich helfen könntest. Danke.

Bis dann,
Mark

Anlage 3

Bevölkerungsverteilung in Deutschland						
	1970		2019		2060	
Alter in Jahren	**Millionen**	**Anteil in Prozent**	**Millionen**	**Anteil in Prozent**	**Millionen**	**Anteil in Prozent**
über 67	9,0	12	16,1	19	21,1	28
20–66	45,7	58	51,8	62	40,0	54
unter 20	23,4	30	15,3	18	13,3	18

Vgl. Statistisches Bundesamt: 15. koordinierte Bevölkerungsvorausberechnung für Deutschland. In: https://service.destatis.de/bevoelkerungspyramide/index.html [28.02.2025].

Prüfungsaufgaben Winter 2020/2021 (Aufgabe 2)

Nach Ihrer abgeschlossenen Ausbildung wurden Sie bei der Bauer Wellenantriebe GmbH, einem mittelständischen Maschinenbauer in der Region Stuttgart, als Vertriebsmitarbeiter*in eingestellt. Seit diesem Jahr sind Sie Mitglied im Betriebsrat.

2.1 Die Tarifverhandlungen der Metall- und Elektroindustrie sind noch nicht abgeschlossen. In der Bauer Wellenantriebe GmbH beschweren sich viele Mitarbeiter*innen bei Ihnen darüber, dass die Gewerkschaft ohne konkrete Lohnforderungen in die Verhandlungen gegangen ist. Das Argument der Gewerkschaft „die Sicherung der Beschäftigung steht im Vordergrund" sei nicht ausreichend.

Erläutern Sie den Zielkonflikt, den die Gewerkschaft durch die fehlende konkrete Lohnforderung abmildern möchte.

2.2 Einige Mitarbeiter der Bauer Wellenantriebe GmbH sind dafür, sofort in einen ordentlichen Streik zu treten, um vor den Verhandlungen Druck auf die Arbeitgeber aufzubauen. Sie verlangen von Ihnen als Betriebsratsmitglied, diesen Streik zu organisieren.

Begründen Sie, ob diese Forderungen umsetzbar sind.

2.3 Der Geschäftsführer möchte zur Optimierung der Arbeitsabläufe die Kernarbeitszeit von aktuell 09:00 Uhr–15:00 Uhr auf 08:00 Uhr–16:00 Uhr verlängern. Insbesondere für Mitarbeiter*innen mit Kindern bedeutet die veränderte Kernarbeitszeit eine erhebliche Umstellung. Deshalb lehnt der Betriebsrat diese arbeitsorganisatorische Veränderung ab.

Beurteilen Sie, ob der Betriebsrat diese arbeitsorganisatorische Veränderung in jedem Fall verhindern kann (**Anlage 4**).

2.4 Für das Jahr 2021 wird eine Erhöhung der Beiträge für die gesetzliche Krankenversicherung prognostiziert.

2.4.1 Begründen Sie mithilfe von zwei Argumenten, warum eine Erhöhung der gesetzlichen Krankenversicherungsbeiträge voraussichtlich notwendig ist.

2.4.2 Um den zusätzlichen Belastungen für die Arbeitnehmer*innen entgegenzuwirken, machen Sie sich in einer Betriebsratssitzung für betriebliche Zusatzleistungen im Bereich Gesundheit stark.

Formulieren Sie für zwei betriebliche Zusatzleistungen im Bereich Gesundheit je eine Klausel, für die eine Betriebsvereinbarung erstellt werden soll.

Anlage 4: Auszug aus dem Betriebsverfassungsgesetz (BetrVG)

§ 85 Behandlung von Beschwerden durch den Betriebsrat

(1) Der Betriebsrat hat Beschwerden von Arbeitnehmern entgegenzunehmen und, falls er sie für berechtigt erachtet, beim Arbeitgeber auf Abhilfe hinzuwirken.
(2) Bestehen zwischen Betriebsrat und Arbeitgeber Meinungsverschiedenheiten über die Berechtigung der Beschwerde, so kann der Betriebsrat die Einigungsstelle anrufen. Der Spruch der Einigungsstelle ersetzt die Einigung zwischen Arbeitgeber und Betriebsrat. Dies gilt nicht, soweit Gegenstand der Beschwerde ein Rechtsanspruch ist.
(3) Der Arbeitgeber hat den Betriebsrat über die Behandlung der Beschwerde zu unterrichten. § 84 Abs. 2 bleibt unberührt.

§ 86 Ergänzende Vereinbarungen
Durch Tarifvertrag oder Betriebsvereinbarung können die Einzelheiten des Beschwerdeverfahrens geregelt werden. Hierbei kann bestimmt werden, dass in den Fällen des § 85 Abs. 2 an die Stelle der Einigungsstelle eine betriebliche Beschwerdestelle tritt.

§ 87 Mitbestimmungsrechte
(1) Der Betriebsrat hat, soweit eine gesetzliche oder tarifliche Regelung nicht besteht, in folgenden Angelegenheiten mitzubestimmen:
1. Fragen der Ordnung des Betriebs und des Verhaltens der Arbeitnehmer im Betrieb;
2. Beginn und Ende der täglichen Arbeitszeit einschließlich der Pausen sowie Verteilung der Arbeitszeit auf die einzelnen Wochentage;
3. vorübergehende Verkürzung oder Verlängerung der betriebsüblichen Arbeitszeit;
4. Zeit, Ort und Art der Auszahlung der Arbeitsentgelte;
5. Aufstellung allgemeiner Urlaubsgrundsätze und des Urlaubsplans sowie die Festsetzung der zeitlichen Lage des Urlaubs für einzelne Arbeitnehmer, wenn zwischen dem Arbeitgeber und den beteiligten Arbeitnehmern kein Einverständnis erzielt wird;
6. Einführung und Anwendung von technischen Einrichtungen, die dazu bestimmt sind, das Verhalten oder die Leistung der Arbeitnehmer zu überwachen;
7. Regelungen über die Verhütung von Arbeitsunfällen und Berufskrankheiten sowie über den Gesundheitsschutz im Rahmen der gesetzlichen Vorschriften oder der Unfallverhütungsvorschriften;
8. Form, Ausgestaltung und Verwaltung von Sozialeinrichtungen, deren Wirkungsbereich auf den Betrieb, das Unternehmen oder den Konzern beschränkt ist;

[...]
(2) Kommt eine Einigung über eine Angelegenheit nach Absatz 1 nicht zustande, so entscheidet die Einigungsstelle. Der Spruch der Einigungsstelle ersetzt die Einigung zwischen Arbeitgeber und Betriebsrat.

§ 88 Freiwillige Betriebsvereinbarungen
Durch Betriebsvereinbarung können insbesondere geregelt werden
1. zusätzliche Maßnahmen zur Verhütung von Arbeitsunfällen und Gesundheitsschädigungen;
1a. Maßnahmen des betrieblichen Umweltschutzes;
2. die Errichtung von Sozialeinrichtungen, deren Wirkungsbereich auf den Betrieb, das Unternehmen oder den Konzern beschränkt ist;
3. Maßnahmen zur Förderung der Vermögensbildung;
4. Maßnahmen zur Integration ausländischer Arbeitnehmer sowie zur Bekämpfung von Rassismus und Fremdenfeindlichkeit im Betrieb;
5. Maßnahmen zur Eingliederung schwerbehinderter Menschen.

Prüfungsaufgaben Sommer 2021 (Aufgabe 1, Jahreszahlen wurden aktualisiert)

Nach Ihrer kaufmännischen Ausbildung sind Sie in der Personalabteilung bei der Alfred Weißer KG übernommen worden. Die Alfred Weißer KG ist ein mittelständisches Unternehmen und stellt Spezialmaschinen für den Karosseriebau von Autos her. Das Unternehmen ist nicht tarifgebunden und hat einen Betriebsrat mit einer Jugend- und Auszubildendenvertretung. Sie sind für die Anwerbung und Neueinstellung von Auszubildenden zuständig und sind in diesem Rahmen Ansprechpartner*in der Führungskräfte.

1.1 Die jährliche lokale Ausbildungsmesse steht vor der Tür. Sie sind verantwortlich für die inhaltliche Ausgestaltung eines Handzettels (Flyers), um das Interesse der Messebesucher sowohl auf die Alfred Weißer KG zu lenken als auch auf die Duale Ausbildung in verschiedenen technischen und kaufmännischen Berufen.

Führen Sie zwei Vorteile der Dualen Ausbildung im Vergleich zu einem Vollzeitstudium oder einer weiterführenden Vollzeitschule auf.

1.2 Dank des gut vorbereiteten Messebesuchs konnten Sie zwischen verschiedenen Bewerbern auswählen. Sie haben sich für Julia Müller entschieden und unterbreiten ihr ein Angebot. Ihr Auszubildender Andreas hat für Sie den Ausbildungsvertrag von Julia Müller erstellt (**Anlagen 1 und 2**).

- Prüfen Sie die § 6 und § 7 des Ausbildungsvertrages.
- Erläutern Sie Andreas das Ergebnis.

1.3 Die 17-jährige Maria Zell ist länger als ein halbes Jahr Auszubildende zur Kauffrau für Büromanagement. Derzeit ist Maria beim Empfang eingesetzt. Ihr Arbeitsbeginn ist um 05:30 Uhr. Ihr Vorgesetzter, Herr Braun, ist mit ihr sehr unzufrieden, da sie trotz entsprechendem Kritikgespräch immer wieder zu spät kommt. Er wäre bereit, sich von Frau Zell zu trennen, da sie keinerlei Einsicht und Verhaltensänderung zeigt.

Herr Braun bittet Sie um Unterstützung bei dem nächsten Kritikgespräch mit Frau Zell. Um Herrn Braun einen fundierten Vorschlag für das weitere Vorgehen mit Frau Zell zu unterbreiten, müssen Sie sich auf das nächste Gespräch mit ihm vorbereiten (**Anlage 2**).

- Erklären Sie hierfür die rechtliche Lage.
- Notieren Sie einen Vorschlag für das weitere Vorgehen mit Frau Zell.

1.4 Der Fall von Maria wurde auch dem Betriebsrat vorgelegt und das Thema dort besprochen.

Nennen Sie drei Vorteile der betrieblichen Mitbestimmung.

1.5 Aufgrund von Neueinstellungen im Personalbereich wurden in Ihr Büro der Kopierer und der Drucker von der ganzen Abteilung gestellt. Beide Geräte sind älter und laufen die überwiegende Zeit. Die Lärmbelästigung führt bei Ihnen zu Konzentrationsstörungen. Gemäß Messungen ergibt sich ein Wert von 73 dB(A), welcher eine Maßeinheit für Schall darstellt.

Sie haben einen Termin mit Ihrem Vorgesetzten zur Lösung des Problems vereinbart (**Anlage 3**).

- Prüfen Sie die rechtliche Situation.
- Erläutern Sie einen Lösungsvorschlag zur Vorbereitung auf das Gespräch.

AUSFERTIGUNG FÜR **AUSZUBILDENDE**
BLATT 3 / SEITE 1 VON 4

Berufsausbildungsvertrag

(§§ 10, 11 des Berufsbildungsgesetzes – BBiG)

Zwischen dem Ausbildenden (Ausbildungsbetrieb) und der/dem Auszubildenden wird nachstehender Berufsausbildungsvertrag zur Ausbildung im Ausbildungsberuf

Kauffrau für Büromanagement mit der Fachrichtung/dem Schwerpunkt Assistenz und Sekretariat

(wenn einschlägig, bitte einschließlich Fachrichtung, Schwerpunkt, Wahlqualifikation(en) und/oder Einsatzgebiet nach der Ausbildungsordnung bezeichnen)

nach Maßgabe der Ausbildungsordnung[1] geschlossen.

Kaufmännische Berufsschule Stuttgart

Zuständige Berufsschule

Änderungen des wesentlichen Vertragsinhaltes sind vomAusbildenden unverzüglich zur Eintragung in das Verzeichnis der Berufsausbildungsverhältnisse bei der Industrie- und Handelskammer anzuzeigen. Die beigefügten Angaben zur sachlichen und zeitlichen Gliederung des Ausbildungsablaufes (Ausbildungsplan) sowie die beigefügten **weiteren Bestimmungen** sind Bestandteil dieses Vertrages

Angaben zum Ausbildenden

Alfred Weißer KG
Name des Ausbildenden (Ausbildungsbetriebes)[2]

Rathausplatz 12
Straße, Haus-Nr.

70173 Stuttgart
PLZ Ort

E-Mail-Adresse (Angabe freiwillig)

Telefonnummer

Winkler, Susanne
Name, Vorname verantwortliche/r Ausbilder/in

Angaben zum/zu gesetzlichen Vertreter(n)[3]

☐ keiner ☒ Eltern ☐ Mutter ☐ Vater ☐ Vormund

Müller, Martina
Name, Vorname

Talstraße 26
Straße, Haus-Nr.

89075 Ulm
PLZ Ort

☐ keiner ☒ Eltern ☐ Mutter ☐ Vater ☐ Vormund

Müller, Markus
Name, Vorname

Talstraße 26
Straße, Haus-Nr.

89075 Ulm
PLZ Ort

Angaben zur/zum Auszubildenden

Müller — Julia
Name — Vorname

Eichenweg 13
Straße, Haus-Nr.

70180 Stuttgart
PLZ Ort

14.04.2006
Geburtsdatum — E-Mail-Adresse (Angabe freiwillig)

Mobil-/Telefonnummer (Angabe freiwillig)

§ 1 – Dauer der Ausbildung

Dauer

Die Ausbildungsdauer beträgt nach der Ausbildungsordnung

☐ 24 Monate. ☒ 36 Monate. ☐ 42 Monate.

Auf die Ausbildungsdauer wird die Berufsausbildung zur/zum[4]

bzw. eine berufliche Vorbildung in

mit ………… Monaten angerechnet.[5]

Die Berufsausbildung wird in

☒ Vollzeit ☐ Teilzeit[6,7] ………… (% der Ausbildungszeit in Vollzeit) durchgeführt.

Die Ausbildungsdauer verlängert sich aufgrund der Teilzeit um ………… Monate.

Die Ausbildungsdauer verkürzt sich vorbehaltlich der Entscheidung der zuständigen Stelle aufgrund

………… um ………… Monate.[7]

Soweit keine geschlechtsneutrale Formulierung gewählt wird, dient dies allein der Vereinfachung der Lesbarkeit. Auch dort werden alle Menschen angesprochen – unabhängig von ihremGeschlecht (w/m/d).

AUSFERTIGUNG FÜR **AUSZUBILDENDE**
BLATT 3 / SEITE 2 VON 4

☐ Die Berufsausbildung wird im Rahmen eines ausbildungsintegrierenden dualen Studiums absolviert.

Das Berufsausbildungsverhältnis

beginnt am 01.09.2023 und endet am:[8] 31.08.2026

Probezeit

Die Probezeit beträgt in Monaten[9]

☐ einen ☐ zwei ☒ drei ☐ vier

§ 2 – siehe S. 3 des Berufsausbildungsvertrages

§ 3 – Ausbildungsstätte

Die Ausbildung findet vorbehaltlich der Regelungen nach § 4 Nr. 12 dieses Vertrages in

Alfred Weißer KG
Rathausplatz 12, 89073 Ulm

Name/Anschrift der Ausbildungsstätte

und den mit dem Betriebssitz für die Ausbildung üblicherweise zusammenhängenden Bau-, Montage- und sonstigen Arbeitsstellen statt.

§ 4 – Pflichten des Ausbildenden

Ausbildungsmaßnahmen außerhalb der Ausbildungsstätte(n) sind für den folgenden Zeitraum in der/den folgenden Ausbildungsstätte(n) vorgesehen (hierzu zählen auch Auslandsaufenthalte)

§ 5 – Pflichten der/des Auszubildenden

Führung von schriftlichen oder elektronischen Ausbildungsnachweisen

Der Ausbildungsnachweis wird wie folgt geführt: ☐ schriftlich ☒ elektronisch

§ 6 – Bestandteile der Vergütung und sonstige Leistungen

Höhe und Fälligkeit

☐ Das Ausbildungsverhältnis fällt in den Geltungsbereich des folgenden Tarifvertrages:

☒ Das Ausbildungsverhältnis fällt nicht in den Geltungsbereich eines gültigen Tarifvertrages.

Der Ausbildende zahlt der/dem Auszubildenden eine angemessene Vergütung; diese beträgt zurzeit monatlich brutto

EUR	620,00	620,00	570,00	
im	ersten	zweiten	dritten	vierten

Ausbildungsjahr.

☐ Die Vergütung setzt sich aus verschiedenen Bestandteilen zusammen, die dem Vertrag als Anlage beigefügt werden.

Überstunden[10]

Überstunden werden
☐ besonders vergütet.
☐ besonders vergütet **oder** in Freizeit ausgeglichen.
☐ in Freizeit ausgeglichen.
☐ besonders vergütet **und** in Freizeit ausgeglichen.

§ 7 – Ausbildungszeit, Anrechnung und Urlaub

Tägliche und wöchentliche Ausbildungszeit[11]

Die regelmäßige tägliche Ausbildungszeit beträgt 8,00 Stunden.[12]

Die durchschnittliche wöchentliche Ausbildungszeit beträgt 40,00 Stunden.

Urlaub

Es besteht ein Urlaubsanspruch

im Kalenderjahr	2023	2024	2025	2026	
Werktage					
Arbeitstage	7	20	20	20	

§§ 8 bis 11 – siehe S. 4 des Berufsausbildungsvertrages

§ 12 – Sonstige Vereinbarungen[13]**; Hinweis auf anzuwendende Betriebs- bzw. Dienstvereinbarungen**

☐ Anlage gemäß § 4 Nr. 1 des Berufsausbildungsvertrages[14]

Die beigefügten weiteren Bestimmungen (Blatt 3 / Ausfertigung für **Auszubildende** / S. 3 und S. 4) sind Gegenstand dieses Vertrages.

Ort, Datum

Unterschrift der/des Auszubildenden*

Stempel und Unterschrift des Ausbildenden*

Unterschrift(en) der/des gesetzlichen Vertreter/s*

* Bei elektronischer Abfassung ist die Vertragsabfassung so zu übermitteln, dass die Auszubildenden und ggf. deren gesetzliche Vertreter/in diese speichern und ausdrucken können. Ausbildende haben den Empfang durch die Auszubildende und ggf. deren gesetzliche Vertreter/in nachzuweisen (§ 11 Abs. 2 Satz 2 und 3 BBiG). Auszubildende sind verpflichtet den Empfang der Vertragsabfassung zu bestätigen (§ 13 S. 2 Nr. 8 BBiG).

Anlage 2: Gesetzesauszüge

Berufsbildungsgesetz (BBiG)

§ 17 Vergütungsanspruch und Mindestvergütung

(1) Ausbildende haben Auszubildenden eine angemessene Vergütung zu gewähren. Die Vergütung steigt mit fortschreitender Berufsausbildung, mindestens jährlich, an.

(2) Die Angemessenheit der Vergütung ist ausgeschlossen, wenn sie folgende monatliche Mindestvergütung unterschreitet:

1. im ersten Jahr einer Berufsausbildung
   a) 515 Euro, wenn die Berufsausbildung im Zeitraum vom 1. Januar 2020 bis zum 31. Dezember 2020 begonnen wird,
   b) 550 Euro, wenn die Berufsausbildung im Zeitraum vom 1. Januar 2021 bis zum 31. Dezember 2021 begonnen wird,
   c) 585 Euro, wenn die Berufsausbildung im Zeitraum vom 1. Januar 2022 bis zum 31. Dezember 2022 begonnen wird, und
   d) 620 Euro, wenn die Berufsausbildung im Zeitraum vom 1. Januar 2023 bis zum 31. Dezember 2023 begonnen wird,
2. im zweiten Jahr einer Berufsausbildung den Betrag nach Nummer 1 für das jeweilige Jahr, in dem die Berufsausbildung begonnen worden ist, zuzüglich 18 Prozent,
3. im dritten Jahr einer Berufsausbildung den Betrag nach Nummer 1 für das jeweilige Jahr, in dem die Berufsausbildung begonnen worden ist, zuzüglich 35 Prozent und
4. im vierten Jahr einer Berufsausbildung den Betrag nach Nummer 1 für das jeweilige Jahr, in dem die Berufsausbildung begonnen worden ist, zuzüglich 40 Prozent.

[...]

§ 20 Probezeit

Das Berufsausbildungsverhältnis beginnt mit der Probezeit. Sie muss mindestens einen Monat und darf höchstens vier Monate betragen.

Gesetz zum Schutze der arbeitenden Jugend (Jugendarbeitsschutzgesetz – JArbSchG)

§ 1 Geltungsbereich

(1) Dieses Gesetz gilt in der Bundesrepublik Deutschland und in der ausschließlichen Wirtschaftszone für die Beschäftigung von Personen, die noch nicht 18 Jahre alt sind,

1. in der Berufsausbildung,
2. als Arbeitnehmer oder Heimarbeiter,
3. mit sonstigen Dienstleistungen, die der Arbeitsleistung von Arbeitnehmern oder Heimarbeitern ähnlich sind,
4. in einem der Berufsausbildung ähnlichen Ausbildungsverhältnis.

[...]

§ 8 Dauer der Arbeitszeit

(1) Jugendliche dürfen nicht mehr als acht Stunden täglich und nicht mehr als 40 Stunden wöchentlich beschäftigt werden.
(2) Wenn in Verbindung mit Feiertagen an Werktagen nicht gearbeitet wird, damit die Beschäftigten eine längere zusammenhängende Freizeit haben, so darf die ausfallende Arbeitszeit auf die Werktage von fünf zusammenhängenden, die Ausfalltage einschließenden Wochen nur dergestalt verteilt werden, daß die Wochenarbeitszeit im Durchschnitt dieser fünf Wochen 40 Stunden nicht überschreitet. Die tägliche Arbeitszeit darf hierbei achteinhalb Stunden nicht überschreiten.
(2a) Wenn an einzelnen Werktagen die Arbeitszeit auf weniger als acht Stunden verkürzt ist, können Jugendliche an den übrigen Werktagen derselben Woche achteinhalb Stunden beschäftigt werden.
(3) In der Landwirtschaft dürfen Jugendliche über 16 Jahre während der Erntezeit nicht mehr als neun Stunden täglich und nicht mehr als 85 Stunden in der Doppelwoche beschäftigt werden.

§ 14 Nachtruhe

(1) Jugendliche dürfen nur in der Zeit von 6 bis 20 Uhr beschäftigt werden.
(2) Jugendliche über 16 Jahre dürfen
1. im Gaststätten- und Schaustellergewerbe bis 22 Uhr,
2. in mehrschichtigen Betrieben bis 23 Uhr,
3. in der Landwirtschaft ab 5 Uhr oder bis 21 Uhr,
4. in Bäckereien und Konditoreien ab 5 Uhr

beschäftigt werden.
(3) Jugendliche über 17 Jahre dürfen in Bäckereien ab 4 Uhr beschäftigt werden.
(4) An dem einem Berufsschultag unmittelbar vorangehenden Tag dürfen Jugendliche auch nach Absatz 2 Nr. 1 bis 3 nicht nach 20 Uhr beschäftigt werden, wenn der Berufsschulunterricht am Berufsschultag vor 9 Uhr beginnt.
(5) Nach vorheriger Anzeige an die Aufsichtsbehörde dürfen in Betrieben, in denen die übliche Arbeitszeit aus verkehrstechnischen Gründen nach 20 Uhr endet, Jugendliche bis 21 Uhr beschäftigt werden, soweit sie hierdurch unnötige Wartezeiten vermeiden können. Nach vorheriger Anzeige an die Aufsichtsbehörde dürfen ferner in mehrschichtigen Betrieben Jugendliche über 16 Jahre ab 5.30 Uhr oder bis 23.30 Uhr beschäftigt werden, soweit sie hierdurch unnötige Wartezeiten vermeiden können.
[...]

§ 19 Urlaub

(1) Der Arbeitgeber hat Jugendlichen für jedes Kalenderjahr einen bezahlten Erholungsurlaub zu gewähren.
(2) Der Urlaub beträgt jährlich
1. mindestens 30 Werktage, wenn der Jugendliche zu Beginn des Kalenderjahrs noch nicht 16 Jahre alt ist,
2. mindestens 27 Werktage, wenn der Jugendliche zu Beginn des Kalenderjahrs noch nicht 17 Jahre alt ist,
3. mindestens 25 Werktage, wenn der Jugendliche zu Beginn des Kalenderjahrs noch nicht 18 Jahre alt ist.

[...]

Mindesturlaubsgesetz für Arbeitnehmer (Bundesurlaubsgesetz – BUrlG)

§ 3 Dauer des Urlaubs

(1) Der Urlaub beträgt jährlich mindestens 24 Werktage.
(2) Als Werktage gelten alle Kalendertage, die nicht Sonn- oder gesetzliche Feiertage sind.

§ 4 Wartezeit

Der volle Urlaubsanspruch wird erstmalig nach sechsmonatigem Bestehen des Arbeitsverhältnisses erworben.

§ 5 Teilurlaub

(1) Anspruch auf ein Zwölftel des Jahresurlaubs für jeden vollen Monat des Bestehens des Arbeitsverhältnisses hat der Arbeitnehmer

a) für Zeiten eines Kalenderjahrs, für die er wegen Nichterfüllung der Wartezeit in diesem Kalenderjahr keinen vollen Urlaubsanspruch erwirbt;
b) wenn er vor erfüllter Wartezeit aus dem Arbeitsverhältnis ausscheidet;
c) wenn er nach erfüllter Wartezeit in der ersten Hälfte eines Kalenderjahrs aus dem Arbeitsverhältnis ausscheidet.

(2) Bruchteile von Urlaubstagen, die mindestens einen halben Tag ergeben, sind auf volle Urlaubstage aufzurunden.
(3) Hat der Arbeitnehmer im Falle des Absatzes 1 Buchstabe c bereits Urlaub über den ihm zustehenden Umfang hinaus erhalten, so kann das dafür gezahlte Urlaubsentgelt nicht zurückgefordert werden.

Anlage 3: Technische Regeln für Arbeitsstätten (Lärm) [ASR Lärm]

2 Anwendungsbereich

(1) Diese ASR gilt für das Einrichten und Betreiben von Arbeitsstätten und Arbeitsplätzen in Arbeitsräumen, um Gefährdungen und Beeinträchtigungen für Sicherheit und Gesundheit von Beschäftigten durch Lärmeinwirkungen zu vermeiden.
[...]

3.16 Tätigkeitskategorie ist die Einteilung der Tätigkeiten nach dem Maß der für die Erfüllung der Arbeitsaufgabe erforderlichen Konzentration oder Sprachverständlichkeit:

Tätigkeitskategorie I – hohe Konzentration oder hohe Sprachverständlichkeit: Tätigkeiten, die eine andauernd hohe Konzentration erfordern, weil für die Erbringung der Arbeitsleistung z. B. schöpferisches Denken, eine kreative Entfaltung von Gedankenabläufen [...] (Beispiele Besprechungen und Verhandlungen in Konferenzräumen; Arbeiten in Bibliothekslesesälen; Wissensvermittlung durch Vorlesung [...])

Tätigkeitskategorie II – mittlere Konzentration oder mittlere Sprachverständlichkeit: Tätigkeiten, die eine mittlere bzw. nicht andauernd hohe Konzentration oder gutes Verstehen gesprochener Sprache bedingen, weil für die Erbringung der Arbeitsleistung z. B. üblicherweise Routineanteile [...] (Beispiele für Tätigkeiten und Handlungen – allgemeine Bürotätigkeiten und vergleichbare Tätigkeiten in der Produktion und Überwachung [...])

Tätigkeitskategorie III – geringere Konzentration oder geringere Sprachverständlichkeit: Tätigkeiten, die eine geringere Konzentration infolge überwiegend vorgegebener Arbeitsabläufe mit hohen Routineanteilen erfordern sowie geringere Anforderungen an die Sprachverständlichkeit stellen. [...] (Beispiele für Tätigkeiten und Handlungen – allgemein industrielle und gewerbliche Tätigkeiten: einfache Montagearbeiten; handwerkliche Tätigkeiten [...])

5.1 Maximal zulässige Beurteilungspegel [Maßeinheit für Schall]

(1) Während der Ausübung von Tätigkeiten der Tätigkeitskategorie I darf ein Beurteilungspegel [Maßeinheit für Schall] von 55 dB(A) nicht überschritten werden.
(2) Während der Ausübung von Tätigkeiten der Tätigkeitskategorie II darf ein Beurteilungspegel [Maßeinheit für Schall] von 70 dB(A) nicht überschritten werden.
(3) Während der Ausübung von Tätigkeiten der Tätigkeitskategorie III ist der Beurteilungspegel unter Berücksichtigung betrieblicher Lärmminderungsmaßnahmen soweit wie möglich zu reduzieren.
[...]
(6) Ist in bestehenden Arbeitsstätten die Einhaltung der maximal zulässigen Beurteilungspegel für Tätigkeiten nach Punkt 5.1 Absätze 1 bis 4 mit Aufwendungen verbunden, die offensichtlich unverhältnismäßig sind, so hat der Arbeitgeber zu prüfen, wie durch andere oder ergänzende Maßnahmen die Sicherheit und der Gesundheitsschutz der Beschäftigten in vergleichbarer Weise gesichert werden kann; die erforderlichen Maßnahmen hat er durchzuführen. [...]

Prüfungsaufgaben Winter 2021/2022 (Aufgabe 1)

Die Superspar KG in Ravensburg ist ein mittelständisches Unternehmen mit 88 festangestellten Arbeitnehmern. Davon sind 59 Arbeitnehmer über 18 Jahre alt und seit mindestens sechs Monaten im Betrieb. Das Unternehmen hat zusätzlich zwölf Auszubildende, die zwischen 16 und 23 Jahre alt sind.

Nach dem erfolgreichen Abschluss Ihrer Ausbildung arbeiten Sie in der Personalabteilung als Personalreferent und beraten die Belegschaft auf Wunsch in personellen Angelegenheiten. Von den Mitarbeitern wurde in letzter Zeit schon mehrfach der Wunsch geäußert, einen Betriebsrat zu errichten und sich gewerkschaftlich zu organisieren.

1.1 Begründen Sie, ob bei der Superspar KG ein Betriebsrat errichtet werden kann (**Anlage 1**).

1.2 Geben Sie an, wie viele Betriebsratsmitglieder ggf. gewählt werden dürfen (**Anlage 1**).

1.3 Sie organisieren eine Informationsveranstaltung für die Belegschaft mit dem Titel „Mitwirkung und Mitbestimmung der Arbeitnehmenden“. Bei der Infoveranstaltung melden sich nachfolgende Mitarbeiterinnen und Mitarbeiter zu Wort und wollen wissen, ob sie für den Betriebsrat kandidieren können.

Prüfen Sie jeweils, ob diese Mitarbeitenden kandidieren dürfen (**Anlagen 1 und 2**).

1.4 In der Superspar KG wurde inzwischen ein Betriebsrat gewählt und Sie sind Mitglied des neu gegründeten Betriebsrates. Mehrere Mitarbeitende wenden sich mit ihren Anliegen per E-Mail an den Betriebsrat.

Erklären Sie anhand der jeweiligen Rechte, inwieweit der Betriebsrat in den geschilderten Problemsituationen helfen kann (**Anlagen 1 und 3**).

1.5 Als Mitglied des Betriebsrates unterstützen Sie den Wunsch der Belegschaft nach einer Stärkung der Arbeitnehmerrechte. Viele Mitarbeiterinnen und Mitarbeiter wollen sich in diesem Sinne auch stärker gewerkschaftlich organisieren.

1.5.1 Erläutern Sie jeweils zwei Vorteile und Nachteile, welche mit einer Mitgliedschaft in einer Gewerkschaft für die Arbeitnehmer verbunden sind.

1.5.2 Erklären Sie in diesem Zusammenhang die folgenden Begriffe:
- Tarifautonomie
- Tarifvertrag

Anlage 1: Gesetzesauszüge

Auszug aus dem Betriebsverfassungsgesetz (BetrVG)

Hinweis: Nach der neuen Fassung des BetrVG von 2021 sind Arbeitnehmer ab 16 wahlberechtigt und ab 18 Jahren (wenn mind. sechs Monate im Betrieb) wählbar.

§ 1 Errichtung von Betriebsräten
(1) In Betrieben mit in der Regel mindestens fünf ständigen wahlberechtigten Arbeitnehmern, von denen drei wählbar sind, werden Betriebsräte gewählt. [...]

§ 5 Arbeitnehmer
(1) Arbeitnehmer (Arbeitnehmerinnen und Arbeitnehmer) im Sinne dieses Gesetzes sind Arbeiter und Angestellte einschließlich der zu ihrer Berufsausbildung Beschäftigten [...]
(3) Dieses Gesetz findet, soweit in ihm nicht ausdrücklich etwas anderes bestimmt ist, keine Anwendung auf leitende Angestellte. [...]

§ 7 Wahlberechtigung
Wahlberechtigt sind alle Arbeitnehmer, die das 18. Lebensjahr vollendet haben. [...]

§ 8 Wählbarkeit
(1) Wählbar sind alle Wahlberechtigten, die sechs Monate dem Betrieb angehören [...]

§ 9 Zahl der Betriebsratsmitglieder
Der Betriebsrat besteht in Betrieben mit in der Regel 5 bis 20 wahlberechtigten Arbeitnehmern aus einer Person, 21 bis 50 wahlberechtigten Arbeitnehmern aus 3 Mitgliedern, 51 wahlberechtigten Arbeitnehmern bis 100 Arbeitnehmern aus 5 Mitgliedern, 101 bis 200 Arbeitnehmern aus 7 Mitgliedern, [...]

§ 60 Errichtung und Aufgabe

(1) In Betrieben mit in der Regel mindestens fünf Arbeitnehmern, die das 18. Lebensjahr noch nicht vollendet haben (jugendliche Arbeitnehmer) oder die zu ihrer Berufsausbildung beschäftigt sind, werden Jugend- und Auszubildendenvertretungen gewählt.

[...]

§ 76 Einigungsstelle

(1) Zur Beilegung von Meinungsverschiedenheiten zwischen Arbeitgeber und Betriebsrat, Gesamtbetriebsrat oder Konzernbetriebsrat ist bei Bedarf eine Einigungsstelle zu bilden. Durch Betriebsvereinbarung kann eine ständige Einigungsstelle errichtet werden.

(2) Die Einigungsstelle besteht aus einer gleichen Anzahl von Beisitzern, die vom Arbeitgeber und Betriebsrat bestellt werden, und einem unparteiischen Vorsitzenden, auf dessen Person sich beide Seiten einigen müssen. [...]

§ 87 Mitbestimmungsrechte

(1) Der Betriebsrat hat, soweit eine gesetzliche oder tarifliche Regelung nicht besteht, in folgenden Angelegenheiten mitzubestimmen:

1. Fragen der Ordnung des Betriebs und des Verhaltens der Arbeitnehmer im Betrieb;
2. Beginn und Ende der täglichen Arbeitszeit einschließlich der Pausen sowie Verteilung der Arbeitszeit auf die einzelnen Wochentage;
3. vorübergehende Verkürzung oder Verlängerung der betriebsüblichen Arbeitszeit;
4. Zeit, Ort und Art der Auszahlung der Arbeitsentgelte;
5. Aufstellung allgemeiner Urlaubsgrundsätze und des Urlaubsplans sowie die Festsetzung der zeitlichen Lage des Urlaubs für einzelne Arbeitnehmer, [...]
6. Einführung und Anwendung von technischen Einrichtungen, die dazu bestimmt sind, das Verhalten oder die Leistung der Arbeitnehmer zu überwachen;

[...]

(2) Kommt eine Einigung über eine Angelegenheit nach Absatz 1 nicht zustande, so entscheidet die Einigungsstelle. Der Spruch der Einigungsstelle ersetzt die Einigung zwischen Arbeitgeber und Betriebsrat.

§ 90 Unterrichtungs- und Beratungsrechte

(1) Der Arbeitgeber hat den Betriebsrat über die Planung

1. von Neu-, Um- und Erweiterungsbauten von Fabrikations-, Verwaltungs- und sonstigen betrieblichen Räumen [...] zu unterrichten.

(2) Der Arbeitgeber hat mit dem Betriebsrat die vorgesehenen Maßnahmen und ihre Auswirkungen [...] so rechtzeitig zu beraten, dass Vorschläge und Bedenken des Betriebsrats bei der Planung berücksichtigt werden können.

§ 99 Mitbestimmung bei personellen Einzelmaßnahmen

[...]

(2) Der Betriebsrat kann die Zustimmung verweigern, wenn

[...]

3. die durch Tatsachen begründete Besorgnis besteht, dass infolge der personellen Maßnahme im Betrieb beschäftigte Arbeitnehmer gekündigt werden oder sonstige Nachteile erleiden, ohne dass dies aus betrieblichen oder persönlichen Gründen gerechtfertigt ist; als Nachteil gilt bei unbefristeter Einstellung auch die Nichtberücksichtigung eines gleich geeigneten befristet Beschäftigten,
4. der betroffene Arbeitnehmer durch die personelle Maßnahme benachteiligt wird, ohne dass dies aus betrieblichen oder in der Person des Arbeitnehmers liegenden Gründen gerechtfertigt ist,
5. eine nach § 93 erforderliche Ausschreibung im Betrieb unterblieben ist oder
6. die durch Tatsachen begründete Besorgnis besteht, dass der für die personelle Maßnahme in Aussicht genommene Bewerber oder Arbeitnehmer den Betriebsfrieden [...] stören werde.

(3) Verweigert der Betriebsrat seine Zustimmung, so hat er dies unter Angabe von Gründen innerhalb einer Woche nach Unterrichtung durch den Arbeitgeber diesem schriftlich mitzuteilen. [...]

(4) Verweigert der Betriebsrat seine Zustimmung, so kann der Arbeitgeber beim Arbeitsgericht beantragen, die Zustimmung zu ersetzen.

§ 111 Betriebsänderungen

In Unternehmen mit in der Regel mehr als zwanzig wahlberechtigten Arbeitnehmern hat der Unternehmer den Betriebsrat über geplante Betriebsänderungen, die wesentliche Nachteile für die Belegschaft oder erhebliche Teile der Belegschaft zur Folge haben können, rechtzeitig und umfassend zu unterrichten und die geplanten Betriebsänderungen mit dem Betriebsrat zu beraten. Der Betriebsrat kann in Unternehmen mit mehr als 300 Arbeitnehmern zu seiner Unterstützung einen Berater hinzuziehen; § 80 Abs. 4 gilt entsprechend; im Übrigen bleibt § 80 Abs. 3 unberührt. Als Betriebsänderungen im Sinne des Satzes 1 gelten

1. Einschränkung und Stillegung des ganzen Betriebs oder von wesentlichen Betriebsteilen,
2. Verlegung des ganzen Betriebs oder von wesentlichen Betriebsteilen,
3. Zusammenschluss mit anderen Betrieben oder die Spaltung von Betrieben,
4. grundlegende Änderungen der Betriebsorganisation, des Betriebszwecks oder der Betriebsanlagen,

[...]

Anlage 2: Auszüge aus der Personalkartei

Name:	Klein, Anna
Geburtsdatum:	25.01.2004
Geburtsort:	Bad Saulgau
Anstellungsdatum:	01.08.2020
Status:	Auszubildende

Name:	Schmidt, August
Geburtsdatum:	13.10.1960
Geburtsort:	Hamburg
Anstellungsdatum:	01.05.1995
Status:	Leitender Geschäftsführer

Name:	Nabel, Helena
Geburtsdatum:	23.09.1983
Geburtsort:	Konstanz
Anstellungsdatum:	01.09.2021
Status:	Sekretärin

Name:	Gül, Melike
Geburtsdatum:	17.11.2001
Geburtsort:	Ravensburg
Anstellungsdatum:	01.08.2019
Status:	Auszubildende

Anlage 3

Nachricht 1:

Von:	paula.hansen@superspar.de
An:	betriebsrat@superspar.de
Betreff:	Tägliche Arbeitszeit

Sehr geehrte Damen und Herren,

wie ich gehört habe, beabsichtigt die Geschäftsleitung, den Beginn der täglichen Arbeitszeit um eine Stunde auf 06:00 Uhr morgens zu verlegen.
Da kann ich meine Tochter aber noch nicht in den Kindergarten bringen. Es sind auch viele andere Kollegen darüber gar nicht begeistert. Kann der Betriebsrat diese Regelung verhindern?

Paula Hansen

Nachricht 2:

Von:	stefan.michels@superspar.de
An:	betriebsrat@superspar.de
Betreff:	Verlagerung Marketing

Hilfe bitte!

Mir wurde zugetragen, dass die Unternehmensleitung überlegt, das zentrale Marketing in eine Zweigniederlassung nach Köln zu verlagern. Wir müssen verhindern, dass unsere Firma durch solch eine Fehlentscheidung vor die Hunde geht! Ich arbeite schon seit zwölf Jahren im Marketing in unserer Firma und es geht um meinen Arbeitsplatz. Könnt ihr dagegen etwas unternehmen?

Stefan Michels

Nachricht 3:

Von:	johanna.schmalz@superspar.de
An:	betriebsrat@superspar.de
Betreff:	Neuer Mitarbeiter

Guten Morgen,

es kursieren Gerüchte, dass ab dem 01.01.2022 ein gewisser Herr Volker Braun als Verkäufer mit Ausbilderfunktion eingestellt werden soll. Von seinen ehemaligen Arbeitskollegen habe ich gehört, dass dieser Herr Braun zu übermäßigem Alkoholkonsum neigt und aggressiv gegenüber dem Kollegium ist. Das kann doch nicht wahr sein! Wenn an diesen Gerüchten etwas dran ist, dann müssen Sie verhindern, dass dieser Mann hier anfängt! Tun Sie bitte was!

Johanna Schmalz

Prüfungsaufgaben Sommer 2022 (Aufgabe 1, verändert)

Sie sind Auszubildende/-r im dritten Ausbildungsjahr bei der Habele GmbH, einem Hersteller von Spezialwerkzeugen für den Maschinenbau mit Sitz in Neckartenzlingen (Kreis Esslingen). Die Habele GmbH ist Mitglied im Arbeitgeberverband, ca. 65 % der Beschäftigten sind in der Industriegewerkschaft Metall (IG Metall) organisiert.

Seit Beginn Ihrer Ausbildung sind Sie in der Jugend- und Auszubildendenvertretung (JAV) engagiert.

1.1 Ihre Mitauszubildende Eva Hofer teilt eine Infonotiz in Ihrer JAV-Chatgruppe (**Anlage 1**).

1.1.1 Eva ist über die Haltung der Arbeitgeber empört.

Begründen Sie anhand von drei Argumenten die Position der Arbeitgeber.

1.1.2 Auch andere Beschäftigte sind darüber aufgebracht. Sie fordern, so schnell wie möglich zu streiken.

Stellen Sie den möglichen Ablauf vom Auslaufen des alten Tarifvertrages bis zu einem rechtmäßigen Streik in fünf Schritten dar.

1.1.3 In der Diskussion meldet sich der Auszubildende Christian Knörke mit folgendem Beitrag zu Wort: „Ich verstehe das ganze Theater um den Arbeitskampf nicht. Meiner Meinung nach sollte die Bundesregierung ein Machtwort sprechen. Sie könnte die Lohnerhöhung auf 2 % festlegen und alle wären zufrieden."

Erklären Sie Christian, ob dies möglich ist.

1.2 Im Rahmen Ihrer Tätigkeit in der Jugend- und Auszubildendenvertretung beantworten Sie Fragen Ihrer Mitauszubildenden zu verschiedenen ausbildungsrelevanten Themen.

1.2.1 Johannes Schrenz, 20 Jahre, Auszubildender zum Industriemechaniker im zweiten Ausbildungsjahr, kommt mit folgendem Anliegen zu Ihnen:

„Jeden Monat werden Beiträge zur gesetzlichen Krankenversicherung von meinem Gehalt abgezogen. Trotzdem musste ich für meine Brille einen erheblichen Betrag selbst bezahlen. Mir reicht's, ich will mich privat krankenversichern."

- Nennen Sie vier Leistungen der gesetzlichen Krankenversicherung.
- Erklären Sie Johannes, unter welcher Bedingung er in die private Krankenversicherung wechseln könnte.

1.2.2 Dilara Öger, 21 Jahre, Auszubildende zur Industriekauffrau im dritten Ausbildungsjahr, hat folgende Frage:

„Mein Vater meint, dass unsere Generation sowieso keine Rente mehr aus der gesetzlichen Rentenversicherung bekommt. Schuld ist der Generationenvertrag und der demografische Wandel. Ich bin mir nicht im Klaren, was er damit meint. Nun habe ich etwas Angst, dass ich im Alter in Armut leben muss."

- Erklären Sie Dilara den Begriff „Generationenvertrag“.
- Beschreiben Sie in diesem Zusammenhang die Problematik, die mit dem „demografischen Wandel“ verbunden ist.
- Schlagen Sie ihr zwei Möglichkeiten vor, wie sie gegen Altersarmut vorsorgen kann.

Anlage 1

IG METALL IM KREIS ESSLINGEN

1.300 Beschäftigte im Warnstreik

Tarifstreit Metall- und Elektroindustrie: Gewerkschaft IG Metall hat im Kreis Esslingen zu Warnstreiks aufgerufen.

Forderung: vier Prozent mehr Lohn oder Absenkung der Arbeitszeit als Lohnausgleich in Krisenbetrieben

Arbeitgeber: Nullrunde in diesem Jahr, Lohnerhöhungen erst kommendes Jahr

Prüfungsaufgaben Winter 2022/2023 (Aufgabe 1)

Die Grünewald GmbH ist ein Verlagshaus mit Sitz in Karlsruhe. Sie bietet ihren Geschäftspartnern vielfältige Printtitel und Internetdienstleistungen an.

Die Grünewald GmbH ist kein Mitglied im Arbeitgeberverband. In letzter Zeit kam es mit der Verlagsleitung häufiger zu Gesprächen, ob das Unternehmen dem Arbeitgeberverband beitreten sollte.

Sie machen im Verlagshaus eine kaufmännische Ausbildung und sind aktuell in der Personalabteilung tätig.

1.1 Sie erhalten den Auftrag, sich mit möglichen Folgen eines Beitritts zum Arbeitgeberverband auseinanderzusetzen.

1.1.1 Beschreiben Sie eine grundsätzliche Auswirkung hinsichtlich der Gestaltung der Arbeitsverträge, die sich für die Grünewald GmbH durch einen möglichen Beitritt zum Arbeitgeberverband ergibt.

1.1.2 Erläutern Sie je einen Vorteil, der sich bei Abschluss eines Tarifvertrages für die gewerkschaftlich organisierten Beschäftigten und die Grünewald GmbH ergibt.

1.2 Die Gesundheitsförderung der Beschäftigten ist der Geschäftsleitung ein besonderes Anliegen. Zur fachlichen Beratung hat sie einen Berater der Krankenkasse hinzugezogen.

Sie nehmen neben weiteren Kolleginnen und Kollegen an den Sitzungen der Arbeitsgruppe zum Ausbau der betrieblichen Gesundheitsförderung teil.

1.2.1 Begründen Sie, weshalb es vorteilhaft ist, dass Beschäftigte der Grünewald GmbH an der Arbeitsgruppe teilnehmen.

1.2.2 In der ersten Sitzung der Arbeitsgruppe wird über mögliche Maßnahmen und die positiven Auswirkungen der betrieblichen Gesundheitsförderung diskutiert.

1.2.2.1 Führen Sie zwei mögliche Maßnahmen der betrieblichen Gesundheitsförderung auf.

1.2.2.2 Erläutern Sie je einen positiven Effekt der betrieblichen Gesundheitsförderung für
- die Beschäftigten,
- die Grünewald GmbH als Arbeitgeber,
- die Krankenversicherungen.

1.3 Neben der Unterstützung der betrieblichen Gesundheitsförderung übernimmt die gesetzliche Krankenversicherung weitere Leistungen.

1.3.1 Nennen Sie vier weitere Leistungen der gesetzlichen Krankenversicherung.

1.3.2 Erklären Sie, wie sich die gesetzliche Krankenversicherung finanziert.

Prüfungsaufgaben Sommer 2023 (Aufgabe 1)

Sie sind Auszubildende/Auszubildender bei der BIOPowwer GmbH aus Schwäbisch Gmünd, die sich auf die Produktion von CO_2-neutralen Brennstoffen spezialisiert hat. Zudem sind Sie in der Jugend- und Auszubildendenvertretung (JAV) des Unternehmens tätig.

1.1 Verschiedene Auszubildende haben sich bei der JAV gemeldet und ihre Probleme beschrieben (**Anlage 1**).

1.1.1 Ihre Aufgabe ist die Beantwortung der Anliegen.

- Erläutern Sie den jeweiligen Fragestellern die rechtliche Situation (**Anlage 2**).
- Verfassen Sie für die Fragesteller jeweils eine Handlungsempfehlung.

1.1.2 Die Auszubildende Anna Müller, 19 Jahre alt, kommt in der JAV-Sprechstunde zu Ihnen. Sie beklagt sich, dass sie für eine erkrankte Kollegin einspringen soll. Damit sie es an den betroffenen Tagen pünktlich um 08:00 Uhr zur ersten Stunde des Berufsschulunterrichts schafft, soll sie bereits ab 06:30 Uhr für jeweils eine Stunde arbeiten.

Prüfen Sie, ob ihre Beschwerde berechtigt ist (**Anlage 3**).

1.2 Auf dem Weg zum Archiv übersah Ihre Kollegin Frau Braun aufgrund schlechter Lichtverhältnisse letzte Woche eine Treppenstufe und brach sich dadurch das Sprunggelenk. Aufgrund dieser Verletzung fiel sie für drei Wochen aus.

Die Unfälle in der Verwaltung haben sich in letzter Zeit gehäuft. Die Erfahrung zeigt, dass sich insbesondere Auszubildende mit dem Thema „Unfälle am Arbeitsplatz" nicht auseinandersetzen. Sie haben es sich deshalb zur Aufgabe gemacht, die neuen Auszubildenden über Maßnahmen zur Unfallvermeidung und die gesetzliche Unfallversicherung zu informieren.

1.2.1 Beschreiben Sie eine vorbeugende Maßnahme, die den Unfall Ihrer Kollegin hätte vermeiden können.

1.2.2 Nennen Sie zwei weitere mögliche Maßnahmen zur Unfallvermeidung im Verwaltungsbereich der BIOPowwer GmbH.

1.2.3 Geben Sie zwei Leistungen an, die Ihre Kollegin Frau Braun aufgrund des Arbeitsunfalls aus der Unfallversicherung erwarten kann.

1.2.4 Der Auszubildende Christoph meint, dass er nicht gegen Unfälle am Arbeitsplatz versichert sei, da er keine Beiträge zur gesetzlichen Unfallversicherung zahle.

Beurteilen Sie seine Aussage.

Anlage 1

Nachricht 1: Robin Schuster schreibt via Messenger

Hey Leute,
ich habe tierischen Ärger! Im Elektromüllcontainer hinter Halle 3 habe ich vor drei Wochen eine funktionsfähige PC-Maus gefunden, die praktisch noch neu war. Natürlich habe ich die gleich mitgenommen, um sie an meinem PC zu Hause anzuschließen. Mich hat man aber gleich erwischt und am selben Tag beim Chef angezeigt. Heute bekomme ich einen Brief, dass ich fristlos gekündigt bin. Dürfen die das überhaupt in meinem 2. Ausbildungsjahr? Bin ich jetzt meinen Ausbildungsplatz los? Hilfe!!!!

Nachricht 2: Anja Schuh schreibt via Messenger

Sehr geehrte JAV-ler,
ich bin seit letztem Jahr Auszubildende bei der BIOPowwer GmbH. Gestern habe ich vom Wirtschaftsgymnasium erfahren, dass ich im September doch noch einen Platz bekomme. Ich möchte deshalb meine Ausbildung beenden, um wieder in die Schule zu gehen. Kann ich meine Ausbildung so einfach aufhören oder muss ich noch zwei Jahre bleiben? Dann wäre der Schulplatz weg und ich könnte nicht mein Abitur machen. Besten Dank für Eure Unterstützung.
Anja Schuh

Nachricht 3: Telefonnotiz von Ludwig Brandt

Telefonnotiz		
Anruf von Ludwig Brandt		Uhrzeit 13:25
Firma BIOPowwer GmbH	☎ Nr. 0177 12866312	Fax Nr.
☒ hat angerufen ☐ hat zurückgerufen	☐ ruft wieder an ☐ möchte Sie treffen	☒ erbittet um Rückantwort ☐ war hier
Nachricht: Ludwig ist im Januar durch die IHK Prüfung geflogen. Er möchte wissen, ob jetzt Schluss ist und er drei Jahre umsonst gearbeitet und gelernt hat. Ist er jetzt gefeuert?		
Aufgenommen von: Kevin Brühl		

Anlage 2: Auszug aus dem Berufsbildungsgesetz (BBiG)

§ 18 Bemessung und Fälligkeit der Vergütung

(1) Die Vergütung bemisst sich nach Monaten. Bei Berechnung der Vergütung für einzelne Tage wird der Monat zu 30 Tagen gerechnet.

(2) Ausbildende haben die Vergütung für den laufenden Kalendermonat spätestens am letzten Arbeitstag des Monats zu zahlen.

[...]

§ 19 Fortzahlung der Vergütung

(1) Auszubildenden ist die Vergütung auch zu zahlen

1. für die Zeit der Freistellung (§ 15),
2. bis zur Dauer von sechs Wochen, wenn sie
   a) sich für die Berufsausbildung bereithalten, diese aber ausfällt oder
   b) aus einem sonstigen, in ihrer Person liegenden Grund unverschuldet verhindert sind, ihre Pflichten aus dem Berufsausbildungsverhältnis zu erfüllen.

[...]

§ 20 Probezeit

Das Berufsausbildungsverhältnis beginnt mit der Probezeit. Sie muss mindestens einen Monat und darf höchstens vier Monate betragen.

§ 21 Beendigung
(1) Das Berufsausbildungsverhältnis endet mit dem Ablauf der Ausbildungsdauer. [...]
(2) Bestehen Auszubildende vor Ablauf der Ausbildungsdauer die Abschlussprüfung, so endet das Berufsausbildungsverhältnis mit Bekanntgabe des Ergebnisses durch den Prüfungsausschuss.
(3) Bestehen Auszubildende die Abschlussprüfung nicht, so verlängert sich das Berufsausbildungsverhältnis auf ihr Verlangen bis zur nächstmöglichen Wiederholungsprüfung, höchstens um ein Jahr.

§ 22 Kündigung
(1) Während der Probezeit kann das Berufsausbildungsverhältnis jederzeit ohne Einhalten einer Kündigungsfrist gekündigt werden.
(2) Nach der Probezeit kann das Berufsausbildungsverhältnis nur gekündigt werden
1. aus einem wichtigen Grund ohne Einhalten einer Kündigungsfrist,
2. von Auszubildenden mit einer Kündigungsfrist von vier Wochen, wenn sie die Berufsausbildung aufgeben oder sich für eine andere Berufstätigkeit ausbilden lassen wollen.

(3) Die Kündigung muss schriftlich und in den Fällen des Absatzes 2 unter Angabe der Kündigungsgründe erfolgen.
(4) Eine Kündigung aus einem wichtigen Grund ist unwirksam, wenn die ihr zugrunde liegenden Tatsachen dem zur Kündigung Berechtigten länger als zwei Wochen bekannt sind. [...]

§ 23 Schadensersatz bei vorzeitiger Beendigung
(1) Wird das Berufsausbildungsverhältnis nach der Probezeit vorzeitig gelöst, so können Ausbildende oder Auszubildende Ersatz des Schadens verlangen, wenn die andere Person den Grund für die Auflösung zu vertreten hat. Dies gilt nicht im Falle des § 22 Absatz 2 Nummer 2.
[...]

§ 24 Weiterarbeit
Werden Auszubildende im Anschluss an das Berufsausbildungsverhältnis beschäftigt, ohne dass hierüber ausdrücklich etwas vereinbart worden ist, so gilt ein Arbeitsverhältnis auf unbestimmte Zeit als begründet.

§ 25 Unabdingbarkeit
Eine Vereinbarung, die zuungunsten Auszubildender von den Vorschriften dieses Teils des Gesetzes abweicht, ist nichtig.

§ 37 Abschlussprüfung
(1) In den anerkannten Ausbildungsberufen sind Abschlussprüfungen durchzuführen. Die Abschlussprüfung kann im Falle des Nichtbestehens zweimal wiederholt werden. Sofern die Abschlussprüfung in zwei zeitlich auseinanderfallenden Teilen durchgeführt wird, ist der erste Teil der Abschlussprüfung nicht eigenständig wiederholbar.
(2) Dem Prüfling ist ein Zeugnis auszustellen. Ausbildenden werden auf deren Verlangen die Ergebnisse der Abschlussprüfung der Auszubildenden übermittelt. Sofern die Abschlussprüfung in zwei zeitlich auseinanderfallenden Teilen durchgeführt wird, ist das Ergebnis der Prüfungsleistungen im ersten Teil der Abschlussprüfung dem Prüfling schriftlich mitzuteilen.
[...]

Anlage 3: Auszug aus dem Jugendarbeitsschutzgesetz (JArbSchG)

§ 8 Dauer der Arbeitszeit

(1) Jugendliche dürfen nicht mehr als acht Stunden täglich und nicht mehr als 40 Stunden wöchentlich beschäftigt werden.

(2) Wenn in Verbindung mit Feiertagen an Werktagen nicht gearbeitet wird, damit die Beschäftigten eine längere zusammenhängende Freizeit haben, so darf die ausfallende Arbeitszeit auf die Werktage von fünf zusammenhängenden, die Ausfalltage einschließenden Wochen nur dergestalt verteilt werden, dass die Wochenarbeitszeit im Durchschnitt dieser fünf Wochen 40 Stunden nicht überschreitet. Die tägliche Arbeitszeit darf hierbei achteinhalb Stunden nicht überschreiten.

[...]

§ 9 Berufsschule

(1) Der Arbeitgeber hat den Jugendlichen für die Teilnahme am Berufsschulunterricht freizustellen. Er darf den Jugendlichen nicht beschäftigen

1. vor einem vor 9 Uhr beginnenden Unterricht; dies gilt auch für Personen, die über 18 Jahre alt und noch berufsschulpflichtig sind,
2. an einem Berufsschultag mit mehr als fünf Unterrichtsstunden von mindestens je 45 Minuten, einmal in der Woche,
3. in Berufsschulwochen mit einem planmäßigen Blockunterricht von mindestens 25 Stunden an mindestens fünf Tagen; zusätzliche betriebliche Ausbildungsveranstaltungen bis zu zwei Stunden wöchentlich sind zulässig.

[...]

§ 10 Prüfungen und außerbetriebliche Ausbildungsmaßnahmen

(1) Der Arbeitgeber hat den Jugendlichen

1. für die Teilnahme an Prüfungen und Ausbildungsmaßnahmen, die auf Grund öffentlich-rechtlicher oder vertraglicher Bestimmungen außerhalb der Ausbildungsstätte durchzuführen sind,
2. an dem Arbeitstag, der der schriftlichen Abschlussprüfung unmittelbar vorangeht, freizustellen.

§ 11 Ruhepausen, Aufenthaltsräume

(1) Jugendlichen müssen im Voraus feststehende Ruhepausen von angemessener Dauer gewährt werden. Die Ruhepausen müssen mindestens betragen

1. 30 Minuten bei einer Arbeitszeit von mehr als viereinhalb bis zu sechs Stunden,
2. 60 Minuten bei einer Arbeitszeit von mehr als sechs Stunden.

Als Ruhepause gilt nur eine Arbeitsunterbrechung von mindestens 15 Minuten.

Kompetenzbereich II: Wirtschaftliches Handeln in der sozialen Marktwirtschaft analysieren

1 Wechselseitige Beziehungen der Wirtschaftssubjekte

1.1 Wirtschaftskreislauf

Stofftelegramm

Aufgaben der volkswirtschaftlichen Gesamtrechnung (VGR)

- Die VGR hat das Ziel, ein möglichst umfassendes, übersichtliches, quantitatives Gesamtbild des wirtschaftlichen Geschehens einer Volkswirtschaft zu geben.
- Ermittlung Inlandsprodukt (Wachstum?)
- Erfassung aller volkswirtschaftlich bedeutenden Zahlen
- Informationslieferant für Politiker, Wirtschaftsforschung, Gewerkschaften ...
- Nationaler und internationaler Wohlstandsvergleich wird ermöglicht.

Im Folgenden verwendete Abkürzungen:

E	= Volkseinkommen
C_{pr}	= privater Konsum
C_{st}	= Staatskonsum
I_{br}	= Bruttoinvestitionen
Ab	= Abschreibungen
I_n	= Nettoinvestitionen
T_i	= indirekte Steuern
Z	= Subventionen
S_{pr}	= private Ersparnis
S_{st}	= Staatsersparnis
Ex	= Exporterlöse
Im	= Importausgaben
E_{nu}	= Nichtunternehmereinkommen
E_u	= Unternehmens- und Vermögenseinkommen
NIP_h	= Nettoinlandsprodukt zu Herstellungspreisen = Volkseinkommen
IP	= Inlandsprodukt
BIP_m	= Bruttoinlandsprodukt zu Marktpreisen
NPK	= nationales Produktionskonto

Einfacher Wirtschaftskreislauf = stationäre Wirtschaft

Skizze:

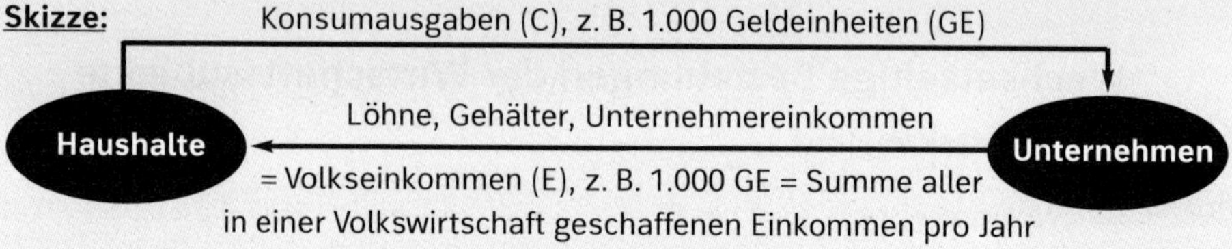

Merkmale stationäre Wirtschaft:
- lediglich Reinvestitionen
- kein Wachstum (keine Nettoinvestit. – keine Kapitalbild.)

Gleichung: **Volkseinkommen E = Konsum C**

Erweiterter Wirtschaftskreislauf = evolutorische Wirtschaft

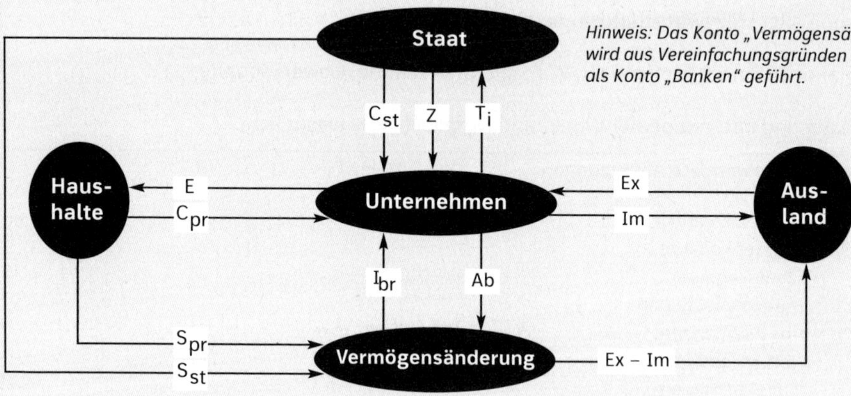

Hinweis: Das Konto „Vermögensänderung" wird aus Vereinfachungsgründen oft auch als Konto „Banken" geführt.

Das **nationale Produktionskonto (NPK = Sektor Unternehmen)**
= Zusammenfassung aller GuVs aller Unternehmen eines Landes (vereinfacht formuliert)

Vorleistungen = Verkäufe und Käufe zwischen Unternehmen (Ausnahme: Investitionsgüter = I_{br}); die Summe aller Verkäufe von Vorleistungen entspricht der Summe aller Käufe von Vorleistungen.

A NPK	E
Vorleistungen	Vorleistungen
Ab	I_{br}
T_i – Z	C_{pr}
E_{nu}	C_{st}
E_u	Ex – Im

Umsatzerlöse
- I_{br} → der Investitionsgüterindustrie
- C_{pr} → aus Verkäufen an private Haushalte
- C_{st} → aus Verkäufen an den Staat
- Ex – Im → aus Exportüberschüssen

1.2 Bruttoinlandsprodukt als Maß für wirtschaftliche Leistung

Stofftelegramm

Inlandsproduktbegriffe

Begriffe	Verteilungsrechnung	Verwendungsrechnung
Volkseinkommen = NIP_h	$E_u + E_{nu}$	$I_n + C + (Ex - Im) - (T_i - Z)$
Bruttoinlandsprodukt = BIP_m	$E_u + E_{nu} + (T_i - Z) + Ab$	$I_{br} + C + (Ex - Im)$

Bruttoproduktionswert = Summe des Nationalen Produktionskontos = BIP_m + Vorleistungen

Hinweis: Aus dem oben dargestellten NPK können verschiedene volkswirtschaftliche Größen abgeleitet werden. Linke Seite (Ausgaben/Geldabfluss) für die Verteilungsrechnung, rechte Seite (Einnahmen/Geldzufluss) für die Verwendungsrechnung.

Fragestellungen bei der

- **Entstehung des BIP/Volkseinkommens: Wo** ist das BIP/Volkseinkommen entstanden?

  Antwort: in einzelnen Wirtschaftsbereichen/ Auskunft über den Anteil der einzelnen Wirtschaftsbereiche am Bruttoinlandsprodukt
  → Land- und Forstwirtschaft, Fischerei
  → produzierendes Gewerbe
  → Dienstleistungsbereiche

- **Verteilung des BIP/Volkseinkommens:** An wen wird das BIP/Volkseinkommen **verteilt**?

  Antwort: an Nichtunternehmer (E_{nu}) und Unternehmer (E_u)

  (E_u = Unternehmens- und Vermögenseinkommen)

  Lohnquote = prozentualer Anteil der Arbeitnehmerentgelte am Volkseinkommen
  $$= \frac{\text{Arbeitnehmerentgelt} \cdot 100}{\text{Volkseinkommen}}$$

  Gewinnquote = prozentualer Anteil des Unternehmens- und Vermögenseinkommens am Volkseinkommen
  $$= \frac{\text{Unternehmens- und Vermögenseinkommen} \cdot 100}{\text{Volkseinkommen}}$$

- **Verwendung des BIP/Volkseinkommens: Wie** wird das BIP/Volkseinkommen **verwendet**?

  Antwort: u. a. für Investitionszwecke (I) und Konsumzwecke (C)

Inlandsprodukt: Wert aller in einem Jahr produzierten entgeltlichen Güter und Dienste einer Volkswirtschaft

Reales IP: Inlandsprodukt nach Herausrechnung der Preissteigerungen. Eine rein rechnerische Erhöhung des IP durch Inflation wird so verhindert.

Nominales IP: Inlandsprodukt – zu tatsächl. Preisen bewertet, also evtl. inflationsverfälscht

Reales Wirtschaftswachstum: Das reale IP ist gestiegen. Es wurde eine tatsächliche Mehrleistung erwirtschaftet.

Bruttoinlandsprodukt (BIP) als **Wohlstandsmaßstab?**

BIP

– soziale Kosten → Müssen von der Gesellschaft getragen werden (Rohstoffabbau, Umweltzerstörung, Krankheiten durch Industrialisierung ...).

– Unfallfolgekosten

+ soziale Leistungen → der Gesellschaft zugutekommende Nutzeffekte (Ausbildungsleistungen der Unternehmen, Nutzung der Infrastruktur ...)

+ sonst. Leistungen → Hausfrauentätigkeiten (Kindererziehung ...), Leistungen der Kleingärtner ...

= korrigiertes BIP

Rein **quantitative** Größen! Problem: **Qualitative** Größen (Lebensqualität, Umweltsituation, Einhaltung der Menschenrechte ...) nicht erfassbar!

Alternative Wohlstandsindikatoren (Beispiele)

Der **Human Development Index (HDI = Index der menschlichen Entwicklung)** versucht, den Wohlstand eines Landes oder Gebietes anhand umfassenderer Kriterien zu bemessen. So werden neben dem BIP pro Kopf (Kaufkraft) auch die Lebenserwartung und der Bildungsgrad berücksichtigt.

Der **Index of Sustainable Economic Welfare (ISEW)** berücksichtigt über das BIP hinaus Faktoren wie Einkommensverteilung, unbezahlte Hausarbeit, öffentliche Ausgaben für das Gesundheitswesen, Bildung, Umweltverschmutzung, Ressourcenverbrauch und Kosten des Klimawandels. Der ISEW wurde zum Genuine Progress Indicator (GPI) weiterentwickelt.

1.3 Aufgaben zu den Kapiteln 1.1 und 1.2

1. Unterscheiden Sie zwischen **Brutto-, Netto-** und **Reinvestitionen.**

2. Welche Investitionsart führt zu volkswirtschaftlichem **Wachstum?**

3. Unterscheiden Sie die Begriffe „**Anlageinvestition**" und „**Vorratsinvestition**".

4. Was versteht man unter **einfachem Wirtschaftskreislauf?**

5. Erklären Sie die Begriffe
   a) **Volkseinkommen,**
   b) **Inlandsprodukt.**

6. Was versteht man unter **Nationalem Produktionskonto?**

7. Welche Sektoren umfasst der **erweiterte Wirtschaftskreislauf?**

8. Welche volkswirtschaftliche Funktion erfüllen die **Banken?**

9. Welcher Unterschied besteht zwischen **stationärer** und **evolutorischer** Wirtschaft?

10. Unterscheiden Sie zwischen **offener** und **geschlossener** Wirtschaft.

11. Was bedeuten folgende Pfeile des Wirtschaftskreislaufs:
    a) den Haushalten zulaufend
    b) von den Haushalten weglaufend
    c) den Unternehmen zulaufend
    d) dem Staat zulaufend
    e) vom Staat weglaufend

12. Skizzieren Sie eine Kreislaufgrafik mit den Sektoren Haushalte, Unternehmen, Staat, Ausland und Vermögensänderung (Banken).

13. a) Worin unterscheiden sich **reales** und **nominales** Inlandsprodukt?
    b) Warum ist es korrekter, die volkswirtschaftliche Entwicklung anhand des realen Inlandsprodukts zu betrachten?

14. Was versteht man unter **Entstehung, Verteilung** und **Verwendung** des Inlandsprodukts?

15. Folgende Zahlen sind gegeben (in Millionen Geldeinheiten):
    - Indirekte Steuern: 300
    - Bruttoinvestitionen: 282
    - Abschreibungen: 145
    - Subventionen: 160
    - Exporte – Importe: 35
    - Unternehmereinkommen: 500
    - Privater Konsum: 710
    - Staatskonsum: 256
    - Nichtunternehmereinkommen: 498

    a) Erstellen Sie eine Kreislaufskizze.
    b) Beurteilen Sie den Sektor Staat.
    c) Ermitteln Sie das Volkseinkommen und das Bruttoinlandsprodukt nach der Verteilung und Verwendung.

16. Welche **Aufgaben** hat die volkswirtschaftliche Gesamtrechnung?

17. A behauptet, das BIP sei um 1 % gestiegen, B spricht von einer Senkung um 2 %. Wieso können beide recht haben?

18. Welche volkswirtschaftliche Situation liegt jeweils vor? Begründung.

    a) Bruttoinvestitionen = 177,00 GE; Abschreibungen = 182,00 GE
    b) Bruttoinvestitionen = 200,00 GE; Abschreibungen = 140,00 GE
    c) Bruttoinvestitionen = 200,00 GE; Abschreibungen = 200,00 GE

19. Das Bruttoinlandsprodukt wird oft als **Wohlstandsindikator** bezeichnet. Nehmen Sie kritisch Stellung.

Test → **Volkswirtschaftliche Gesamtrechnung**

Punkte

1 Erklären Sie die Begriffe „Volkseinkommen“ und „Inlandsprodukt“. **2**

2 Welcher grundlegende Unterschied besteht zwischen stationärer und evolutorischer Wirtschaft? **1**

3 Skizzieren Sie eine Kreislaufgrafik mit den Sektoren Haushalte, Unternehmen, Staat, Ausland und Vermögensänderung (Banken). **5**

Abkürzungen:

E = Volkseinkommen	Ex = Exporterlöse	I_{br} = Bruttoinvestitionen
C_{pr} = privater Konsum	T_i = indirekte Steuern	Im = Importausgaben
C_{st} = Staatskonsum	Z = Subventionen	E_{nu} = Nichtunternehmereinkommen
S_{pr} = private Ersparnis	Ab = Abschreibungen	E_u = Eink. aus Unternehmertätigkeit und Vermögen
S_{st} = Staatsersparnis	I_n = Nettoinvestitionen	BIP_m = Bruttoinlandsprodukt zu Marktpreisen
NIP_h = Nettoinlandsprodukt zu Faktorkosten		

4 Worin unterscheiden sich reales und nominales Inlandsprodukt? **2**

5 Folgende Zahlen sind gegeben (in Millionen Geldeinheiten): **6**

- Indirekte Steuern (T_i): 300
- Abschreibungen (Ab): 145
- Exporte – Importe (Ex-Im): 35
- Privater Konsum (C): 710
- Nichtu'ereinkommen (E_{nu}): 498
- Bruttoinvestitionen (I_{br}): 282
- Subventionen (Z): 160
- Unternehmereinkommen (E_u): 500
- Staatskonsum (C): 256
- Nettoinvestitionen = I_n

Ermitteln Sie das
- Volkseinkommen = Nettoinlandsprodukt zu Faktorkosten (NIP_h),
- Bruttoinlandsprodukt zu Marktpreisen (BIP_m)

nach der Verteilung und Verwendung.

6 Das Bruttoinlandsprodukt wird oft als Wohlstandsindikator bezeichnet. Nehmen Sie kritisch dazu Stellung. **4**

Punktesumme → **20**

Notenermittlung: Kreuzen Sie Ihr Ergebnis an (Korrekturanleitung: siehe Lösung).

Punkte:	20	19	18	17	16	15	14	13	12	11	10	9	8	7	6	5	4	3	
Note:	1,0	1,3	1,6	1,9	2,2	2,5	2,7	3,0	3,3	3,6	3,9	4,2	4,5	4,8	5,1	5,4	5,7	6,0	
1. Versuch:																			
2. Versuch:																			
3. Versuch:																			

2 Ordnungsmerkmale der sozialen Marktwirtschaft

Stofftelegramm

soziale Marktwirtschaft = Marktwirtschaft unter Verhinderung unsozialer Auswirkungen

Grundgesetz:
- schreibt keine bestimmte Wirtschaftsordnung vor
- enthält einige freiheitliche und soziale Ordnungsvorstellungen, z. B.:
  - Art. 2 Abs. 1: Recht auf freie Entfaltung der Persönlichkeit
  - Art. 12 Abs. 1: freie Berufs- und Arbeitsplatzwahl
  - Art. 14 Abs. 1: Gewährleistung von Eigentum und Erbrecht
  - Art. 14 Abs. 2: Eigentum verpflichtet (Gebrauch i. S. des Gemeinwohls).
  - Art. 20 Abs. 1: Die Bundesrepublik Deutschland ist ein demokratischer und sozialer Bundesstaat.
  - Art. 28 Abs. 1: Verfassungsmäßige Ordnung der Länder muss den Grundsätzen des sozialen Rechtsstaates i. S. des Grundgesetzes entsprechen.

Ordnungsmerkmale der freien Marktwirtschaft	Einschränkungen der Ordnungsmerkmale in der sozialen Marktwirtschaft (= Realtyp)
1. Privateigentum an Produktionsmitteln	• Mitbestimmung • z. T. öffentliches Eigentum • Art. 14 GG: Eigentum verpflichtet
2. Vertragsfreiheit	• nichtige und anfechtbare Rechtsgeschäfte • Verbraucherschutz • GWB
3. Gewerbefreiheit	Umwelt- und Verbraucherschutz, Zulassungsvorschriften ...
4. freie Berufswahl	Befähigungsnachweise in bestimmten Berufen
5. Konsumfreiheit	Verbot bestimmter Güter (z. B. Rauschgift)
6. Freihandel	z. B. Verbot von Waffenexporten
7. freie Lohn- und Preisbildung	• marktkonträre Maßnahmen des Staates • Mindestlöhne laut Gesetz (12,82 EUR in 2025) und Tarifverträgen
8. keine staatlichen Eingriffe in die Wirtschaft	Eingriffe des Staates (Verhinderung sozialer Härten oder Förderung wirtschaftspolitischer Ziele)

Aufgaben

1. Welcher allgemeine Zusammenhang besteht zwischen den Ordnungsrahmen der freien und jenen der sozialen Marktwirtschaft?

2. Zeigen Sie anhand von je drei Beispielen, wie in einer sozialen Marktwirtschaft folgende Ordnungsmerkmale einer freien Marktwirtschaft eingeschränkt werden:
   a) Privateigentum
   b) Vertragsfreiheit
   c) Gewerbefreiheit

3. Inwiefern unterscheidet sich die Rolle des Staates in der sozialen Marktwirtschaft von jener in der freien Marktwirtschaft?

4. a) Nennen Sie drei Ordnungsmerkmale einer Marktwirtschaft.
   b) Welche Rolle spielt der Staat in einer freien Marktwirtschaft?

5. Im Art. 20 Grundgesetz heißt es:

   „Die Bundesrepublik Deutschland ist ein demokratischer und sozialer Bundesstaat."

   Warum wurde der Begriff „sozial" in das Grundgesetz ausdrücklich mit aufgenommen?

6. Entscheiden und begründen Sie, ob folgende Maßnahmen dem sozialen Anspruch des Grundgesetzes entsprechen:
   - Wohngeldgewährung
   - Arbeitsbeschaffungsmaßnahmen

7. Wie beurteilen Sie die Forderung nach gesetzlichen Regeln, welche die Unterschreitung der im Tarifvertrag vereinbarten Bedingungen (z. B. Arbeitsentgelte) zulasten der organisierten Arbeitnehmer ermöglichen?

8. Da der Markt allein soziale Sicherheit und Gerechtigkeit nicht herstellen kann, greift der Staat in die Wirtschaftsprozesse ein.
   a) Er will negative soziale Auswirkungen verhindern oder mildern. Nennen Sie vier solcher Maßnahmen.
   b) Ebenso können im Rahmen des Tarifrechts die Sozialpartner autonom Entscheidungen treffen.
      Geben Sie je zwei Beispiele dafür an, dass die Tarifautonomie positive Auswirkungen für die Arbeitnehmer, aber auch negative Folgen für die Gesamtwirtschaft haben kann.
   c) Untersuchen Sie, inwiefern folgende Maßnahmen des Staates mit den Prinzipien der sozialen Marktwirtschaft vereinbar sind.
      ca) Eine Gemeinde möchte das vorhandene Krankenhaus erweitern. Die angrenzenden Grundstückseigentümer sind nicht zum Verkauf bereit und werden enteignet.
      cb) Innerhalb der EU erhalten die Erzeuger bestimmter landwirtschaftlicher Produkte Mindestpreise.
      cc) Mithilfe von Steuertarifen werden Einkommen unterschiedlich besteuert.
      cd) Der Staat stärkt durch Stiftungen den Verbraucherschutz.

3 Kooperation und Konzentration

3.1 Grundlagen

Stofftelegramm

Gesetzliche Grundlagen
- Gesetz gegen Wettbewerbsbeschränkungen (GWB)
- Gesetz gegen den unlauteren Wettbewerb (UWG)

Kooperation
- wirtschaftliche Selbstständigkeit teilweise erhalten
- vertragliche Zusammenarbeit
- **Beispiel:** *Kartelle*

Konzentration
- wirtschaftliche Selbstständigkeit aufgegeben
- einheitliche Leitung
- **Beispiel:** *Konzern, Trust (= Fusion = Verschmelzung)*

Verbundene Unternehmen
- Mehrheitsbeteiligung (§ 16 AktG)
- Abhängigkeitsverhältnis (§ 17 AktG)
- **Konzerne** (§ 18 AktG)
- wechselseitig beteiligte Unternehmen (§ 19 AktG)

Konzerne → Zusammenschluss von Unternehmen, die **rechtlich selbstständig** bleiben, **wirtschaftlich** jedoch **unselbstständig** sind durch **einheitliche Leitung.**

Trust (= Verschmelzung = Fusion): Zusammenschluss von Unternehmen, die **rechtlich und wirtschaftlich unselbstständig** werden.

Es entsteht ein einziges Unternehmen.

Ziele der Kooperation und Konzentration

- Wettbewerbsausschaltung
- Sicherung von Beschaffung und Absatz
- gemeinsame Werbung
- Verbesserung der Konkurrenzfähigkeit gegenüber ausländischen Großunternehmen
- Finanzierungserleichterung für Großprojekte, Forschungs- und Entwicklungsarbeiten
- Kostensenkung (Massenproduktion, Rationalisierung)

Probleme der Kooperation und Konzentration

- Wettbewerbsbeschränkung bzw. Wettbewerbsausschaltung
- überhöhte Preise (Ausschaltung der Preisfunktionen)
- evtl. Angebotsverknappung (verschlechterte Marktversorgung)
- Gefahr des Missbrauchs wirtschaftlicher Macht

• **Horizontaler Zusammenschluss:**	gleiche Produktionsstufe; **Beispiel:** *Kaufhaus – Kaufhaus*
• **Vertikaler Zusammenschluss:**	aufeinanderfolgende Produktionsstufen; **Beispiel:** *Autofabrik – Autohandel*
• **Anorganischer Zusammenschluss:**	branchenfremder Zusammenschluss; **Beispiel:** *Kaufhaus – Autofabrik*

3.2 Kartell und Kartellverbot

Stofftelegramm

Ein Kartell liegt vor, wenn die Zusammenarbeit rechtlich selbstständig bleibender Unternehmen zur Einschränkung des Wettbewerbs führt.

Gesetzliche Grundlage: Gesetz gegen Wettbewerbsbeschränkungen – GWB (7. GWB-Novelle)

Kartellarten

Preiskartell	Einheitspreis oder Mindestpreis Spezialfall: **Submissionskartell** (s. u.)
Submissionskartell	Vereinbarung von Preisuntergrenzen bzw. Festlegung des zum Zuge kommenden Kartellmitglieds bei öffentlichen Ausschreibungen
Kalkulationskartell	einheitliche Kalkulationssätze
Kontingentierungskartell	(„Kontingent“ = Auflage) • **Gebietskartell:** Aufteilung der Absatzgebiete • **Quotenkartell:** Zuteilung von Produktionsquoten
Konditionenkartell	einheitliche Geschäfts-, Liefer- und Zahlungsbedingungen
Rabattkartell	einheitliche Verkaufsrabatte
Rationalisierungskartell	• **Normenkartell:** einheitliche Normung • **Typenkartell:** einheitliche Typung • **Spezialisierungskartell:** Firmen spezialisieren sich. • **Einkaufssyndikat:** gemeinsamer Einkauf • **Verkaufssyndikat:** gemeinsamer Verkauf
Import- bzw. Exportkartell	Zusammenschluss zwecks gemeinsamer Ein- bzw. Ausfuhr

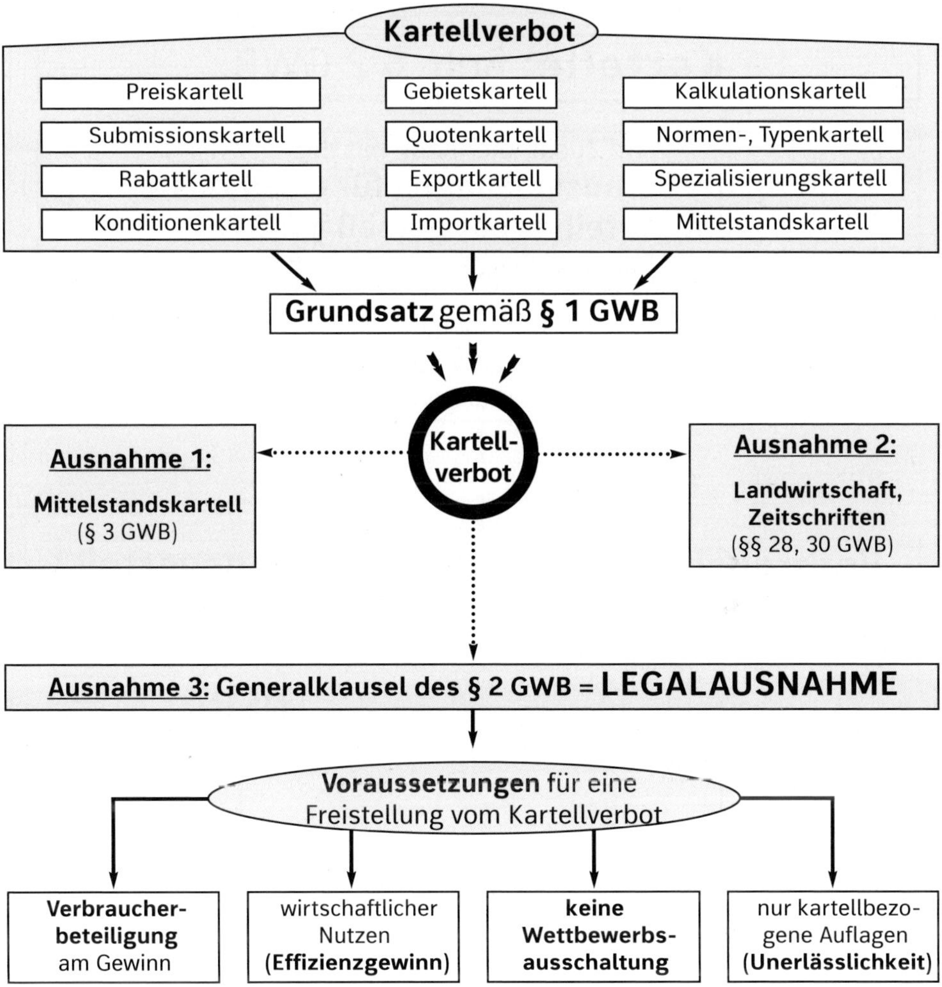

Kartellverbot
Preiskartell
Gebietskartell
Kalkulationskartell
Submissionskartell
Quotenkartell
Normen-, Typenkartell
Rabattkartell
Exportkartell
Spezialisierungskartell
Konditionenkartell
Importkartell
Mittelstandskartell
Grundsatz gemäß § 1 GWB
Kartell-verbot
Ausnahme 1:
Mittelstandskartell (§ 3 GWB)
Ausnahme 2:
Landwirtschaft, Zeitschriften (§§ 28, 30 GWB)
Ausnahme 3: Generalklausel des § 2 GWB = LEGALAUSNAHME
Voraussetzungen für eine Freistellung vom Kartellverbot
Verbraucherbeteiligung am Gewinn
wirtschaftlicher Nutzen (Effizienzgewinn)
keine Wettbewerbsausschaltung
nur kartellbezogene Auflagen (Unerlässlichkeit)

Kartelle: Betr. § 2 GWB

Im Zusammenhang mit der
Prüfung der Voraussetzungen für eine Freistellung vom Kartellverbot gemäß § 2 GWB
ist folgende **Frage** zu beantworten:

Sind die positiven Wirkungen für die kooperierenden Unternehmen, für den Wettbewerb insgesamt und damit für die Verbraucher größer als die wettbewerbsbeschränkenden Wirkungen?

in Kurzform

Verbrauchervorteil > Kooperationsvorteil?

JA → **„gutes Kartell"**

Voraussetzungen des § 2 GWB erfüllt → erlaubt ohne Genehmigung

= Ausnahmetatbestand des § 2 GWB

= **LEGALAUSNAHME**

NEIN → **„böses Kartell"**

→ = verboten (nichtig)

3.3 Staatliche Wettbewerbspolitik

Stofftelegramm

Ordnungspolitische Maßnahmen

→ **Staatliche Wettbewerbspolitik**

- Gesetzliche Grundlage: GWB
- Kartellrecht (Kartelle grundsätzlich verboten; Legalausnahme: s. o.)
- Fusionskontrolle (s. u.)
- Missbrauchsaufsicht (s. u.)

→ **Verbraucherschutz**

Gesetzliche Grundlagen:

- UWG
- Abzahlungsgesetz
- AGB (vgl. §§ 305–310 BGB)
- BGB (Gewährleistungen ...)
- Widerruf von Haustürgeschäften (§ 312 BGB)
- Verbraucherkredite (§§ 488–507 BGB)

Dem **Bundeskartellamt** obliegen die Missbrauchsaufsicht und Fusionskontrolle.

Missbrauchsaufsicht:
Verhinderung des Missbrauchs einer bestehenden marktbeherrschenden Stellung. Zum Beispiel: Monopolist verlangt völlig überhöhte Preise, zwingt andere zu nachteiligen Geschäftsbedingungen etc. Eine marktbeherrschende Stellung liegt vor, wenn ein Unternehmen einen Marktanteil von mehr als 40 % hat.

Fusionskontrolle (Zusammenschlusskontrolle):
Zum Beispiel: Erwerb eines kompletten anderen Unternehmens oder eines großen Teils der Anteile. Anzeigepflicht von Unternehmenszusammenschlüssen (§ 39 GWB) vor der Durchführung. Falls im letzten Geschäftsjahr die Unternehmen zusammen weltweit 500 Millionen EUR und mind. ein beteiligtes Unternehmen im Inland 25 Millionen EUR Umsatzerlöse erzielten, gilt das GWB: Kartellamt untersagt Fusion, wenn marktbeherrschende Stellung entsteht oder verstärkt wird; Ausnahmen gemäß § 36 Abs. 1 GWB sind dann möglich, wenn die durch den Zusammenschluss eintretenden Wettbewerbsbedingungen die Nachteile der Marktbeherrschung überwiegen.
Auch möglich (bei überragendem Interesse der Allgemeinheit): Auf Antrag kann der Bundesminister für Wirtschaft ein Verbot „überstimmen“ und die Erlaubnis erteilen.

3.4 Aufgaben zu den Kapiteln 3.1–3.3

1. Unterscheiden Sie die Begriffe „Kooperation“ und „Konzentration“.
   Nennen Sie je ein Beispiel.

2. Nennen Sie fünf Ziele der Kooperation und Konzentration.

3. Welche Probleme resultieren aus Konzentrationstendenzen?

4. Erklären Sie die Begriffe horizontaler, vertikaler und anorganischer Zusammenschluss. Notieren Sie je ein Beispiel.

5. Definieren Sie den Begriff „Kartell“.

6. Beschreiben Sie kurz folgende Kartellarten: Preiskartell, Submissionskartell.

7. a) Welche grundsätzliche Regelung gilt für Kartelle?
   b) Erklären Sie den Begriff „Legalausnahme“.

8. Welche Hauptaufgaben hat das Bundeskartellamt?

9. a) Was versteht man unter einem Konzern?
   b) Welche Voraussetzung ist hier von entscheidender Bedeutung?

10. Was versteht man unter einem Trust? Welche weiteren Begriffe sind hierfür üblich?

11. Beschreiben Sie zwei Möglichkeiten des Kartellamts, die zunehmende Kooperation und Konzentration zu überwachen.

12. „Strategische Allianzen (zunehmende Konzentrationsprozesse) werden in einigen Branchen als betriebswirtschaftlich notwendig angesehen.“ Schildern Sie zwei mögliche positive Auswirkungen aus volkswirtschaftlicher Sicht.

4 Markt und Preis

4.1 Markt und Marktformen

Stofftelegramm

- Güteraustausch
- **Preisbildung**

Marktarten → Unterteilung nach der:

- „Vollkommenheit" des Marktes: vollkommener, unvollkommener Markt (s. u.)
- **Zahl der Marktteilnehmer**

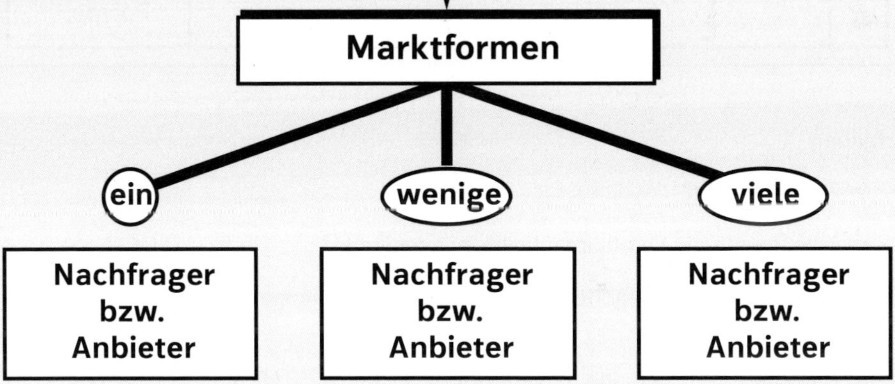

Vereinfachtes Marktformenschema

Nachfrager / Anbieter	**viele**
einer	Angebots**monopol**
wenige	Angebots**oligopol**
viele	**Polypol** (vollständige Konkurrenz)

Das (ausführliche) Marktformenschema

		NACHFRAGER		
		einer	**wenige**	**viele**
ANBIETER	**einer**	zweiseitiges Monopol	Angebotsmonopol mit oligopolistischer Nachfrage	Angebots-monopol
	wenige	Nachfragemonopol mit oligopolistischem Angebot	zweiseitiges Oligopol	Angebots-oligopol
	viele	Nachfragemonopol	Nachfrageoligopol	zweiseitiges Polypol

Aufgaben

1. Was ist ein Markt?
2. Welche Hauptfunktion (Hauptaufgabe) hat der Markt?
3. Erklären Sie kurz die Begriffe: a) Polypol b) Oligopol c) Monopol
4. Ordnen Sie nachfolgend aufgeführte Produkte den einzelnen Marktformen zu.
   a) Kleidung b) patentierter Vergaser c) Autos d) Möbel e) Benzin
5. Erklären Sie den Zusammenhang zwischen Marktteilnehmerzahl und Marktstärke.
6. Ordnen Sie die Anbieter folgender Marktformen nach ihrer Marktmacht (der „Stärkste" ist an erster Stelle zu nennen): Polypol, Angebotsmonopol, Angebotsoligopol
7. Zeitungsnotiz: „Zunehmende Konzentration in der deutschen Wirtschaft." Erklären Sie den Sachverhalt.
8. Nennen Sie je zwei typische Beispiele für ein
   a) Angebotsmonopol,
   b) Angebotsoligopol,
   c) Polypol.

Test → Preisbildung: Die Marktformen

Punkte

1 Erklären Sie kurz die Begriffe a) Polypol,
b) Oligopol,
c) Monopol.
— 3

2 Nennen Sie je zwei typische Beispiele aus der Praxis für folgende Marktformen:
— 6

a) Angebotsmonopol

b) Angebotsoligopol

c) Polypol (vollständige Konkurrenz)

3 Erklären Sie den Zusammenhang zwischen
— 3

- **Marktteilnehmerzahl** und
- **Marktstärke.**

Punktesumme → 12

Notenermittlung: Kreuzen Sie Ihr Ergebnis an (Korrekturanleitung: siehe Lösung).

Punkte ➤	12	11	10	9	8	7	6	5	4	3	2	1
Note ➤	1,0	1,5	2,0	2,5	3,0	3,5	4,0	4,5	5,0	5,5	6,0	6,0
1. Versuch ➤												
2. Versuch ➤												
3. Versuch ➤												

4.2 Bestimmungsgründe: Nachfrage und Angebot

Stofftelegramm

Bestimmungsfaktoren

Nachfrage

- **Preis**
- Bedürfnisse
- Nachfragerzahl
- Preise anderer Güter
- Einkommen
- Vermögen
- Zukunftserwartungen

Angebot

- **Preis**
- Kosten
- Kapazitäten
- Anbieterzahl
- Konkurrenz
- Konjunktur
- Zukunftserwartungen

Kurvenverläufe

Vereinfachende Annahmen:

- Nachfrage- und Angebotsmenge hängen allein vom **Preis** ab.
- Alle anderen Bestimmungsfaktoren bleiben (zunächst) konstant.

Nachfragekurve

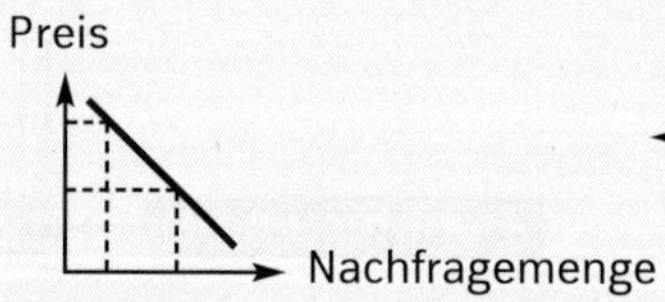

Bewegungen auf der Kurve

Angebotskurve

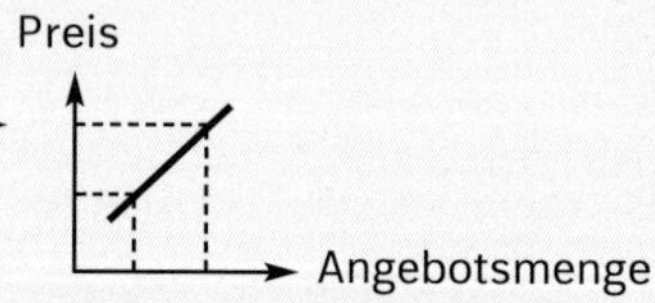

Gesetz der Nachfrage:

Preis sinkt – N'menge steigt

Preis steigt – N'menge sinkt

Gesetz des Angebots:

Preis steigt – A'menge steigt

Preis sinkt – A'menge sinkt

Kurvenverschiebungen

Wenn sich eine der oben konstant gesetzten Bestimmungsfaktoren ändert (z. B. Zukunftserwartungen).

Nachfragekurve | **Angebotskurve**

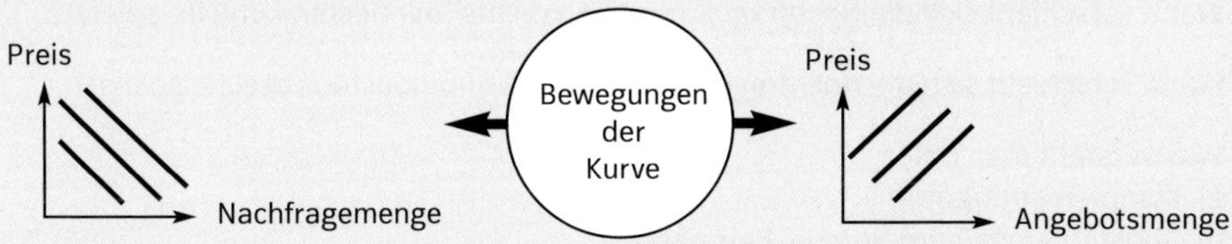

Unelastische(s) Nachfrage (Angebot):

↓

Eine Preisänderung bewirkt nur eine verhältnismäßig geringe Nachfrage- bzw. Angebotsmengenänderung (z. B. Nachfrage bei Gütern auf die kaum verzichtet werden kann wie Strom, Insulin etc.).

Elastische(s) Nachfrage (Angebot):

↓

Eine Preisänderung bewirkt eine verhältnismäßig große Nachfrage- bzw. Angebotsmengenänderung.

Substitutionsgüter: Güter, die sich durch andere ersetzen lassen (austauschbar);
Beispiele: *Butter – Margarine, Holz – Kunststoff ...*
Preis Gut **A** sinkt, Nachfrage nach Gut **B** sinkt; (Nachfr. nach A steigt).

Komplementärgüter: sich ergänzende Güter (nur gleichzeitig nutzbar);
Beispiele: *Lampe – Birne, Auto – Reifen ...*
Preis Gut **A** sinkt, Nachfrage nach Gut **B** (und A) steigt.

Aufgaben

1. Erklären Sie die Begriffe „individuelle Nachfrage" und „Marktnachfrage".

2. Wovon hängt die Nachfrage nach einem Gut ab? Nennen Sie mindestens vier Bestimmungsgründe.

3. Welche vereinfachende Unterstellung wird bei der Betrachtung der Nachfragekurve (ohne Verschiebungen) vorgenommen?

4. Wie lautet die Fragestellung, die zum Verlauf der Nachfragekurve führt?

5. a) Formulieren Sie das Gesetz der Nachfrage.
   b) Skizzieren Sie die Nachfragekurve.

6. a) Wie kann man den Verlauf der Marktnachfragekurve für ein bestimmtes Gut ermitteln?
   b) Sind die Ermittlungsergebnisse eindeutig? Begründung.

7. Wann verschiebt sich die Nachfragekurve allgemein?

8. Wann verschiebt sich die Nachfragekurve nach rechts (mindestens drei Beispiele)?

9. Wann verschiebt sich die Nachfragekurve nach links (mindestens drei Beispiele)?

10. Was versteht man unter
   a) Komplementärgütern,
   b) Substitutionsgütern (je zwei Beispiele)?

11. Wie reagiert die Nachfrage nach Butter, wenn
   a) der Butterpreis sinkt,
   b) der Margarinepreis steigt?

12. Wie reagiert die Nachfrage nach Autoreifen, wenn die Autopreise erheblich steigen?

13. Wie reagiert die Nachfrage nach Gut A, wenn der Preis des Komplementärgutes B
   a) steigt,
   b) fällt?

14. Wie reagiert die Nachfrage nach Gut A, wenn der Preis des Substitutionsgutes B
   a) steigt,
   b) fällt?

15. a) Wie wirken pessimistische Zukunftserwartungen (Angst vor Arbeitslosigkeit, Einkommenssenkungen) auf die Nachfrage?
   b) Skizzieren Sie den Sachverhalt in einem Koordinatensystem.

16. a) Wie wirkt die Erwartung erheblich steigender Preise auf die gegenwärtige Nachfrage?
   b) Skizzieren Sie den Sachverhalt in einem Koordinatensystem.

17. Wie entwickelt sich die Nachfrage nach Insulin (Medikament für Zuckerkranke) bei steigendem Preis? (Begründung und Skizze)

18. Erklären Sie den Ausnahmefall, dass ein höherer Preis eines Gutes eine höhere Nachfrage nach sich zieht.

19. Nennen Sie die vier Nachfragergruppen einer Volkswirtschaft. Wie wird deren Nachfrage jeweils bezeichnet?

20. Erklären Sie die volkswirtschaftliche Bedeutung der Gesamtnachfrage eines Landes.

21. Erklären Sie rückblickend folgende Zeitungsnotiz:
„Die deutsche Wirtschaft erwartet Impulse in Form von kräftigen Nachfrageschüben, ausgelöst durch die Erweiterung der EU.“

22. Erklären Sie die Begriffe „individuelles Angebot“ und „Marktangebot“.

23. Wovon hängt das Angebot eines Gutes ab? Nennen Sie mindestens vier Bestimmungsgründe.

24. Welche vereinfachende Unterstellung wird bei der Betrachtung der Angebotskurve (ohne Kurvenverschiebungen) vorgenommen?

25. Wie lautet die Fragestellung, die zum Verlauf der Angebotskurve führt?

26. a) Formulieren Sie das Gesetz des Angebots.
b) Skizzieren Sie die Angebotskurve.

27. Wann verschiebt sich die Angebotskurve allgemein?

28. Wann verschiebt sich die Marktangebotskurve nach rechts? Nennen Sie mindestens drei Beispiele.

29. Wann verschiebt sich die Marktangebotskurve nach links? Nennen Sie mindestens drei Beispiele.

30. a) Welchen Einfluss haben steigende Kosten auf das Gesamtangebot?
b) Skizzieren Sie den Sachverhalt in einem Koordinatensystem.

31. Ein Anbieter rationalisiert. Welchen Einfluss hat dies auf den Verlauf seiner Angebotskurve?

32. Welche Güter wird ein Unternehmer, der nach dem erwerbswirtschaftlichen Prinzip handelt, bevorzugt anbieten?

33. Erklären Sie folgendes Zitat: „In marktwirtschaftlich orientierten Wirtschaftssystemen herrscht Konsumentensouveränität.“

34. a) Skizzieren Sie den Verlauf der Angebotskurve eines Anbieters, der seine Produkte zu jedem Preis anbietet (vollkommen unelastisches Angebot).
b) Nennen Sie ein praktisches Beispiel für die genannte Situation.

Test → **Preisbildung: Die Nachfrage**

Punkte

1 Wovon hängt die Nachfrage nach einem Gut ab?
Nennen Sie vier Bestimmungsfaktoren. — 2

2 Welche vereinfachende Unterstellung wird bei der Betrachtung der Nachfragekurve (ohne Kurvenverschiebungen) vorgenommen? — 2

3 a) Formulieren Sie das Gesetz der Nachfrage.

b) Skizzieren Sie die Nachfragekurve. — 2

4 Wann verschiebt sich die Nachfragekurve allgemein? — 2

5 Wann verschiebt sich die Nachfragekurve nach rechts?

Nennen Sie drei Beispiele. — 3

6 In einer Volkswirtschaft verbreiten sich pessimistische Zukunftserwartungen (Angst vor Arbeitslosigkeit und Einkommenssenkungen).

Skizzieren Sie die Auswirkungen auf die Nachfrage in einem Koordinatensystem. — 1

Punktesumme → 12

Notenermittlung: Kreuzen Sie Ihr Ergebnis an (Korrekturanleitung: siehe Lösung).

Punkte ➤	12	11	10	9	8	7	6	5	4	3	2	1
Note ➤	1,0	1,5	2,0	2,5	3,0	3,5	4,0	4,5	5,0	5,5	6,0	6,0
1. Versuch ➤												
2. Versuch ➤												
3. Versuch ➤												

Test → Preisbildung: Das Angebot

Punkte

1 Wovon hängt das Angebot eines Gutes ab?
Nennen Sie vier Bestimmungsfaktoren. — 2

2 Welche vereinfachende Unterstellung wird bei der Betrachtung der Angebotskurve (ohne Kurvenverschiebungen) vorgenommen? — 2

3 a) Formulieren Sie das Gesetz des Angebots.

b) Skizzieren Sie die Angebotskurve. — 2

4 Wann verschiebt sich die Angebotskurve allgemein? — 2

5 Wann verschiebt sich die Marktangebotskurve nach rechts?
Nennen Sie zwei Beispiele. — 2

6 a) Welchen Einfluss haben steigende Kosten auf das Gesamtangebot?

b) Skizzieren Sie den Sachverhalt in einem Koordinatensystem. — 2

Punktesumme → 12

Notenermittlung: Kreuzen Sie Ihr Ergebnis an (Korrekturanleitung: siehe Lösung).

Punkte ➤	12	11	10	9	8	7	6	5	4	3	2	1
Note ➤	1,0	1,5	2,0	2,5	3,0	3,5	4,0	4,5	5,0	5,5	6,0	6,0
1. Versuch ➤												
2. Versuch ➤												
3. Versuch ➤												

4.3 Die Marktpreisbildung

4.3.1 Vollkommener und unvollkommener Markt

Stofftelegramm

Vollkommener Markt — **Bedingungen** — **Unvollkommener Markt**

Vollkommener Markt:

- keine räumlichen Unterschiede (Punktmarkt)
- keine sachlichen Unterschiede (homogene Güter)
- keine persönlichen Unterschiede (keine Präferenzen)
- keine zeitlichen Unterschiede (gleiche Lieferfristen)
- vollkommene Markttransparenz (Marktübersicht), somit unendlich schnelle Reaktionsgeschwindigkeit der Marktteilnehmer bei Änderungen

Folge: Einheitspreis für ein Gut (Bsp. Börse)

Unvollkommener Markt:

Mindestens eine der Bedingungen des vollkommenen Marktes ist nicht erfüllt.

Folge: verschiedene Preise für ein Gut

Aufgaben

1. Nennen Sie die Bedingungen des vollkommenen Marktes.

2. Wann liegt ein unvollkommener Markt vor?

3. Welche Folge hat das Vorliegen eines vollkommenen Marktes für die Preise? Begründung.

4. Erklären Sie kurz folgende Begriffe:
   a) Homogenität der Güter
   b) transparenter Markt
   c) Punktmarkt
   d) Präferenzen

5. Ein bestimmter unvollkommener Markt unterscheidet sich vom vollkommenen Markt lediglich durch das Fehlen der Markttransparenz. Wie wird sich dieser Markt im Zeitverlauf entwickeln?

6. Der vollkommene Markt ist ein seltener Ausnahmefall. Warum wird er dennoch in der Volkswirtschaftslehre intensiv analysiert?

7. Welcher Markt kommt in der Wirklichkeit dem vollkommenen Markt am nächsten?

8. Begründen Sie, ob folgende Güter auf einem vollkommenen oder unvollkommenen Markt angeboten werden.
   a) Käse (Käsebörse Kempten)
   b) Benzin an Tankstellen
   c) Wein in einem Weinlokal
   d) Äpfel auf dem Wochenmarkt
   e) Wertpapiere an der Frankfurter Wertpapierbörse

9. Welche Bedingungen des vollkommenen Marktes sind in folgenden Fällen nicht erfüllt?
   a) Sepp Herzlieb kauft für seine Freundin Frieda Flitter die Pralinenschachtel „Rotes Herz".
   b) Die Lahm GmbH liefert Draht innerhalb von acht Wochen, die Flott & Co. innerhalb von 14 Tagen.
   c) Franz Dusel bietet seine Bratwürste an einem Würschtlstand in der belebten Fußgängerzone von Stuttgart an, während Mizzi Dämel ihre Würstchen in einer Nebengasse am Stadtrand feilbietet.
   d) Ignazius Wild trinkt regelmäßig sein Bier in der Gastwirtschaft „Rote Rose", um mit der hübschen Bedienung Lollo ins Gespräch zu kommen.

10. Warum ist die Wertpapierbörse ein (nahezu) vollkommener Markt?

11. Welche der folgenden Aussagen sind richtig?
   a) Bei Fehlen von persönlichen, räumlichen, sachlichen und zeitlichen Unterschieden liegt ein vollkommener Markt vor.
   b) Bei unvollkommener Markttransparenz liegt ein zeitweise (temporär) unvollkommener Markt vor.
   c) Ein vollkommener Markt liegt nur vor, wenn alle fünf Bedingungen gleichzeitig erfüllt sind.
   d) Ein unvollkommener Markt liegt nur vor, wenn alle Bedingungen des vollkommenen Marktes nicht erfüllt sind.
   e) Bei Vorliegen eines Punktmarktes ist stets ein vollkommener Markt gegeben.
   f) Beim vollkommenen Markt sind die Preise der Anbieter gleich.
   g) Vollkommene Märkte gibt es in der Realität nur annäherungsweise.

Test

Preisbildung: Vollkommener und unvollkommener Markt

Punkte

1 Nennen Sie die Bedingungen des vollkommenen Marktes. — 2,5

2 Wann liegt ein unvollkommener Markt vor? — 1

3 Welche Folge hat das Vorliegen eines vollkommenen Marktes für die Preise? Begründung. — 3

4 Der vollkommene Markt ist ein seltener Ausnahmefall. Warum wird er dennoch in der Volkswirtschaftslehre intensiv analysiert? — 2

5 Welcher Markt kommt in der Wirklichkeit dem vollkommenen Markt am nächsten? — 1

6 Werden folgende Güter auf einem vollkommenen oder unvollkommenen Markt angeboten? — 2,5

a) Käse an der Käsebörse
b) Benzin an Tankstellen
c) Wein in einem Weinlokal
d) Äpfel auf dem Wochenmarkt
e) Wertpapiere an der Frankfurter Wertpapierbörse

Punktesumme → 12

Notenermittlung: Kreuzen Sie Ihr Ergebnis an (Korrekturanleitung: siehe Lösung).

Punkte ➤	12	11	10	9	8	7	6	5	4	3	2	1
Note ➤	1,0	1,5	2,0	2,5	3,0	3,5	4,0	4,5	5,0	5,5	6,0	6,0
1. Versuch ➤												
2. Versuch ➤												
3. Versuch ➤												

4.3.2 Polypol – vollkommener Markt

Stofftelegramm

Ermittlung von Gesamtnachfrage und Gesamtangebot (Bsp. Börse)

Kaufaufträge:	**A**bold	10 Stück zu	20,00 EUR höchstens
	Beiler	5 Stück zu	25,00 EUR höchstens
	Christ	13 Stück zu	30,00 EUR höchstens
	Damm	6 Stück zu	35,00 EUR höchstens
Verkaufsaufträge:	**E**rl	7 Stück zu	20,00 EUR mindestens
	Frick	7 Stück zu	25,00 EUR mindestens
	Galle	5 Stück zu	30,00 EUR mindestens
	Hotz	15 Stück zu	35,00 EUR mindestens

Preis (in Euro)	Nachfrage	Angebot
20,00	A, B, C, D 34	E 7
25,00	B, C, D 24	E, F 14
30,00	C, D 19	E, F, G 19
35,00	D 6	E, F, G, H 34

Nachfrage: **sinkt mit steigendem Preis**

Angebot: **steigt mit steigendem Preis**

Preisbildungsmodell

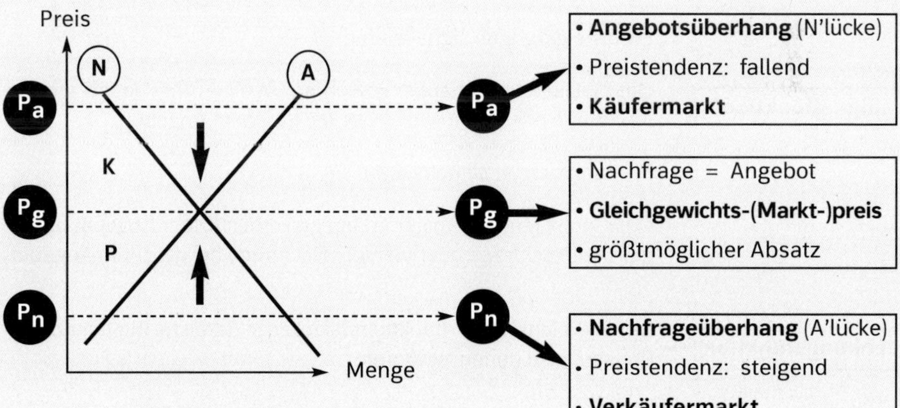

(**K** = Konsumentenrente; **P** = Produzentenrente)

Verhalten des Polypolisten:
- keine Preispolitik möglich; Gleichgewichtspreis gilt für alle! Preis = „Datum“ (für alle Marktteilnehmer vorgegeben)
- Zum festen Gleichgewichtspreis wird die Menge angeboten, bei der er sein Gewinnmaximum erzielt (Kapazitätsgrenze).

Der Preismechanismus

Nachfrage steigt | Angebot steigt | A + N steigen im gleichen Umfang.

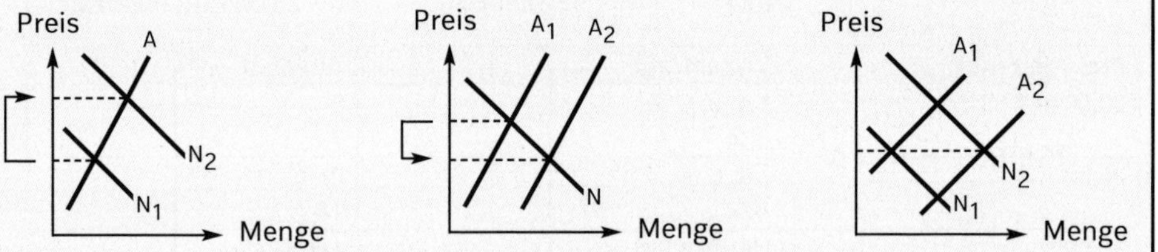

Funktionen (= Aufgaben) des Preises

Ausgleichsfunktion
- Ausgleich von Angebot und Nachfrage
- Der Preis „räumt den Markt“.

Signalfunktion
- Preissteigerungen signalisieren: Das Gut ist relativ knapper geworden (weniger Angebot bei gleicher Nachfrage oder mehr Nachfrage bei gleichem Angebot).
- Preissenkungen signalisieren: Das Gut ist relativ weniger knapp geworden (mehr Angebot bei gleicher Nachfrage oder weniger Nachfrage bei gleichem Angebot).

Lenkungsfunktion
- Der Preis lenkt die Produktionsfaktoren in Bereiche mit hohen Preisen, also hohen Gewinnen.

Erziehungsfunktion
- Der Gleichgewichtspreis zwingt die Anbieter zur Kostensenkung.
- Die Nachfrager suchen preisgünstigste Einkaufsmöglichkeiten.

Aufgaben

1. Zeigen Sie mithilfe einer Grafik, wie sich der Polypolpreis (**Gleichgewichtspreis**) im Modell bildet.

2. Erklären Sie anhand einer Skizze und verbal folgende Begriffe und Marktsituationen:
   a) **Angebotsüberhang** b) **Nachfrageüberhang**

3. Erklären und begründen Sie die Begriffe
   a) **Käufermarkt,** b) **Verkäufermarkt.**

4. Zeigen Sie anhand einer Skizze, warum beim **Gleichgewichtspreis** der höchstmögliche Absatz erzielt wird.

5. Folgende Daten bezüglich eines Gutes sind gegeben:

Preis (in Euro)	10,00	12,00	14,00	16,00	18,00	20,00	22,00
Nachfrage (in Stück)	40	35	30	25	20	15	10
Angebot (in Stück)	16	19	22	25	28	31	34

   a) Wie viel Euro beträgt der **Gleichgewichtspreis?**
   b) Nennen Sie möglichst viele Begriffe für die Marktsituation bei Preisen von 10,00 EUR, 16,00 EUR und 20,00 EUR.
   c) Skizzieren Sie die Preisbildung in einem Koordinatensystem.
   d) Wie viel Euro Umsatz werden beim Marktpreis erzielt?
   e) Wie hoch wäre der Umsatz bei Preisen von 10,00, 12,00, 20,00 und 22,00 EUR?

6. a) Ermitteln Sie aus den gegebenen Kaufaufträgen für die möglichen Preise 19,00 EUR, 18,00 EUR, 17,00 EUR und 16,00 EUR die Gesamtnachfrage.
   - Hirsch: 10 Stück zu maximal 18,00 EUR
   - Feige: 8 Stück zu maximal 17,00 EUR
   - Degger: 9 Stück zu maximal 16,00 EUR

   b) Erklären Sie anhand einer Skizze sowie verbal die Begriffe „**Konsumentenrente**“ (Nachfragerrente) und „**Produzentenrente**“ (Anbieterrente).

7. Erklären Sie, warum sich beim vollkommenen Polypol ein **Gleichgewichtspreis** bildet.

8. Kommen beim **Gleichgewichtspreis** alle Anbieter und Nachfrager zum Zuge? Begründung.

9. Erklären Sie die Preis- und Mengenpolitik eines **Polypolisten** (vollkommener Markt).

10. Erklären Sie folgende Aussage: „Der **Gleichgewichtspreis** räumt den Markt.“

11. Welche Marktlage ist für a) einen Käufer, b) einen Verkäufer, c) die Gesamtwirtschaft optimal?

12. Welche Marktpreiswirkungen haben folgende Marktänderungen?
    a) Nachfrageerhöhung
    b) Angebotssenkung
    c) Nachfragesenkung
    d) Angebotserhöhung

13. Zeigen Sie jeweils anhand einer Skizze, wie sich der **Gleichgewichtspreis** in folgenden Fällen ändert.
    a) Einkommenssteigerungen
    b) Rekordernte
    c) zunehmender Pessimismus bei Anbietern
    d) Einkommenssenkungen
    e) Erwartung stark steigender Konsumgüterpreise
    f) steigende Rohstoffkosten
    g) Die Nachfrageerhöhung ist größer als die Angebotserhöhung.
    h) Die Angebotserhöhung ist größer als die Nachfrageerhöhung.
    i) Einkommens- und Kostensenkungen

14. Wie ändert sich der **Gleichgewichtspreis,** wenn die Einkommen und die Anbieterzahl gleichzeitig ansteigen? Begründen Sie verbal und anhand einer Skizze.

15. Begründen Sie verbal und anhand einer Skizze folgende Aussage: „Der Preis ist gestiegen, obwohl im Vergleich zum Vorjahr das Angebot erheblich zugenommen hat."

16. Welchen Einfluss haben hohe Lohn- und Einkommensteuererhöhungen auf die Preis-Mengen-Verhältnisse des Preisbildungsmodells?

17. Erklären Sie die **Funktionen** (= Aufgaben) des Preises.

18. Für Holz- und Kunststofffenster einer genormten Größe gelten folgende Nachfrage- und Angebotssituationen:

Holzfenster

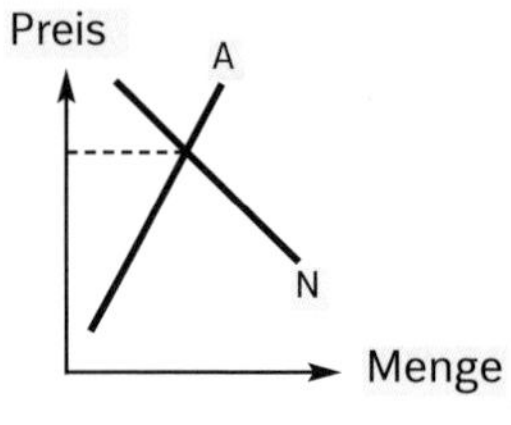

Kunststofffenster

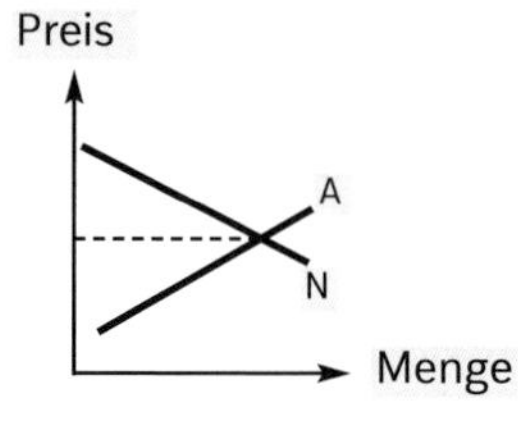

    a) Welche Güterart liegt vor?
    b) Immer mehr Nachfrager steigen aufgrund der relativ preisgünstigen Kunststoffproduktion auf diese Produktart um. Erklären Sie verbal und skizzenhaft die veränderten Marktsituationen.
    c) Erklären Sie anhand dieses Beispiels die Preisfunktionen.

19. Warum wird der Polypolist auf dem vollkommenen Markt als „Mengenanpasser" bezeichnet?

Test → **Preisbildung: Polypol I**

Punkte

1 Erklären Sie anhand einer Skizze und verbal folgende Marktsituationen: — 6

a) Angebotsüberhang

b) Nachfrageüberhang

2 Ordnen Sie den Begriffen „Angebotsüberhang" und „Nachfrageüberhang" die Begriffe „Verkäufermarkt" und „Käufermarkt" zu. — 1

3 Folgende Daten bezüglich eines Gutes sind gegeben: — 2

Preis (in Euro)	10,00	12,00	14,00	16,00	18,00	20,00	22,00
Nachfrage (in Stück)	40	35	30	25	20	15	10
Angebot (in Stück)	16	19	22	25	28	31	34

Wie viel Euro beträgt der Gleichgewichtspreis? Begründung.

4 Erklären Sie, warum sich beim vollkommenen Polypol ein Gleichgewichtspreis bildet. — 3

Punktesumme → 12

Notenermittlung: Kreuzen Sie Ihr Ergebnis an (Korrekturanleitung: siehe Lösung).

Punkte ➤	12	11	10	9	8	7	6	5	4	3	2	1
Note ➤	1,0	1,5	2,0	2,5	3,0	3,5	4,0	4,5	5,0	5,5	6,0	6,0
1. Versuch ➤												
2. Versuch ➤												
3. Versuch ➤												

Test → **Preisbildung: Polypol II**

Punkte

1 Erklären Sie anhand einer Skizze sowie verbal die Begriffe „Konsumentenrente" und „Produzentenrente". — 5

2 Erklären Sie die Preis- und Mengenpolitik eines Polypolisten auf dem vollkommenen Markt. — 5

3 Zeigen Sie jeweils anhand einer Skizze, wie sich der **Gleichgewichtspreis** in folgenden Fällen ändert. — 4

a) Einkommenssteigerungen

b) Rekordernte

c) Einkommenssenkungen

d) Erwartung stark steigender Konsumgüterpreise

4 Erklären Sie die Funktionen (= Aufgaben) des Preises. — 6

Punktesumme → 20

Notenermittlung: Kreuzen Sie Ihr Ergebnis an (Korrekturanleitung: siehe Lösung).

Punkte:	20	19	18	17	16	15	14	13	12	11	10	9	8	7	6	5	4	3
Note:	1,0	1,3	1,6	1,9	2,2	2,5	2,7	3,0	3,3	3,6	3,9	4,2	4,5	4,8	5,1	5,4	5,7	6,0
1. Versuch:																		
2. Versuch:																		
3. Versuch:																		

4.3.3 Markteingriffe des Staates

Stofftelegramm

Marktkonforme Eingriffe	**Marktkonträre Eingriffe**
• Staat beeinflusst Nachfrage- oder Angebotsseite: indirekte (mittelbare) Preisbeeinflussung	• Preisfixierung durch den Staat (Höchst- und Mindestpreise): direkte (unmittelbare) Preisbeeinflussung
• Marktmechanismen (Preisfunktionen bleiben erhalten.	• Marktmechanismen (Preisfunktionen) werden ausgeschaltet.

Marktkonforme Eingriffe – Beispiele

1. Beeinflussung der **Nachfrage**:

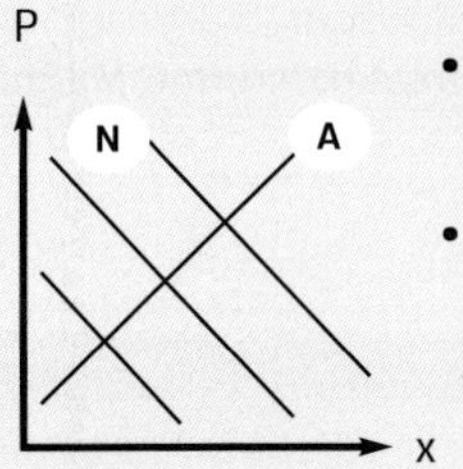

- Nachfragesenkung (weniger staatliche Aufträge): P sinkt
- Nachfrageerhöhung (mehr staatl. Aufträge): P steigt

2. Beeinflussung des **Angebots**:

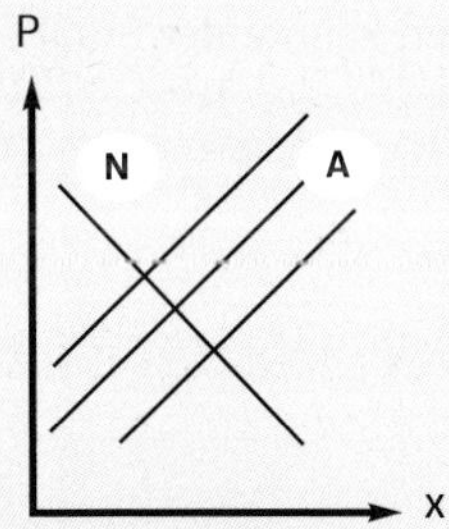

- Angebotssenkung (Importbeschränkungen): Preis steigt
- Angebotserhöhung (Abbau der Importbeschränkung): Preis sinkt

Marktkonträre Eingriffe – Beispiele

1. **Höchstpreis**:

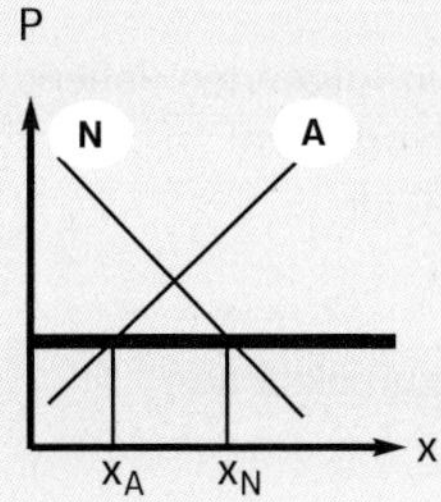

- Zweck: Schutz des Verbrauchers
- Folgen: Nachfrageüberhang; Schwarzmarkt
- Staatsmaßnahmen: Rationalisierung, Zwang zur Angebotserhöhung

2. **Mindestpreis**:

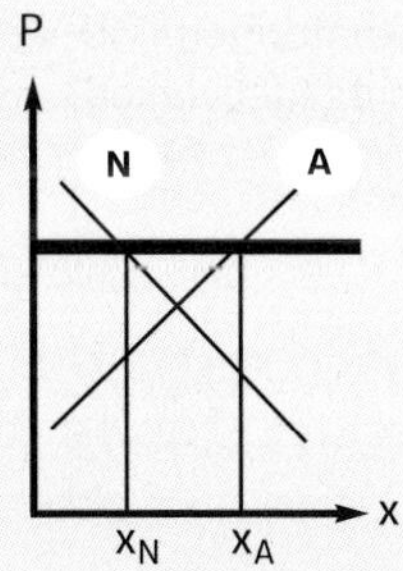

- Zweck: Schutz des Produzenten
- Folge: Angebotsüberhang

- Staatsmaßnahmen: Produktionsbeschränkungen oder Überschussaufkauf + lagern, vernichten, zweckentfremden, Verkauf ins Ausland; hohe Kosten (Lager ...)!

Aufgaben

1. Was sind marktkonforme bzw. marktkonträre Maßnahmen des Staates?

2. a) Zeigen Sie in einer Skizze die Fixierung eines Höchstpreises.
   b) Begründen Sie die staatliche Festlegung eines Höchstpreises.
   c) Welche Folgen und Probleme können sich hieraus ergeben?

3. a) Zeigen Sie skizzenhaft die Fixierung eines Mindestpreises.
   b) Begründen Sie die staatliche Festlegung von Mindestpreisen.
   c) Welche Folgen und Probleme können sich hieraus ergeben?

4. Welche marktkonträre Maßnahme des Staates ist in folgenden Fällen jeweils denkbar?
   a) Der Gleichgewichtspreis eines lebensnotwendigen Gutes deckt nicht die Kosten.
   b) Der Gleichgewichtspreis eines lebensnotwendigen Gutes ist für den Großteil der Nachfrager nicht erschwinglich.

5. Welche marktkonformen Maßnahmen führen zu Preissenkungen?

6. Entscheiden Sie in folgenden Fällen, ob marktkonträre oder marktkonforme Maßnahmen des Staates vorliegen:
   a) Investitionszulage
   b) Subventionen
   c) Mindestpreis
   d) Bauvorhaben zurückstellen
   e) Festpreis
   f) Zollerhöhung
   g) Steuererhöhung
   h) Höchstpreis
   i) Höchstmieten

7. Mit welchen marktkonformen und -konträren Maßnahmen könnte der Staat extremen Mietsteigerungen entgegenwirken?

Test

Marktkonforme und marktkonträre Eingriffe des Staates

Punkte

1 Unterscheiden Sie die Begriffe „marktkonforme Maßnahmen“ und „marktkonträre Maßnahmen“ des Staates. — 6

2 — 5

a) Zeigen Sie in einer Skizze die Fixierung eines Höchstpreises.

b) Begründen Sie die staatliche Festlegung eines Höchstpreises.

c) Welche Folgen und Probleme können sich hieraus ergeben?

3 — 5

a) Zeigen Sie in einer Skizze die Fixierung eines Mindestpreises.

b) Begründen Sie die staatliche Festlegung eines Mindestpreises.

c) Welche Folgen und Probleme können sich hieraus ergeben?

4 Welche marktkonträre Maßnahme des Staates ist in folgenden Fällen jeweils denkbar? — 2

a) Der Gleichgewichtspreis eines lebensnotwendigen Gutes deckt nicht die Kosten.

b) Der Gleichgewichtspreis eines lebensnotwendigen Gutes ist für den Großteil der Nachfrager nicht erschwinglich.

5 Mit welchen marktkonformen und marktkonträren Maßnahmen könnte der Staat extremen Mietsteigerungen entgegenwirken? — 2

Punktesumme → 20

Notenermittlung: Kreuzen Sie Ihr Ergebnis an (Korrekturanleitung: siehe Lösung).

Punkte:	20	19	18	17	16	15	14	13	12	11	10	9	8	7	6	5	4	3
Note:	1,0	1,3	1,6	1,9	2,2	2,5	2,7	3,0	3,3	3,6	3,9	4,2	4,5	4,8	5,1	5,4	5,7	6,0
1. Versuch:																		
2. Versuch:																		
3. Versuch:																		

4.3.4 Angebotsmonopol

Stofftelegramm

Der Monopolist ist abhängig von seinen Kosten und der Nachfrage.

Verhalten eines Monopolisten (vollkommener Markt)

- **Preispolitik**
- **Mengenpolitik**

Verwirklichung der gewinnmaximalen Preis-Mengen-Kombination (= sog. **Cournotscher Punkt**) P_C / x_C.

Hier ist die Differenz zwischen Umsatz und Gesamtkosten am größten (**Gewinnmaximum**).

C = Cournotscher Punkt N = Nachfrage
U = Umsatzerlöse K = Kosten

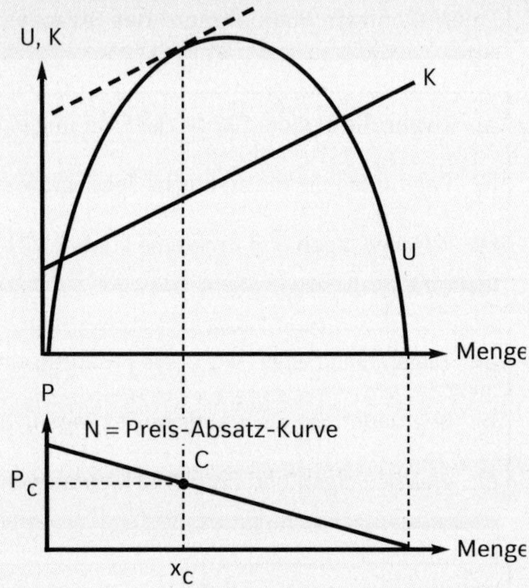

Tabellarische und grafische Ermittlung und Darstellung von Erlös, Kosten, Gewinn und wichtigen Punkten (Stückzahlen)

Gegeben: fixe Kosten 100,00 EUR, variable Kosten pro Stück 5,00 EUR

Berechnungswege: $E = x \cdot p$ $K = x \cdot k_v + K_{fix}$ $G = E - K$

Preis e/p	Absetzbare Menge x	Erlös E/U	Variable Kosten K_v	Fixe Kosten K_{fix}	Gesamt-kosten K	Gewinn G	Besondere Punkte
25,00	0	0,00	0,00	100,00	100,00	–100,00	
22,50	5	112,50	25,00	100,00	125,00	–12,50	$G_{schwelle}$
20,00	10	200,00	50,00	100,00	150,00	50,00	zwischen 5 u. 10 St.
17,50	15	262,50	75,00	100,00	175,00	87,50	
15,00	20	300,00	100,00	100,00	200,00	100,00	**Gewinnmaximum**
12,50	25	312,50	125,00	100,00	225,00	87,50	**Umsatzmaximum**
10,00	30	300,00	150,00	100,00	250,00	50,00	G_{grenze}
7,50	35	262,50	175,00	100,00	275,00	–12,50	zwischen 30 u. 35 St.
5,00	40	200,00	200,00	100,00	300,00	–100,00	
2,50	45	112,50	225,00	100,00	325,00	–212,50	
0,00	50	0,00	250,00	100,00	350,00	–350,00	

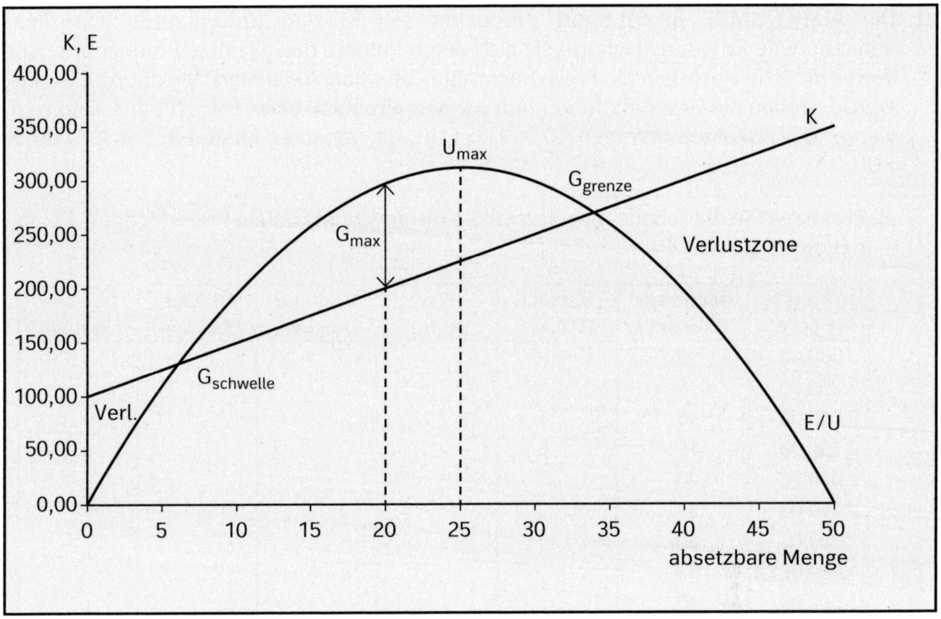

Aufgaben

1. Erklären Sie kurz den Begriff „Angebotsmonopol".
2. Nennen Sie zwei Möglichkeiten, wie Monopole entstehen können.
3. Erklären Sie die Begriffe „Individualmonopole" und „Kollektivmonopole".
4. Nennen Sie fünf Gründe, die Unternehmen dazu veranlassen, sich zusammenzuschließen.
5. Unterscheiden Sie die Begriffe „Bedarfsdeckungsmonopole" und „Gewinnmaximierungsmonopole".
6. Welche Daten hat ein Monopolist zu beachten?
7. Erklären Sie die Preis- und Mengenpolitik eines Monopolisten.
8. Skizzieren Sie die Monopolpreisbildung in zwei untereinanderstehenden Koordinatensystemen. Schraffieren Sie die Gewinnzone.
9. Ein Monopolist verwirklicht seine gewinnmaximale Preis-Mengen-Kombination. Wie könnte er seinen Gewinn weiter erhöhen?

10. Die AUMO-GMBH in Stuttgart produziert seit Kurzem Spezialautos. Für diese sensationelle Erfindung sicherte sie sich durch Patente das alleinige Produktions- und Vertriebsrecht. Nachdem die Preis-Nachfrage-Situation durch Marktforschung erkundet wurde, stehen die Geschäftsführer nun vor dem Problem, einen Preis für das Auto zu fixieren. Die Fixkosten betragen 20.000,00 EUR, die variablen Kosten je Stück 1.000,00 EUR.

    a) Ergänzen Sie die Tabelle. Bestimmen Sie die gewinnmaximale Preis-Mengen-Kombination.

Preis (in Euro)	Nachfrage (in Stück)	Umsatz (Erlöse)	Fix-kosten	Variable Kosten	Gesamt-kosten	Gewinn/ Verlust
3.500,00	0					
3.250,00	5					
3.000,00	10					
2.750,00	15					
2.500,00	20					
2.250,00	25					
2.000,00	30					
1.750,00	35					
1.500,00	40					
1.250,00	45					
1.000,00	50					

    b) Welche Preis-Mengen-Kombination würde die AUMO-GMBH realisieren, wenn sie als vorübergehendes Ziel Umsatzmaximierung anstreben würde?
    c) Zeichnen Sie ins obere Koordinatensystem die Umsatz- und Gesamtkostenfunktion und bestimmen Sie grafisch das Gewinnmaximum (10.000,00 EUR = 2 cm; 10 St. = 2 cm).
    d) Zeichnen Sie ins untere Koordinatensystem die Nachfragefunktion und die gewinnmaximale Preis-Mengen-Kombination (500,00 EUR = 2 cm; 10 Stück = 2 cm).

11. Nennen Sie Gründe, warum ein Monopolist unter bestimmten Voraussetzungen für sein Gut einen Preis verlangt, der unter dem gewinnmaximalen Preis liegt.

12. Warum kann ein Monopolist nicht völlig willkürlich seine Preise festlegen?

13. Nennen Sie Argumente für und gegen Monopole.

14. Gelten die Preisfunktionen auch bei Monopolen? Begründung.

15. a) Wann liegt ein unvollkommenes Monopol vor?
    b) Welche Konsequenz hat die Unvollkommenheit des Marktes für die Preispolitik des Monopolisten?

Test ➤ Preisbildung: Monopol I

Punkte

1 Erklären Sie kurz den Begriff „Angebotsmonopol". — 1

2 Nennen Sie zwei Möglichkeiten, wie Monopole entstehen können. — 2

3 Nennen Sie vier Gründe, die Unternehmen dazu veranlassen, sich zusammenzuschließen. — 4

4 Welche Daten hat ein Monopolist zu beachten? — 2

5 Erklären Sie die Preis- und Mengenpolitik eines Monopolisten. — 3

Punktesumme → 12

Notenermittlung: Kreuzen Sie Ihr Ergebnis an (Korrekturanleitung: siehe Lösung).

Punkte ➤	12	11	10	9	8	7	6	5	4	3	2	1
Note ➤	1,0	1,5	2,0	2,5	3,0	3,5	4,0	4,5	5,0	5,5	6,0	6,0
1. Versuch ➤												
2. Versuch ➤												
3. Versuch ➤												

Test → **Preisbildung: Monopol II**

Punkte

1 Eine Automobilfirma produziert seit Kurzem Spezialautos. Für diese sensationelle Erfindung sicherte sie sich durch Patente das alleinige Produktions- und Vertriebsrecht. Nachdem die Preis-Nachfrage-Situation durch Marktforschung erkundet wurde, stehen die Geschäftsführer nun vor dem Problem, einen Preis für das Auto zu fixieren. **10**

Fixkosten: 20.000,00 EUR; variable Kosten je Stück 1.000,00 EUR

Ergänzen Sie die Tabelle und bestimmen Sie die gewinnmaximale Preis-Mengen-Kombination.

Preis (in Euro)	Nachfrage (in Stück)	Umsatz (Erlöse)	Fix-kosten	Variable Kosten	Gesamt-kosten	Gewinn Verlust
3.500,00	0					
3.250,00	5					
3.000,00	10					
2.750,00	15					
2.500,00	20					
2.250,00	25					
2.000,00	30					
1.750,00	35					
1.500,00	40					
1.250,00	45					
1.000,00	50					

2 Nennen Sie zwei Gründe, warum ein Monopolist unter bestimmten Voraussetzungen für sein Gut einen Preis verlangt, der unter dem gewinnmaximalen Preis liegt. **2**

3 Nennen Sie je zwei Argumente für und gegen Monopole. **4**

4 Gelten die Preisfunktionen auch bei Monopolen? Begründung. **4**

Punktesumme → **20**

Notenermittlung: Kreuzen Sie Ihr Ergebnis an (Korrekturanleitung: siehe Lösung).

Punkte:	20	19	18	17	16	15	14	13	12	11	10	9	8	7	6	5	4	3
Note:	1,0	1,3	1,6	1,9	2,2	2,5	2,7	3,0	3,3	3,6	3,9	4,2	4,5	4,8	5,1	5,4	5,7	6,0
1. Versuch:																		
2. Versuch:																		
3. Versuch:																		

4.3.5 Angebotsoligopol

Stofftelegramm

Verhalten eines Oligopolisten (vollkommener Markt)

Verhalten wird beeinflusst durch:
- Produktionskosten
- Nachfrageverhalten
- erwartetes Konkurrenzverhalten
- vergangenes Konkurrenzverhalten

Verhalten	**kooperativ (friedlich)**			**nicht kooperativ**
Strategie	Preisstarrheit	Preisführerschaft	Preisabsprachen	Verdrängungswettbewerb
Wettbewerbsmittel	Werbung, Qualität, Service			Preis
Beispiele	*Tabakwaren, Strommarkt*	*Benzinmarkt*	*Kaffeemarkt*	*Discounter*

Infobox

- **Preisstarrheit**: Preispolitische Maßnahmen gehen mit erheblichen Risiken für einen Oligopolisten einher, weswegen es häufig vorkommt, dass die Preise auf oligopolistischen Märkten auffallend lange stabil bleiben.
- **Preisführerschaft**: Ein Anbieter verändert den Preis und gibt damit den übrigen Anbietern das Signal, ihrerseits ebenfalls die Preise zu verändern. Bei dem Anbieter, von dem das Preissignal ausgeht, handelt es sich zumeist um denjenigen mit dem größten Marktanteil.
- **Preisabsprache**: Um die Konkurrenz zwischen den Anbietern zu mindern, können abgestimmte Verhaltensweisen erfolgen. Dabei können Preise und/oder Mengen entweder vertraglich oder ohne vertragliche Vereinbarung (Frühstückskartell) festgelegt werden. Allerdings sind dies schwere Formen der Wettbewerbsbeschränkung und daher nach deutschem und europäischem Recht untersagt.
- **Verdrängungswettbewerb**: Versucht ein Oligopolist, seinen Marktanteil auszudehnen, erfolgt dies über eine Preissenkung unter die Konkurrenzpreise, woraufhin die Konkurrenten ebenfalls mit Preissenkungen reagieren.
  Es entsteht ein Preisunterbietungsprozess, welcher so weit führen kann, dass die Anbieter unter ihren Selbstkosten verkaufen und somit zeitweilig Verluste in Kauf nehmen.

Verhalten eines Oligopolisten (unvollkommener Markt)

↓

Verlagerung des Wettbewerbs auf „Nicht-Preis-Wettbewerbsformen"
(Qualität, Werbung, Zahlungsbedingungen ...)

Aufgaben

1. Erklären Sie kurz den Begriff „Angebotsoligopol“.
2. Nennen Sie drei typische Oligopolmärkte.
3. Wovon ist das Preisverhalten eines Oligopolisten abhängig?
4. Erklären Sie die möglichen Verhaltensweisen eines Oligopolisten.
5. Welche Verhaltensweise ist realistisch für den Oligopolmarkt?
6. Was heißt „Bumerang-Charakter“ oligopolistischer Konkurrenz?
7. Warum tendieren Oligopolisten zur friedlichen Verhaltensweise?
8. Wovon hängt das Ende eines Preiskampfes (Oligopolkrieges) ab?
9. Die Mutig AG bietet ihr Produkt auf einem unvollkommenen oligopolistischen Markt an. Um weitere Nachfrager zu gewinnen, senkt sie ihre Preise.

   Wie könnten die beiden anderen Oligopolisten Sauer AG und Krieger AG reagieren?
10. In welcher Situation werden möglicherweise alle Oligopolisten gemeinsam erhebliche Preissenkungen vornehmen?
11. Erklären und begründen Sie das preispolitische Verhalten eines Anbieters auf dem unvollkommenen Oligopol.
12. Gelten die Preisfunktionen auch auf oligopolistischen Märkten?

Test → Preisbildung: Oligopol

Punkte

1 Erklären Sie kurz den Begriff „Angebotsoligopol“. — 1

2 Nennen Sie drei typische Oligopolmärkte. — 3

3 Wovon ist das Preisverhalten eines Oligopolisten abhängig? — 3

4 Erklären Sie die möglichen Verhaltensweisen eines Oligopolisten. — 4

5 Welche Verhaltensweise ist realistisch für den Oligopolmarkt? — 1

Punktesumme → 12

Notenermittlung: Kreuzen Sie Ihr Ergebnis an (Korrekturanleitung: siehe Lösung).

Punkte ➤	12	11	10	9	8	7	6	5	4	3	2	1
Note ➤	1,0	1,5	2,0	2,5	3,0	3,5	4,0	4,5	5,0	5,5	6,0	6,0
1. Versuch ➤												
2. Versuch ➤												
3. Versuch ➤												

5 Prüfungsaufgaben Kompetenzbereich II

Prüfungsaufgabe A

Die Pommes-Fix GmbH ist bislang einziger Hersteller von Pommes-Automaten. Von Experten wird eine stark steigende Nachfrage erwartet.

1. Begründen Sie, welche Marktform hier vorliegt, und beurteilen Sie diese Marktform aus volkswirtschaftlicher Sicht (je zwei Vor- und zwei Nachteile).

2. Aufgrund eigener Marktuntersuchungen ergeben sich für die Pommes-Fix GmbH die Daten in **Anlage 1**.

   Zu welchem Preis soll die Pommes-Fix GmbH einen Automaten verkaufen, wenn folgende Zielsetzungen verfolgt werden:

2.1 Umsatzmaximierung?

2.2 Gewinnmaximierung?

3. Stellen Sie die Umsatz- sowie die Gesamtkostenkurve im angegebenen Koordinatensystem grafisch dar **(vgl. Anlage 2)**.

   Verwenden Sie folgende Maßeinheiten: x-Achse: 1 cm = 10 Automaten/y-Achse: 1 cm = 20.000,00 EUR.

4. Begründen Sie anhand der Grafik die Entwicklung des Unternehmenserfolges in Abhängigkeit von der Absatzmenge.

5. Nach Ablauf des Patents haben sich zwei weitere Unternehmen dazu entschlossen, vergleichbare Pommes-Automaten auf den Markt zu bringen.

   Begründen Sie, welche Marktform jetzt entstanden ist, und erläutern Sie eine mögliche Verhaltensweise der Anbieter bei dieser Marktform.

Anlage 1

Aufgrund einer internen Kalkulation muss mit 90.000,00 EUR Fixkosten und mit variablen Stückkosten in Höhe von 2.000,00 EUR je Automat gerechnet werden.

Auswertungstabelle						
Preis (in Euro)	**Menge**	**Umsatz**	**Fixkosten**	**Variable Kosten**	**Gesamtkosten**	**Gewinn bzw. Verlust**
10.000,00	0					
9.000,00	10					
8.000,00	20					
7.000,00	30					
6.000,00	40					
5.000,00	50					
4.000,00	60					
3.000,00	70					
2.000,00	80					
1.000,00	90					

Anlage 2

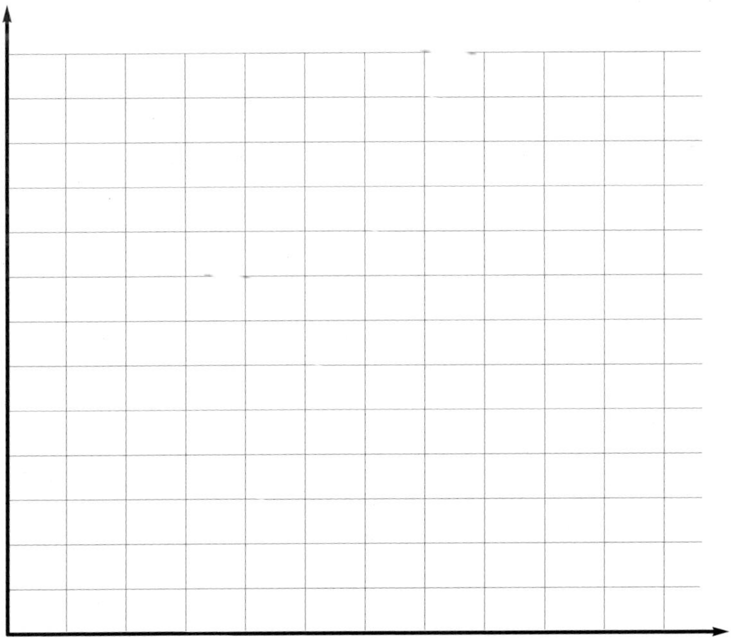

Prüfungsaufgabe B

1. Ihre Geschäfte laufen gut. Es ist Ihnen auch gelungen, mit einem völlig neuen Rezept Süßigkeiten für Allergiker zu entwickeln. Somit haben Sie bei diesen Süßigkeiten ein Monopol und stehen vor der Entscheidung, den Preis für 100 g Süßigkeiten festzulegen.

1.1 Bestimmen Sie mithilfe der Lösungstabelle den Preis für 100 g, zu dem Sie Ihren Gewinn maximieren. Füllen Sie dazu die Tabelle (**Anlage 2**) aus.

1.2 Erläutern Sie für das vorliegende Monopol einen Vorteil und einen Nachteil aus der Sicht der Kundschaft.

2. Hat Ihr Handeln eine Auswirkung auf die Höhe des Bruttoinlandsprodukts? Begründen Sie Ihre Antwort.

3. Nach einem Jahr haben zwei Konkurrenten in der Region vergleichbare Süßigkeiten für Allergiker auf den Markt gebracht.

3.1 Nennen und beschreiben Sie diese Marktform.

3.2 Sie rechnen nicht mit einem Preiskrieg Ihrer Mitbewerber. Sie erwarten vielmehr, dass relative Preisstarrheit herrschen wird. Argumentieren Sie, warum Sie mit Ihrer Einschätzung richtig liegen (zwei Argumente).

4. Nach einem weiteren Jahr vereinbaren Sie mit den zwei anderen Anbietern, in folgenden Punkten zusammenzuarbeiten:

   (1) Gemeinsame Werbung, um stärker auf Süßigkeiten für Allergiker aufmerksam zu machen.

   (2) Jedes Jahr sollen die Preise um 5 % erhöht werden.

   Prüfen Sie unter Angabe einer Begründung, ob die beiden Vereinbarungen (1) und (2) gesetzlich zulässig sind.

Anlage 2

Preis je 100 g (in Euro)	Menge je 100 g	Erlös (in Euro)	Fixe Kosten (in Euro)	Variable Kosten (in Euro)	Gesamtkosten (in Euro)	Ergebnis (in Euro)
6,00	0		1.000,00	0,00		
5,50	1.000		1.000,00	3.000,00		
5,00	2.000		1.000,00	6.000,00		
4,50	3.000		1.000,00	9.000,00		
4,00	4.000			12.000,00		
3,50	5.000	17.500,00		15.000,00	16.000,00	
3,00	6.000	18.000,00		18.000,00	19.000,00	

Prüfungsaufgabe C

Das Wirtschaftsgeschehen in unserer Volkswirtschaft findet auf dem sogenannten Markt statt. Wichtige Sektoren sind der Staat, die Unternehmen, die Haushalte und die Banken.
Die ökonomischen Beziehungen der einzelnen Sektoren ergeben sich aus folgenden Geldströmen (Geldeinheiten = GE):

- Einkommen der privaten Haushalte aus Lohnzahlungen der Unternehmen 900 GE
- Steuerzahlungen der privaten Haushalte 200 GE
- Sparrate der privaten Haushalte 100 GE
- vom Staat gezahlte Löhne, Gehälter und Sozialleistungen 400 GE
- Unternehmenssteuern 350 GE
- Erlöse der Unternehmen aus Staatsaufträgen 150 GE
- Kreditaufnahme der Unternehmen für Investitionen 100 GE

1. Zeichnen Sie in das Wirtschaftskreislaufschema (**Anlage**) die oben angegebenen Geldströme ein.

2. Vervollständigen Sie das Kreislaufschema durch die Konsumausgaben der privaten Haushalte.

Anlage

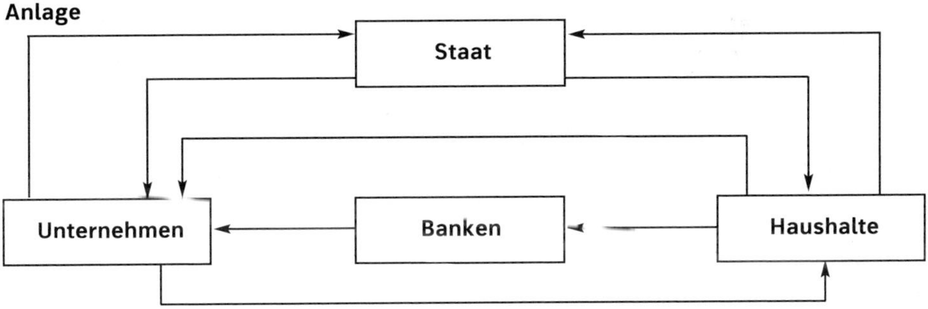

Prüfungsaufgabe D

Sie haben Ihre kaufmännische Ausbildung bei der Evolux GmbH mit Sitz in Münsingen auf der Schwäbischen Alb erfolgreich absolviert. Sie erhalten die Chance in der neuen Stuttgarter Niederlassung übernommen zu werden, da nur dort entsprechende Beschäftigungsmöglichkeiten bestehen.

Einer Ihrer Kollegen meint: „Na, ob sich ein Umzug bei deinem Sachbearbeitergehalt lohnt? Ich habe gelesen, dass immer mehr Menschen in die Städte ziehen. Bei der Wohnungsnachfrage wird daher ein Anstieg um 20 Prozent prognostiziert. Deswegen sind die Mieten in den Städten sehr hoch und werden wohl weiter steigen!"

Sie haben sich entschlossen, das Angebot Ihres Betriebes anzunehmen, und überlegen, nach Stuttgart zu ziehen. Dort beabsichtigen Sie, eine Dreizimmerwohnung zu mieten. Die aktuelle Situation auf dem Markt für Dreizimmerwohnungen in Stuttgart liegt Ihnen in vereinfachter Form als Modell des vollkommenen Polypols vor (**Anlage 5**).

2.1 Erläutern Sie den jeweiligen Verlauf der Angebots- und der Nachfragekurve unter Berücksichtigung der unterschiedlichen Zielsetzungen von Mietern und Vermietern.

2.2 Zeigen Sie mithilfe der **Anlage 5** grafisch, wie sich die von Ihrem Kollegen geschilderte Zunahme der Wohnungsnachfrage auf den Markt für Dreizimmerwohnungen auswirkt und erläutern Sie Ihr Ergebnis.

2.3 Bei der Durchsicht verschiedener Wohnungsanzeigen stellen Sie fest, dass die tatsächlichen Mietpreise pro Quadratmeter vom Gleichgewichtspreis des Modells des vollkommenen Marktes abweichen. Begründen Sie dies mithilfe von drei Beispielen.

Anlage 5

Dreizimmerwohnungen in Stuttgart

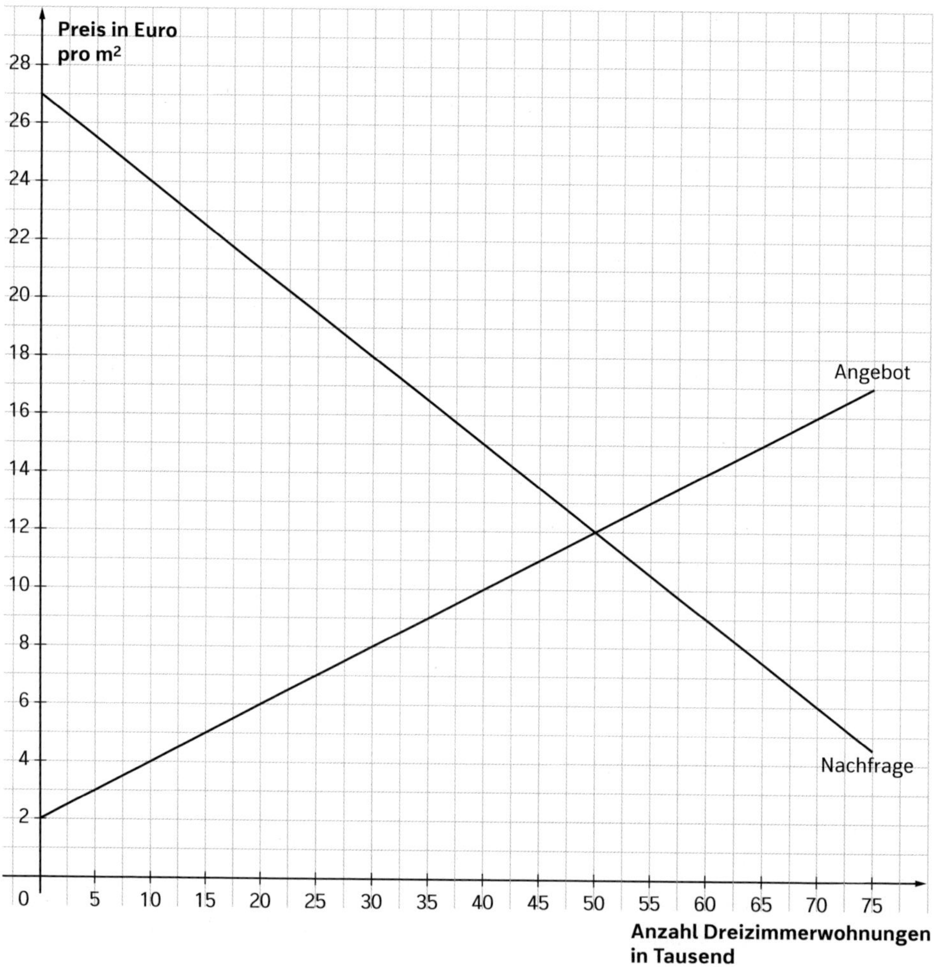

Prüfungsaufgabe E

Sie sind kaufmännischer Sachbearbeiter in der Personalabteilung der M.E.A.T. GmbH, einem mittelständischen Unternehmen der Fleischindustrie. In der Produktion wird ausschließlich Rindfleisch aus Massentierhaltung verarbeitet.

Die Fleischindustrie hat in der Vergangenheit durch Niedriglöhne und die Verarbeitung minderwertigen Fleischs („Gammelfleisch“) negative Schlagzeilen gemacht. Nun erfahren Sie, dass in einem neuen Tarifvertrag der Fleischindustrie ein Mindestlohn von zunächst 7,75 EUR – danach schrittweise ansteigend auf 8,75 EUR – vereinbart wurde. Der Tarifvertrag soll allgemeinverbindlich gemacht werden.

Sie machen sich Sorgen um Ihr Unternehmen bzw. Ihren Arbeitsplatz, zumal die Geschäftsleitung eine Standortverlagerung ins osteuropäische Ausland in Erwägung zieht. Deshalb beschäftigen Sie sich näher mit der Situation.

2.1 Erläutern Sie zwei Konsequenzen für Ihr Unternehmen, die sich aus dem neuen Tarifvertrag ergeben.

2.2 Allgemein verbindliche tarifliche Mindestlöhne in der Fleischindustrie werden u. a. damit begründet, dass die Regeln der sozialen Marktwirtschaft für alle Bereiche und Branchen innerhalb der deutschen Wirtschaft gelten müssen.

In der sozialen Marktwirtschaft können individuelle Freiheitsrechte eingeschränkt werden. Zeigen Sie dies am Beispiel der Fleischindustrie mithilfe von zwei Ordnungsmerkmalen. Führen Sie je ein Argument an, das eine solche Einschränkung rechtfertigt.

2.3 Die angesprochenen Gammelfleisch-Skandale sowie der Trend zu vegetarischem Essen haben Folgen für den Rindfleischmarkt.

Stellen Sie diese Folgen auf dem Markt für Rindfleisch aus Massentierhaltung und auf dem Markt für Bio-Rindfleisch grafisch dar (**Anlage 2**). Zur Vereinfachung gelten die Annahmen des vollkommenen Polypols. Begründen Sie Ihre Darstellungen.

2.4 Ihre Arbeitskollegen und Sie sind gegen eine Standortverlagerung.

Verfassen Sie hierzu eine auf drei Argumente gestützte Stellungnahme an die Geschäftsleitung.

Anlage 2

Marktmodell (Zur Vereinfachung gelten die Bedingungen des vollkommenen Polypols.)

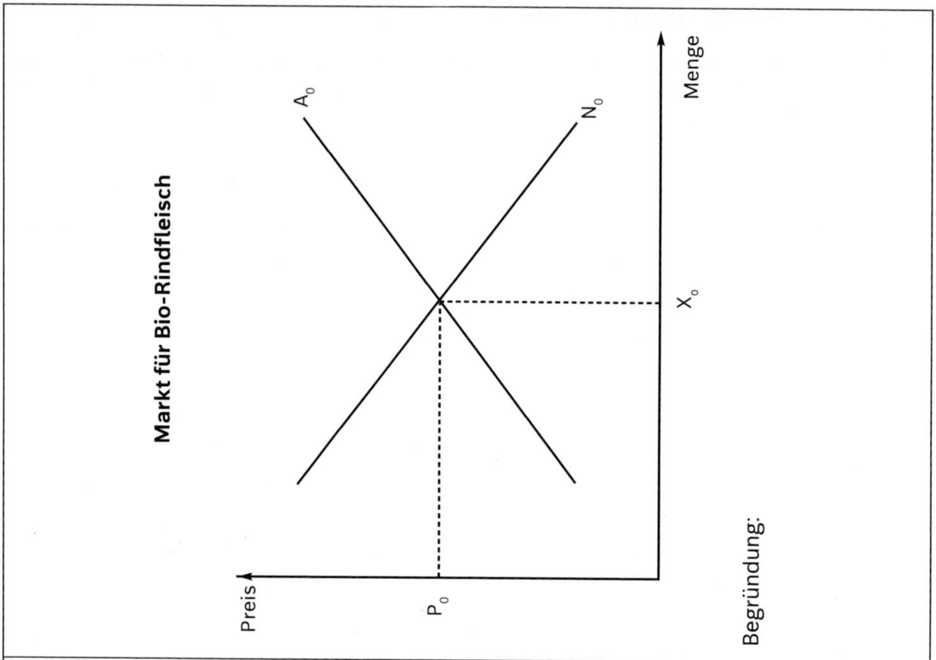

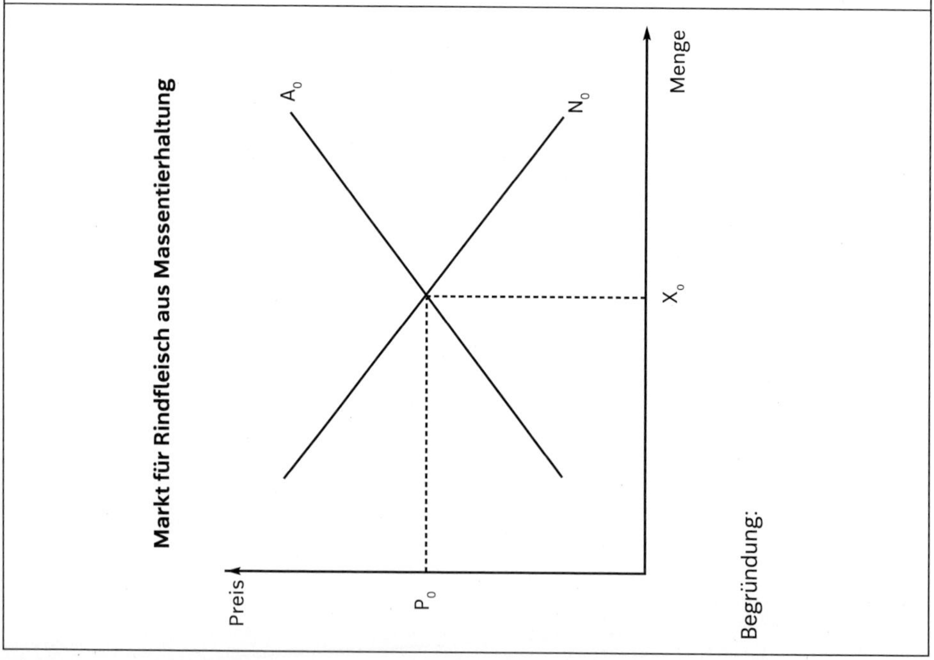

Prüfungsaufgaben Sommer 2016 (Aufgabe 2, verändert)

Die Kraftfutterwerke Heilbronn GmbH stellt hochwertiges Spezialkraftfutter her und beliefert Viehzuchtbetriebe im süddeutschen Raum. Hauptbestandteil der Produkte ist Futtermais, der an der Warenbörse gehandelt wird.

Sie sind Auszubildender bei der Kraftfutterwerke Heilbronn GmbH und zurzeit im Rechnungswesen eingesetzt. Zu Ihren Aufgaben gehört auch die Preiskalkulation. Im Rahmen Ihrer Arbeit stellen Sie fest, dass die Einkaufspreise für Futtermais zum Teil erheblich schwanken.

2.1 Für die Analyse der Preisbildung an einer Warenbörse für Futtermais liegt Ihnen das nachstehende vereinfachte Zahlenmaterial vor. Es gelten die Bedingungen eines Polypols auf dem vollkommenen Markt.

Kaufaufträge	Verkaufsaufträge
Käufergruppe A: 10.000 Tonnen zu höchstens 250,00 EUR pro Tonne	Verkäufergruppe F: 15.000 Tonnen zu mindestens 250,00 EUR pro Tonne
Käufergruppe B: 20.000 Tonnen zu höchstens 150,00 EUR pro Tonne	Verkäufergruppe G: 20.000 Tonnen zu mindestens 150,00 EUR pro Tonne
Käufergruppe C: 25.000 Tonnen zu höchstens 50,00 EUR pro Tonne	Verkäufergruppe H: 20.000 Tonnen zu mindestens 50,00 EUR pro Tonne
Käufergruppe D: 25.000 Tonnen zu höchstens 200,00 EUR pro Tonne	Verkäufergruppe I: 10.000 Tonnen zu mindestens 200,00 EUR pro Tonne
Käufergruppe E: 15.000 Tonnen zu höchstens 100,00 EUR pro Tonne	Verkäufergruppe J: 15.000 Tonnen zu mindestens 100,00 EUR pro Tonne

2.1.1 Bestimmen Sie mithilfe der **Anlage 2**, welcher Marktpreis sich aufgrund der vorliegenden Kauf- und Verkaufsaufträge einstellen wird.

Begründen Sie Ihr Ergebnis.

2.1.2 Stellen Sie die Marktsituation aus Aufgabe 2.1.1 grafisch dar (**Anlage 3**).

2.1.3 Aus den aktuellen Börsennachrichten erfahren Sie, dass wegen zunehmender Anbauflächen Rekordernten bei Futtermais zu erwarten sind. Problematisch sei, dass gleichzeitig vermehrt Weizen Mais als Tierfutter ersetze.

Erläutern Sie, wie sich diese Entwicklungen voraussichtlich auf die Marktsituation auswirken.

2.2 Auf die Frage, ob die regelmäßig auftretenden Preisschwankungen an der Warenbörse unmittelbar an die eigenen Kunden weitergegeben werden, antwortet Ihr Abteilungsleiter:

„Wir können solche Preisschwankungen nicht ohne Weiteres weitergeben. Unser Absatzmarkt funktioniert etwas anders. Hier müssen wir bei der Preisgestaltung das Verhalten von zwei Konkurrenten berücksichtigen, die ein vergleichbares Spezialprodukt anbieten. Das ist typisch für die Marktform des Oligopols!"

2.2.1 Diskutieren Sie mithilfe von zwei Überlegungen die Aussage Ihres Abteilungsleiters.

2.2.2 Neben der Preisgestaltung gibt es für die Kraftfutterwerke Heilbronn GmbH weitere Möglichkeiten, sich von ihren Konkurrenten abzuheben.

Unterbreiten Sie hierzu zwei Vorschläge.

Anlage 2

Bestimmung des Marktpreises

Preis (in Euro je Tonne)	Gesamtangebot (in Tonnen)	Gesamtnachfrage (in Tonnen)	Handelbare Menge (in Tonnen)

Anlage 3

Grafische Darstellung

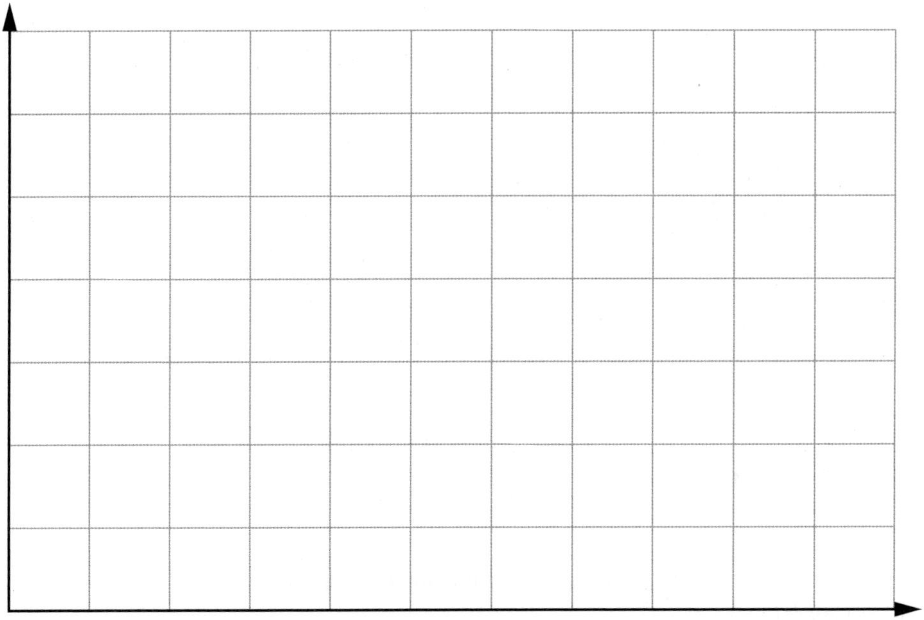

Prüfungsaufgaben Sommer 2017 (Aufgabe 2)

Die XPed Sport GmbH stellt Produkte für den Bereich „Outdoor-Sport“ her. Vor Kurzem gelang die Entwicklung eines völlig neuartigen Zeltstoffs für Trekking-Zelte. Zunächst sollen Einmannzelte für den Freizeitsport mit diesem Zeltstoff ausgestattet werden. Es ist davon auszugehen, dass andere Hersteller frühestens in einem Jahr vergleichbare Produkte auf den Markt bringen können.

Sie sind Mitglied einer Arbeitsgruppe, die sich unter anderem mit der Preisfestsetzung für die neuen Einmannzelte beschäftigt. Folgende Informationen liegen Ihnen vor:

Interne Marktstudie – Kundenbefragung:

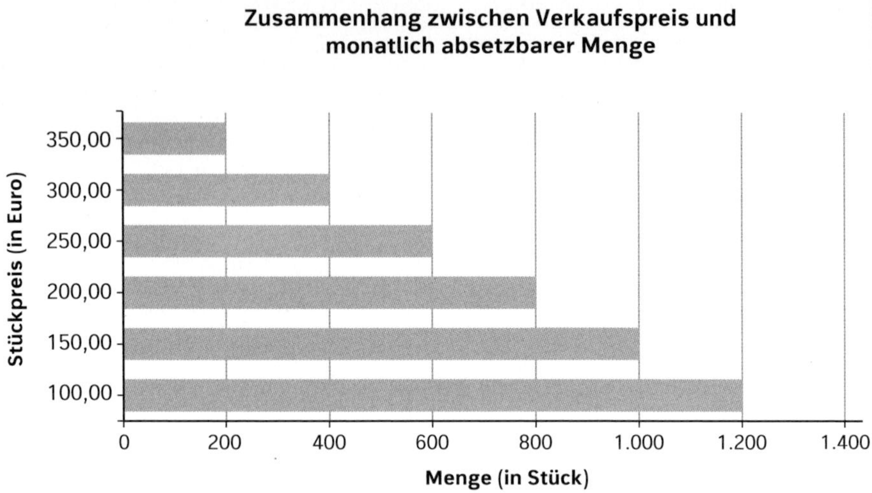

Die Kapazitätsgrenze liegt bei 1.200 Stück pro Monat.

Informationen aus der Kosten- und Leistungsrechnung:

- Monatliche Fixkosten: 50.000,00 EUR
- Variable Kosten pro Stück: 100,00 EUR

2.1 In Ihrer Arbeitsgruppe wird über folgende Vorschläge zur Preisfestsetzung diskutiert:

Herr Gunter: „Ich empfehle, den Verkaufspreis so anzusetzen, dass ein höchstmöglicher Gewinn erwirtschaftet wird."

Frau Doll: „Ich schlage vor, den Verkaufspreis so festzulegen, dass eine möglichst große Absatzmenge erzielt wird, auch wenn nur noch ein geringerer Gewinn übrig bleibt."

2.1.1 Die Diskussion zeigt, dass die XPed Sport GmbH bei der Preisfestsetzung für die neuen Zelte einen großen Gestaltungsspielraum hat.

Erläutern Sie in diesem Zusammenhang die besondere Marktstellung der XPed Sport GmbH.

2.1.2 Ermitteln Sie mithilfe der Tabelle in **Anlage 3**, zu welcher Preisfestsetzung der Vorschlag von Herrn Gunter führen würde.

2.1.3 Führen Sie zwei Argumente an, die für den Vorschlag von Frau Doll sprechen.

2.1.4 Ihre Arbeitsgruppe hat sich nach eingehender Diskussion für den gewinnmaximalen Preis entschieden. Sie erhalten den Auftrag, das Ergebnis in der nächsten Abteilungsleitersitzung vorzustellen.

Stellen Sie Ihre Tabellenwerte hierzu in **Anlage 4** grafisch dar. Berücksichtigen Sie dabei folgende Angaben und ergänzen Sie Ihre Abbildung entsprechend:

- Entwicklung der Erlöse und der Gesamtkosten bis zu einer Produktions- bzw. Absatzmenge in Höhe von 1.200 Stück,
- die Gewinnzone einschließlich Gewinnschwelle und Gewinngrenze sowie
- die gewinnmaximale Menge.

Hinweis: Sollten Sie in Aufgabe 2.1.2 keine Zahlen ermittelt haben, erstellen Sie eine anschauliche Skizze.

2.2 Nach dem Besuch der Sportmesse ISPO steht die XPed Sport GmbH vor einer neuen Herausforderung. Der Hauptkonkurrent Trek-Tec GmbH hat technisch aufgeholt und bringt ein vergleichbares Zelt auf den Markt.
Ihre Arbeitsgruppe diskutiert deshalb über die zukünftige Preisgestaltung:

Frau Öger: „Wir sollten in einen Preiswettbewerb eintreten. Wir brauchen uns auch nicht vor einem längeren Preiskampf zu fürchten!"

Herr Cicek: „Ich halte einen langen Preiskampf mit dem Konkurrenten Trek-Tec GmbH für gefährlich. Es gibt bestimmt noch andere Möglichkeiten."

2.2.1 Beschreiben Sie eine Bedingung, unter der Frau Ögers Strategie Erfolg versprechend ist.

2.2.2
- Erläutern Sie, auf welche Gefahr Herr Cicek anspielt.
- Beschreiben Sie eine weitere legale Strategie der Preisgestaltung, die für die XPed Sport GmbH infrage kommt.

Anlage 3

Preis (in Euro)	Absetzbare Menge (in Stück)	Erlös (in Euro)	Gesamtkosten (in Euro)	Gewinn (in Euro)
400,00				
350,00				
300,00				
250,00				
200,00				
150,00				
100,00				

Anlage 4

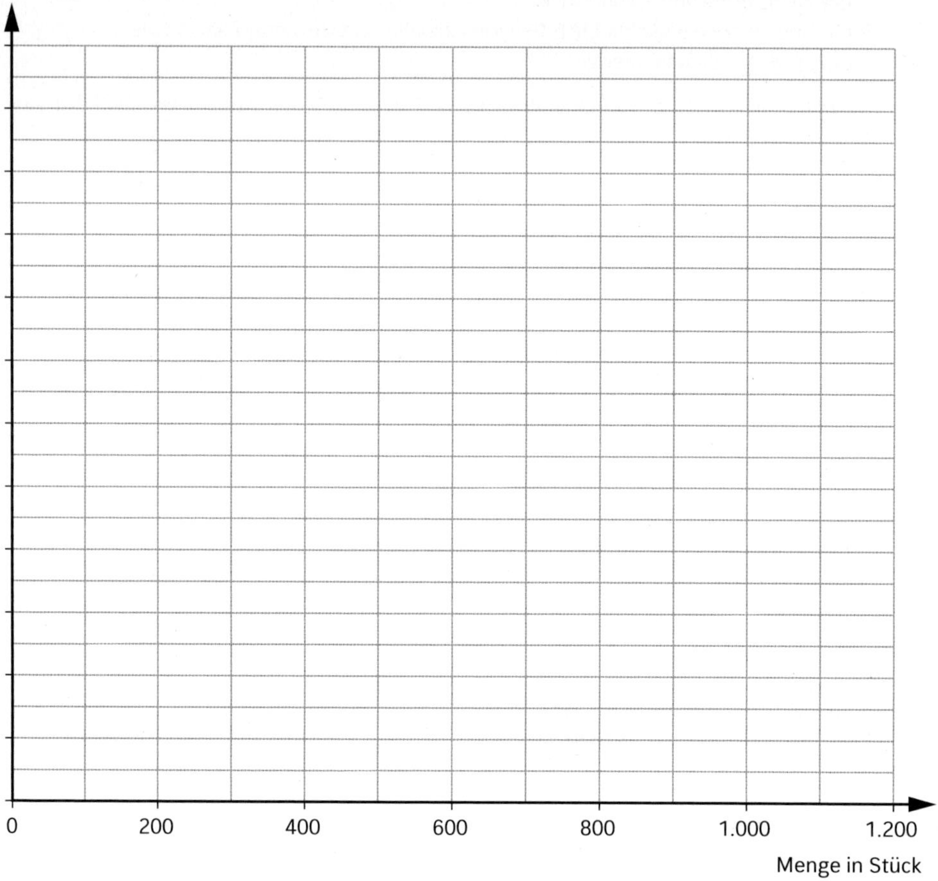

Prüfungsaufgaben Winter 2019/2020 (Aufgabe 2, teilweise)

Die Car Cool GmbH ist ein mittelständischer Automobilzulieferer in Stuttgart, der Motorkühlungssysteme für Autos herstellt. Die Car Cool GmbH beliefert die deutsche Automobilindustrie und hängt somit direkt von der wirtschaftlichen Entwicklung dieser Branche ab.

Sie sind Auszubildende/-r im dritten Jahr bei der Car Cool GmbH. Sie unterstützen Ihre Vorgesetzte Frau Bauer.

Die Umsatzziele wurden im letzten Jahr nicht erreicht. Frau Bauer nimmt dies zum Anlass, die Auszubildenden über ausgewählte gesamtwirtschaftliche Einflüsse auf das Unternehmen zu informieren. Sie erhalten hierzu nachfolgende Aufträge.

2.1 Als Einstieg in die betriebsinterne Schulung sollen Sie den erweiterten Wirtschaftskreislauf vorstellen. Skizzieren Sie den erweiterten Wirtschaftskreislauf unter Verwendung der nachstehenden Geldströme.

- Importausgaben (Im)
- Exporterlöse (Ex)
- Nettoinvestitionen (I_{netto})
- Konsumausgaben der privaten Haushalte (C_H)
- Einkommen (Y)
- Konsumausgaben des Staates (C_{St})
- Subventionen (Z)
- Steuern der privaten Haushalte (T_H)
- Steuern der Unternehmen (T_U)
- Sparen der Haushalte (S)

Prüfungsaufgaben Sommer 2020 (Aufgabe 2)

Die WBG Wohnungen und Bau e. G. ist eine mittelständische Wohnungs- und Baugenossenschaft mit Sitz in Sindelfingen. Sie sind kaufmännische/-r Auszubildende/-r in diesem Unternehmen und beschäftigen sich im Rahmen eines Projekts mit der 2015 eingeführten Mietpreisbremse.

2.1 In **Anlage 4** sind exemplarisch für den Mietwohnungsmarkt von 60-m²-Wohnungen in Sindelfingen verschiedene Vermieter und Mieter mit ihren jeweiligen Preisvorstellungen aufgelistet.

2.1.1 Nennen Sie die Marktform, die dem Mietwohnungsmarkt zugrunde liegt.

2.1.2 Ermitteln Sie das Marktangebot und die Marktnachfrage (**Anlage 4**).

2.1.3
- Stellen Sie das ermittelte Marktangebot und die Marktnachfrage in einem Preis-Mengen-Diagramm grafisch dar (**Anlage 5**).
- Kennzeichnen Sie den Gleichgewichtspreis und die Gleichgewichtsmenge.

2.2 Ihnen liegt ein Artikel zur Mietpreisbremse in Deutschland vor (**Anlage 6**).

2.2.1 Mit der Mietpreisbremse greift der Staat in die Preisbildung des Marktes ein.

Begründen Sie, um welche Art des Staatseingriffes es sich in diesem Fall handelt.

2.2.2 Zeichnen Sie im Preis-Mengen-Diagramm der **Anlage 5** einen möglichen, vom Staat festgelegten, maximalen Mietpreis ein.

2.2.3 Diskutieren Sie anhand von zwei Argumenten, ob die Einführung einer Mietpreisbremse die Situation für Mieter in Großstädten verbessern kann.

2.2.4 Alternativ gibt es Überlegungen von staatlicher Seite, Mietzuschüsse zu gewähren.

- Skizzieren Sie die Auswirkungen im Schaubild aus Aufgabe 2.1.3 (**Anlage 5**).
- Beschreiben Sie den Prozess zum neuen Gleichgewichtspreis.

2.3 In Deutschland wurde die soziale Marktwirtschaft als Wirtschaftsordnung realisiert.

Erläutern Sie, inwiefern die Grundsätze der sozialen Marktwirtschaft durch das Instrument der Mietpreisbremse gewährleistet werden.

Anlage 4

Vermieter	Mindestpreis in Euro je m^2	Verfügbare m^2-Anzahl
V1	4,00	70.000
V2	5,50	55.000
V3	7,00	60.000
V4	8,50	65.000
V5	10,00	30.000
V6	11,50	40.000

Mieter	Höchstpreis in Euro je m^2	Gewünschte m^2-Anzahl
M1	4,00	80.000
M2	5,50	75.000
M3	7,00	35.000
M4	8,50	70.000
M5	10,00	50.000
M6	11,50	30.000

Preis in Euro je m^2	Marktangebot	Marktnachfrage
4,00		
5,50		
7,00		
8,50		
10,00		
11,50		

Anlage 5

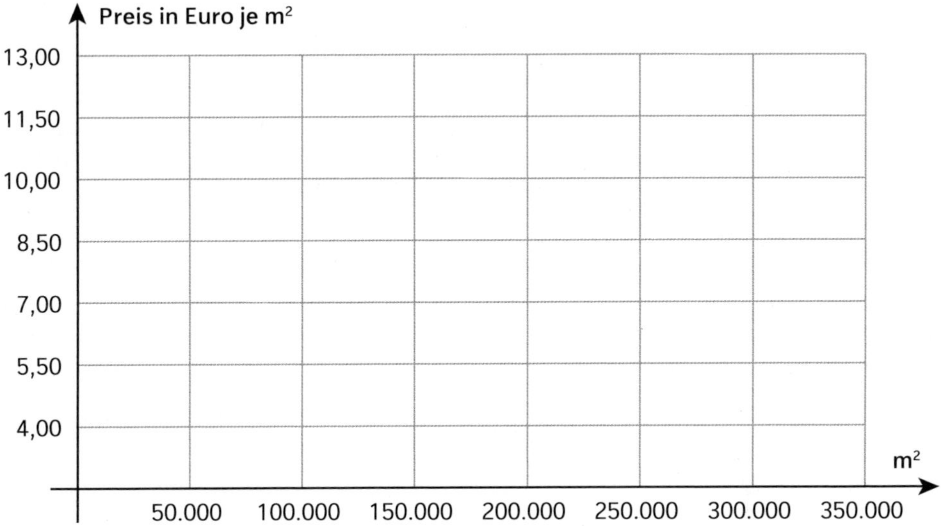

Anlage 6 (verändert)

Interne Mitteilung der WBG Wohnungen und Bau e. G. zum Thema Mietpreisbremse:

Das Mietrechtsnovellierungsgesetz (MietNovG), welches die erlaubten Preisanstiege bei Wiedervermietung von Bestandwohnungen und die Übernahme der Maklerkosten regelt, ist seit 01.06.2015 in Kraft.

Hauptmerkmal des Gesetzes ist eine Zehn-Prozent-Klausel – wonach bei Weiter- und Neuvermietungen von Bestandwohnungen die neuen Mietpreise maximal 10 Prozent über der ortsüblichen Vergleichsmiete liegen dürfen.

Ausschlaggebend für die Novellierung des Gesetzes war ein deutlicher Mietpreisanstieg vor allem in einigen Ballungsräumen, Groß- und Universitätsstädten. Der allgemeine durchschnittliche Preisanstieg lag 2014 bei ca. 1,3 Prozent.

Ausnahmen im Gesetz sind Neubauwohnungen, welche ab dem 01.10.2014 vermietet werden. Eine weitere Ausnahme sind umfassend modernisierte Wohnungen. Diese sind drei Jahre von der Mietpreisbremse ausgenommen.

Prüfungsaufgaben Sommer 2021 (Aufgabe 2, verändert)

Sie haben gerade Ihre kaufmännische Ausbildung beendet und sind nun bei der Kranich Automobiltechnik GmbH angestellt. Die Kranich Automobiltechnik GmbH ist ein weltweit tätiges Unternehmen, das seinen Hauptsitz in Stuttgart hat. Schwerpunkte sind die Produktion sowie die Entwicklung von Bordcomputern. Zur Planung der nächsten Jahre wurde der „Arbeitskreis Zukunft" gegründet, in den auch Sie berufen wurden.

2.1 Der Leiter des Arbeitskreises Herr Miller stellt Ihnen zu Beginn der Sitzung Stichpunkte aus Berichten über die konjunkturellen Aussichten vor (**Anlage 4**).

Erläutern Sie an zwei Beispielen, wie sich die in **Anlage 4** beschriebene wirtschaftliche Entwicklung im Jahr 2020 auf Ihr Unternehmen in den Folgejahren auswirken könnte.

2.2 Im Rahmen des Arbeitskreises wird auch thematisiert, dass viele Arbeitnehmer in Deutschland negative Auswirkungen durch den wirtschaftlichen Abschwung spüren werden.

Erklären Sie anhand von zwei Beispielen, wie die Arbeitnehmer in einer sozialen Marktwirtschaft vor solchen Auswirkungen geschützt werden.

2.3 In dem Bericht wird der voraussichtliche Anstieg des Bruttoinlandsprodukts im Jahr 2021 als Indikator für die konjunkturelle Erholung herangezogen (**Anlage 4**).

2.3.1 Begründen Sie, warum das reale Bruttoinlandsprodukt als Indikator für die konjunkturelle Erholung dienen kann.

2.3.2 Erklären Sie anhand von zwei Aspekten, warum ein Anstieg des Bruttoinlandsprodukts gesamtgesellschaftlich auch kritisch betrachtet werden kann.

2.4 Im Laufe der Besprechung kommen die Vorschläge auf, dass die Kranich Automobiltechnik GmbH durch Unternehmenskooperation oder Konzentration ihre Marktposition verbessern und sich vor zukünftigen Krisen schützen kann.

Diskutieren Sie einen der beiden Vorschläge.

Anlage 4

- globale Wirtschaftsleistung sinkt um über 4 %
- stärkster Einbruch in der Nachkriegszeit
- Auswirkungen auch auf traditionelle Automobilbranche
- 2021 vermutlich wieder deutlicher Anstieg des Bruttoinlandsprodukts

Prüfungsaufgaben Sommer 2022 (Aufgabe 2)

Die Nice Bike GmbH ist ein deutscher Hersteller hochwertiger Fahrräder mit Sitz in Stuttgart. Das Sortiment umfasst unter anderem E-Bikes. Sie sind aktuell im Vertrieb eingesetzt und unterstützen die Abteilungsleitung bei der Einschätzung der mittelfristigen Marktsituation.

2.1 Die aktuelle Marktsituation stellt sich wie folgt dar:

Immer mehr Menschen in Deutschland nutzen das Fahrrad als Fortbewegungsmittel, besonders beliebt sind E-Bikes. Auch Sport im Freien ist im Trend. Allerdings kämpfen Handel und Hersteller mit gestörten Lieferketten und fehlenden Teilen aus Asien. Die Industrie beklagt u. a. Lieferengpässe bei Fahrradrahmen und -gabeln insbesondere aus China.

2.1.1 Stellen Sie die zwei beschriebenen Entwicklungen für Angebot und Nachfrage auf dem Markt für E-Bikes im Preis-Mengen-Diagramm dar (**Anlage 2**).

Hinweis: Zur Vereinfachung gelten die Bedingungen des vollkommenen Polypols.

2.1.2 Erklären Sie, wie sich die Entwicklungen in 2.1.1 auf den Marktpreis auswirken.

2.1.3 Ein Mitarbeiter des Vertriebsteams meint, dass es aus Gründen des Umweltschutzes auch politisch gewollt sei, dass mehr Menschen das E-Bike als Verkehrsmittel nutzen.

- Beschreiben Sie eine marktkonforme staatliche Maßnahme, die geeignet ist, dieses Ziel zu erreichen.
- Erklären Sie einen Vorteil einer marktkonformen Maßnahme gegenüber einer marktkonträren.

2.2 Die Geschäftsleitung denkt im Rahmen der zukünftigen strategischen Ausrichtung über Möglichkeiten des Zusammenschlusses und der Zusammenarbeit nach. Hierzu liegt ein Strategiepaper mit zwei Vorschlägen vor (**Anlage 3**).

Nennen Sie jeweils zwei mögliche Vorteile, die sich die Geschäftsleitung der Nice Bike GmbH durch den Zusammenschluss und die Zusammenarbeit verspricht.

2.3 Die Nice Bike GmbH hat ein neues Thermobike entwickelt, für das es nur wenige konkurrierende Anbieter auf dem Markt gibt. Es herrscht rege Nachfrage.

Ein Kollege aus der Vertriebsabteilung ist der Meinung: „Das Nice Thermobike muss so günstig wie möglich angeboten werden. Nur so können wir unserem Konkurrenten Marktanteile abringen."

Sie stehen dem Beitrag Ihres Kollegen kritisch gegenüber.

- Nennen Sie die hier vorliegende Marktform.
- Begründen Sie, warum dieses Vorgehen riskant sein könnte.
- Beschreiben Sie eine alternative Strategie der Preissetzung für das „Nice Thermobike" in dieser Marktform.

Anlage 2

Markt für E-Bikes in Deutschland

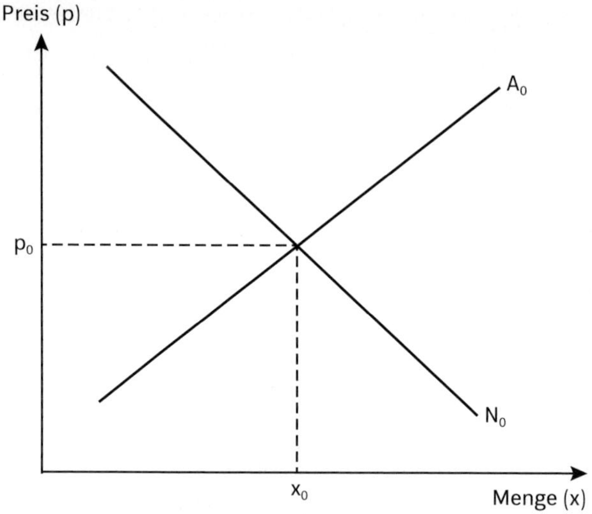

Anlage 3

Strategiepapier: Vorschläge zur Zusammenarbeit bzw. zum Zusammenschluss

1. Mögliche Übernahme der Akkupower GmbH

Die Akkupower GmbH mit Sitz in Heidenheim an der Brenz ist als Spezialhersteller hochwertiger E-Bike-Akkus bereits langjähriger Lieferant. Hinsichtlich eines wachsenden E-Bike-Marktes erscheint die Akkupower GmbH sehr interessant für eine Übernahme. Die Eigentümer der Akkupower GmbH haben bereits Ihre Gesprächsbereitschaft bei einem entsprechenden Kaufangebot signalisiert. Die Produkte der Akkupower könnten so zukünftig nur noch in Nice Bike-Rädern verbaut werden.

2. Mögliche Vertriebspartnerschaft mit der Sportshop KG

Es liegt eine Anfrage der Sportshop KG über eine Vertriebspartnerschaft bei unserem neuen Rennrad vor. Die Sportshop KG mit Sitz in Koblenz ist eine große Einzelhandelskette im Sportfachhandel. Das neue Rennrad „Nice Roadbike“ könnte so exklusiv über die Sportshop KG vertrieben werden. Die Sportshop KG würde den Absatz des Fahrrads durch eine breit angelegte Werbekampagne unterstützen.

Prüfungsaufgaben Winter 2022/2023 (Aufgabe 2, verändert)

Die Grünewald GmbH startet im Winter 2022 das interaktive Finanzportal „Moneyworld“.

Sie nehmen an der nächsten Redaktionssitzung teil und haben die Aufgabe, die Sitzung vorzubereiten. Hierfür stellen Sie Informationen über die wirtschaftliche und gesellschaftliche Entwicklung in Deutschland zusammen.

2.1 Zunächst machen Sie sich auf der Homepage des Statistischen Bundesamtes kundig. Dort finden Sie Daten zur Entwicklung verschiedener gesamtwirtschaftlicher Größen (**Anlage 1**).

2.1.1 Analysieren Sie die Entwicklung der folgenden Größen für die Jahre 2019 bis 2021:

- Bruttoinlandsprodukt
- private Konsumausgaben
- Konsumausgaben des Staates
- Bruttoanlageinvestitionen

2.1.2 Im Jahr 2020 lag die Lohnquote bei 73,3 %.

- Berechnen Sie die Lohnquote für das Jahr 2021 mithilfe der Daten aus der Verteilungsrechnung (**Anlage 2**).
- Beurteilen Sie die Entwicklung der von Ihnen ermittelten Lohnquote 2021 im Vergleich zum Vorjahr.

2.2 Ein Kollege ist der Meinung, dass das bloße Wirtschaftswachstum ausreicht, um Aussagen über den Wohlstand einer Volkswirtschaft zu treffen.

- Beurteilen Sie diese Aussage anhand von zwei Argumenten.
- Führen Sie zwei weitere Größen an, die alternativ zur Wohlstandsmessung herangezogen werden können.

2.3 Der Leitzins lag viele Jahre bei 0,0 %. Bundesbankpräsident Joachim Nagel deutete Anfang des Jahres 2022 angesichts der zunehmenden Gefahr einer länger anhaltenden Inflation einen möglichen Kurswechsel des EZB-Rates hinsichtlich der Leitzinspolitik an.

Beschreiben Sie die Auswirkung einer Veränderung des Leitzinses in der angesprochenen Situation.

Anlage 1: Konsumausgaben, Investitionen und Außenbeitrag

Verwendungsgrößen	2019	2020	2021
in jeweiligen Preisen, Milliarden Euro			
Konsumausgaben • private Konsumausgaben • Konsumausgaben des Staates	2.508,108 1.802,913 705,195	2.462,553 1.707,978 754,475	2.546,327 1.762,986 801,341
Bruttoanlageinvestitionen • Bauten • Ausrüstungen • sonstige Anlagen	742,218 364,056 241,125 137,037	735,869 380,064 216,903 138,902	783,896 414,260 228,165 141,471
Vorratsveränderungen und Nettozugang an Wertsachen	26,821	–23,663	24,858
inländische Verwendung	3.277,147	3.174,759	3.373,081
Außenbeitrag (Exporte – Importe) • Exporte • Importe	196,203 1.619,423 1.423,220	192,801 1.462,090 1.269,289	197,539 1.694,583 1.497,044
Bruttoinlandsprodukt	3.473,350	3.367,560	3.570,620

Vgl. Statistisches Bundesamt (Hrsg.): Konsumausgaben, Investitionen und Außenbeitrag, 25.02.2022. In: www.destatis.de/DE/Themen/Wirtschaft/Volkswirtschaftliche-Gesamtrechnungen-Inlandsprodukt/Tabellen/inlandsprodukt-verwendung-bip.html [07.04.2022].

Anlage 2: Ergebnisse der Verteilungsrechnung über die empfangenen Einkommen in Milliarden Euro

	2018	2019	2020	2021
Volkseinkommen	2.510,1	2.561,6	2.528,2	2.697,8
Arbeitnehmerentgelt	1.771,8	1.851,3	1.852,1	1.920,4
Unternehmens- und Vermögenseinkommen	738,3	710,2	676,1	777,4

Vgl. Bundeszentrale für politische Bildung (Hrsg.): Die Verteilungsrechnung des Bruttoinlandsprodukts, 10.03.2021. In: www.bpb.de/kurz-knapp/zahlen-und-fakten/datenreport-2021/wirtschaft-und-oeffentlicher-sektor/329728/die-verteilungsrechnung-des-bruttoinlandsprodukts/ [22.01.2024].

Prüfungsaufgaben Sommer 2023 (Aufgabe 2, teilweise, verändert)

Sie sind nach Ihrem erfolgreichen Ausbildungsabschluss als Assistent/Assistentin des kaufmännischen Leiters, Herrn Fischer, bei der BIOPowwer GmbH eingestellt worden. Nach dreijähriger Forschungsphase beabsichtigt die BIOPowwer GmbH, Heizpellets aus Bioabfall auf den Markt zu bringen. Mit Konkurrenzprodukten ist erst in zwei Jahren zu rechnen.

2.1 Ein Ziel der BIOPowwer GmbH ist die Erwirtschaftung eines angemessenen Gewinns.

2.1.1 Herr Fischer beauftragt Sie, einen Preisvorschlag für die Heizpellets zu erarbeiten.

Ermitteln Sie unter Verwendung der **Anlagen 4 und 5** den Preis, bei dem die BIOPowwer GmbH den höchsten Gewinn erzielt.

2.1.2 Die variablen Kosten haben sich aufgrund der gestiegenen Kraftstoffpreise erhöht. Herr Fischer legt Ihnen die Grafik mit der neuen Erlös- und Kostensituation vor (**Anlage 6**).

- Vervollständigen Sie die Grafik mit den fehlenden Bezeichnungen.
- Ermitteln Sie grafisch den Mengenbereich, in dem sich das Unternehmen bewegen muss, um keine Verluste zu erzielen.
- Ermitteln Sie grafisch die Menge, die abgesetzt werden muss, um den Unternehmensgewinn zu maximieren.

Anlage 4

Senden	Von	Kaufm.leiter@bio-powwer.de		
	An...	azubi@bio-powwer.de		
	Cc...			
	Betreff:	Preisgestaltung	Anhang:	

Liebe Auszubildende, lieber Auszubildende,

unsere innovativen Pellets aus Biomüll können an den Markt. Nun müssen wir noch einen Preis für die Pellets festlegen. Als Hilfsmittel steht Ihnen die Anlage 5 zur Verfügung.

Beachten Sie, dass wir bei der Produktion mit 100.000,00 EUR fixen Kosten und 150,00 EUR variablen Kosten je Tonne rechnen müssen. Ich erwarte Ihre Rückmeldung baldmöglichst.

Vielen Dank!

Freundliche Grüße

Kaufm. Leiter

Anlage 5

Preis pro Tonne	Absatz in Tonnen	Erlös (Euro)	Gesamtkosten (Euro)	Gewinn (Euro)
300,00 EUR	3.000			
325,00 EUR	2.750			
350,00 EUR	2.500			
375,00 EUR	2.250			
400,00 EUR	2.000			

Anlage 6

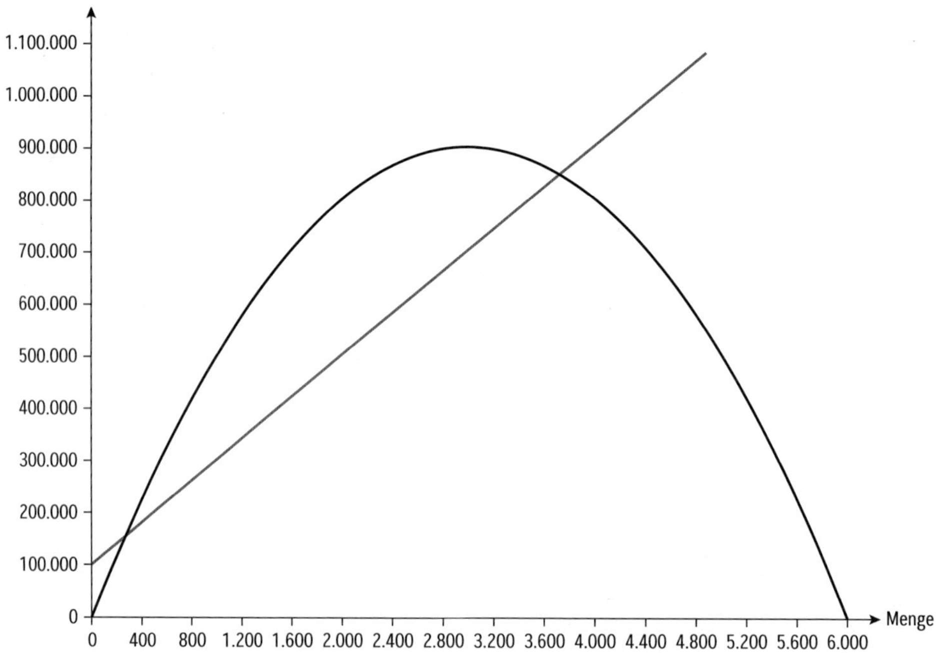

Kompetenzbereich III: Wirtschaftspolitische Einflüsse auf den Ausbildungsbetrieb, das Lebensumfeld und die Volkswirtschaft einschätzen

1 Konjunktur und Konjunkturpolitik

1.1 Konjunkturzyklus(-phasen)

Stofftelegramm

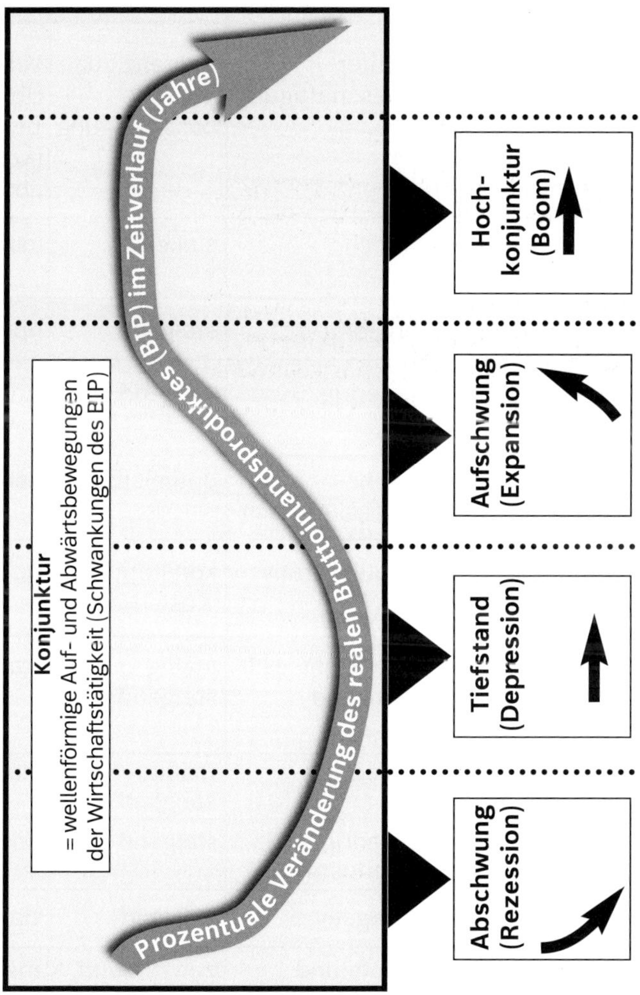

Der Konjunkturzyklus (Merkmale)

Konjunkturzyklus / Merkmale	Abschwung (Rezession)	Tiefstand (Depression)	Aufschwung (Expansion)	Hochkonjunktur (Boom)
Beschäftigungsstand	zunehmende Unterbeschäftigung (Kurzarbeit + Entlassungen)	Unterbeschäftigung	Tendenz zur Vollbeschäftigung	Voll- bzw. Überbeschäftigung (Konjunkturüberhitzung)
Arbeitslosenzahl	steigend	hoch	sinkend	minimal
Nachfrage	sinkend	niedrig	steigend	hoch
Investitionsbereitschaft	sinkend	niedrig	steigend	hoch
Geschäftsklimaindex	pessimistisch	sehr pessimistisch	optimistisch	sehr optimistisch
Preissteigerungsrate	mäßig, evtl. negativ	evtl. negativ	konstant (Kostenvorteil)	hoch
Löhne	mäßig steigend bzw. konstant	konstant, evtl. sinkend	mäßig steigend	stark steigend
Zinsen	sinkend	niedrig	mäßig steigend	stark steigend
Gewinne	sinkend	niedrig, evtl. Verluste	steigend	hoch
Wachstum	minimal	negativ	steigend	stark steigend
Kapazitätsauslastung	sinkend, freie Kapazitäten	Tiefstand, Stilllegung von Betrieben	zunehmend, steigende Produktion	maximal

1.2 Konjunkturindikatoren

Stofftelegramm

Konjunkturindikatoren (allgemein)

= Anzeiger für den Konjunkturverlauf;

Konjunkturindikatoren charakterisieren Zustand + Entwicklung der Konjunktur

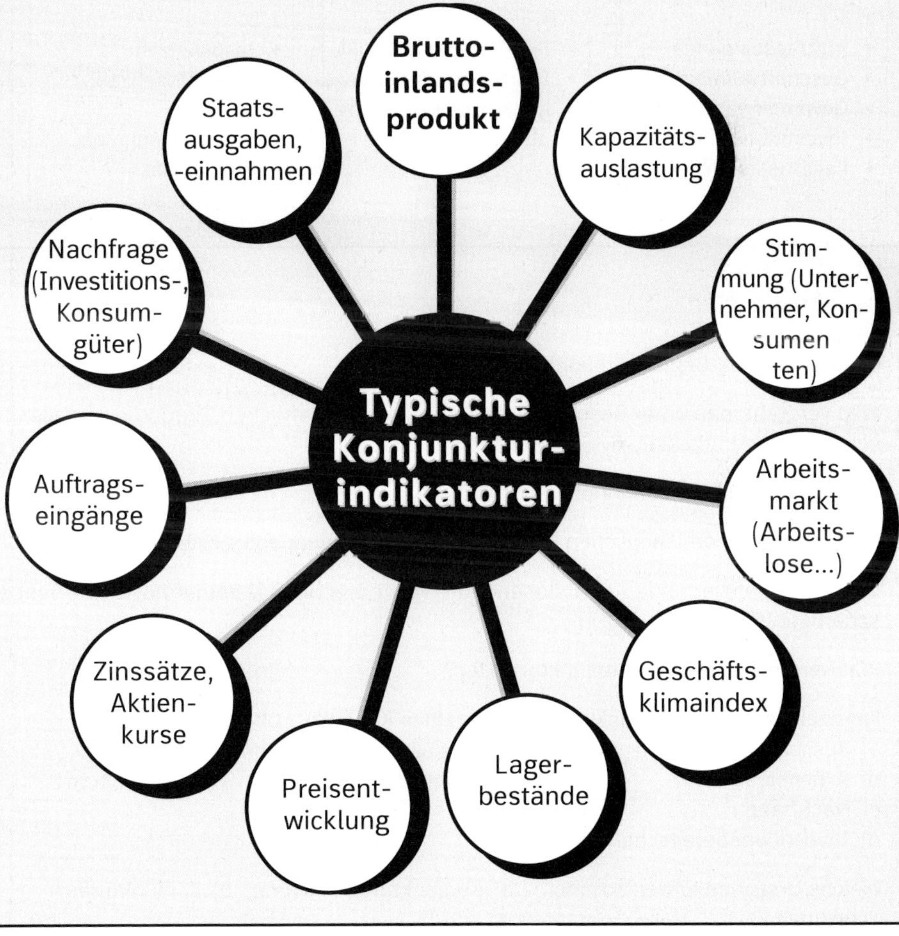

Konjunkturindikatoren nach der Zeit

Frühindikatoren (vorlaufende)
=
Sie beschreiben, wie sich die Konjunktur in der Zukunft entwickeln kann.

z. B.
- Auftragseingänge
- Geschäftsklimaindex
- Gewinnerwartungen
- Investitionsabsichten
- Lagerbestände

Gegenwartsindikatoren (Präsensindikatoren) (mitlaufende)
=
Sie beschreiben den aktuellen Konjunkturverlauf.

z. B.
- Bruttoinlandsprodukt
- Industrieproduktion
- Kapazitätsauslastung
- offene Stellen

Spätindikatoren (nachlaufende)
=
Sie beschreiben die Auswirkungen des Konjunkturverlaufs.

z. B.
- Insolvenzen
- Arbeitslosenzahl, -quote
- Steuereinnahmen des Staates
- Preisniveau

1.3 Aufgaben

1. Erklären Sie den Begriff „Konjunktur“.
2. Was versteht man unter Beschäftigung im volkswirtschaftlichen Sinn? Wie wird sie üblicherweise gemessen?
3. Wie wird die Arbeitslosenquote ermittelt?
4. Erklären Sie die drei möglichen Beschäftigungslagen einer Volkswirtschaft.
5. Warum signalisiert eine Arbeitslosenquote von 1,5 % bis 2 % immer noch eine vollbeschäftigte Wirtschaft?
6. Was versteht man unter Konjunkturzyklen?
7. Kennzeichnen Sie stichpunktartig die einzelnen Konjunkturphasen hinsichtlich:
   a) Beschäftigungsstand
   b) Arbeitslosenzahl
   c) Nachfrage
   d) Investitionsbereitschaft
   e) „Stimmung“ der Marktteilnehmer
   f) Preissteigerungsrate
   g) Löhne
   h) Zinsen
   i) Gewinne
   j) Wachstum
8. Welche Ursachen führen zu einem a) Konjunkturabschwung, b) Konjunkturaufschwung?

9. Zeigen Sie den Konjunkturzyklus anhand einer Skizze.

10. Nennen Sie mögliche negative Auswirkungen der Hochkonjunktur.

11. a) Definieren Sie den Begriff „Konjunkturindikatoren“.
    b) Nennen Sie fünf Konjunkturindikatoren.

12. Warum ist das reale Bruttosozialprodukt (Bruttoinlandsprodukt) zur Messung des Wirtschaftswachstums besser geeignet als das nominale Bruttosozialprodukt (Bruttoinlandsprodukt)?

13. Unterscheiden Sie saisonale und konjunkturelle Schwankungen.

14. Welche Konjunkturphase ist in folgenden Situationen anzunehmen?
    a) hohe Preissteigerungsraten
    b) hohe Arbeitslosenquote
    c) stark steigendes Sozialprodukt
    d) sinkende Arbeitslosigkeit
    e) pessimistische Zukunftserwartungen
    f) stark steigende Löhne
    g) stark steigende Zinsen

15. Erklären Sie die Begriffe saisonale, strukturelle, konjunkturelle, friktionelle Arbeitslosigkeit.

16. Wie beeinflusst eine Rezessionsphase die Staatskasse?

17. Ein Auszubildender legt Ihnen ein Informationsblatt (**Anlage**) vor, das er teilweise nicht versteht.
    a) Sie erläutern der Gruppe den Begriff „Konjunktur“ und beschreiben den für die Messung der Wirtschaftslage wichtigsten Indikator.
    b) Sie skizzieren den Konjunkturverlauf und legen besonderen Wert auf eine vollständige Beschriftung Ihrer Skizze.
    c) Die Auszubildenden sind sich nicht einig, in welcher Konjunkturlage sich Deutschland gegenwärtig befindet. Sie beschreiben anhand von zwei Merkmalen die derzeitige Konjunkturphase.

Anlage

Informationsblatt

- schwächelnde Konjunktur
- geringe Investitionstätigkeit der Unternehmen
- geringes Wirtschaftswachstum
- hohe Inflation

Restriktive Geldpolitik der EZB, d. h., die Leitzinsen werden erhöht. Der maßgebliche Zinssatz liegt bei 3,75.%

Leitzins der EZB – Entwicklung bis 2024

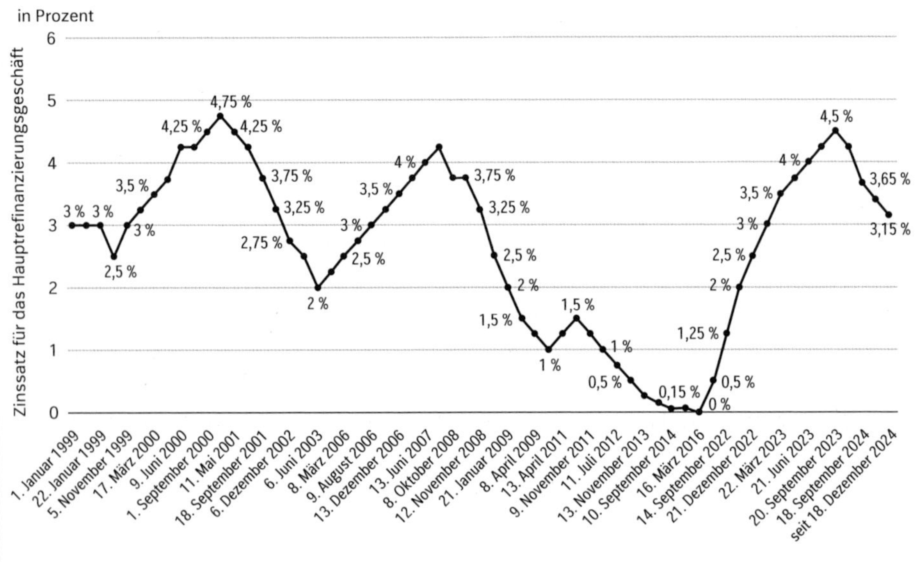

Quelle: eigene Darstellung, Zahlen gemäß Deutsche Bundesbank: EZB Zinssätze. In: www.bundesbank.de/de/statistiken/geld-und-kapitalmaerkte/zinssaetze-und-renditen/ezb-zinssaetze-607806 [25.01.2025].

1.4 Konjunkturpolitische Maßnahmen

1.4.1 Möglichkeiten der staatlichen Konjunkturpolitik (= Fiskalpolitik)

Stofftelegramm

Maßnahmen zur Bekämpfung der Unterbeschäftigung (Arbeitslosigkeit)	Maßnahmen zur Bekämpfung der Überbeschäftigung (Inflation)
Ausgabenpolitik: Ausgaben erhöhen! • Staatsnachfrage erhöhen • Subventionen erhöhen • Konjunkturausgleichsrücklage auflösen	**Ausgabenpolitik:** Ausgaben senken! • Staatsnachfrage senken • Subventionen senken • Konjunkturausgleichsrücklage bilden
Einnahmenpolitik: Einnahmen senken! • Steuern senken • Abschreibungsvergünstigungen • Kreditaufnahmen zur Finanzierung der Ausgaben („Deficit-Spending“)	**Einnahmenpolitik:** Einnahmen erhöhen! • Steuern erhöhen • Abschreibungsvergünstigungen streichen • Kreditaufnahmen senken

Antizyklische Finanzpolitik: Dem Konjunkturverlauf entgegengesetzte Fiskalpolitik:

- Hochkonjunktur: Ausgaben senken!
- Rezession: Ausgaben erhöhen!

Ordnungspolitik: v. a. Wettbewerbspolitik (Erhaltung oder Schaffung von Institutionen, die Wettbewerb ermöglichen und fördern)
Beispiel: *Bekämpfung von Wettbewerbsbeschränkungen (Monopolen) durch das Gesetz gegen Wettbewerbsbeschränkungen*

Prozesspolitik: wirtschaftspolitische Maßnahmen zur Konjunktursteuerung

Nachfrageorientierte Wirtschaftspolitik = Fiskalismus

Kernthese:

Nachfrage = entscheidend für wirtschaftlichen Erfolg

Konsequenz bei **Rezession:**

Erhöhung der **Nachfrage** mittels Ein- und Ausgabenpolitik der Regierung (Fiskalpolitik)

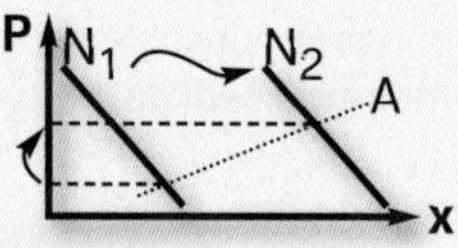

- Steuersenkungen
- Staatsnachfrage erhöhen (z. B. Baumaßnahmen des Staates)
- Abschreibungsmöglichkeiten erhöhen
- Subventionen erhöhen

Expansive Fiskalpolitk

Konsequenz bei **Boom:**

Senkung der **Nachfrage** mittels Ein- und Ausgabenpolitik der Regierung (Fiskalpolitik)

- Steuererhöhungen
- Staatsnachfrage senken (z. B. weniger staatliche Baumaßnahmen)
- Abschreibungsmöglichkeiten reduzieren
- Subventionen reduzieren

Restriktive Finanzpolitik

= antizyklische Fiskalpolitik

Erhoffte Folgen:

Einkommen steigen

→ **Nachfrage steigt**

→ Gewinne steigen

→ Investitionen steigen

→ vermehrt Einstellungen

→ Arbeitslosigkeit sinkt

→ **Konjunkturbelebung, Wachstum**

Erhoffte Folgen:

Einkommen sinken

→ **Nachfrage sinkt**

→ Gewinne sinken

→ Investitionen sinken

→ **Konjunkturdämpfung**

(Konjunkturstabilisierung)

Aufgaben

1. Was versteht man unter Fiskalpolitik?

2. Nennen Sie je drei einnahmen- und ausgabenpolitische Maßnahmen des Staates zur
   a) Bekämpfung einer Rezession,
   b) Dämpfung einer Hochkonjunktur mit hoher Inflationsrate.

3. a) Erklären Sie den Begriff „Deficit-Spending“.
   b) In welchen Konjunkturphasen ist Deficit-Spending sinnvoll?

4. a) Was versteht man unter antizyklischer Finanzpolitik?
   b) Veranschaulichen Sie den Sachverhalt in einer Skizze.

5. In welcher Konjunkturphase sollte der Staat die Einnahmen
   a) erhöhen, b) senken? Begründung.

6. In welcher Konjunkturphase ist es sinnvoll, eine Konjunkturausgleichsrücklage zu bilden? Wann sollte sie aufgelöst werden?

7. Wie wirken folgende Maßnahmen der Fiskalpolitik?
   a) Investitionszulagen
   b) Subventionssenkung
   c) Deficit-Spending
   d) Steuern senken
   e) Abschreibungserleichterungen streichen
   f) Konjunkturausgleichsrücklage bilden
   g) Staatsnachfrage senken
   h) Abschreibungsvergünstigungen gewähren

8. Inwiefern kann das Bestreben der Gewerkschaften nach einer Umverteilung der Einkommen zugunsten der Lohnquote sowohl im Boom als auch in der Rezession mit der antizyklischen Konjunkturpolitik kollidieren?

9. Vollbeschäftigung ist eines der wichtigsten Ziele der Wirtschaftspolitik. Als Indikatoren der Beschäftigungssituation verwendet man im Allgemeinen die Arbeitslosenquote und die Zahl der offenen Stellen. Warum ist bei der Interpretation dieser Zahlen Vorsicht geboten?

10. Um Vollbeschäftigung mit wirtschaftspolitischen Maßnahmen erreichen zu können, muss man die Art der Arbeitslosigkeit kennen. Zeigen Sie an einem Beispiel auf, warum eine konjunkturelle Arbeitslosigkeit den Wirtschaftspolitiker vor größere Probleme stellt als eine strukturelle.

11. Der Staat kann durch gesetzliche Maßnahmen die Investitionsbereitschaft der Unternehmen fördern.
    a) Nennen Sie mindestens zwei solcher Maßnahmen.
    b) Wie beurteilen Sie die Wirksamkeit dieser Art von Konjunkturförderung?

12. Im Februar 2025 ist die Arbeitslosenzahl geringfügig angestiegen. Die Arbeitslosenquote bleibt unverändert. Für den geringen Anstieg sind wohl saisonale Gründe verantwortlich.
    a) Erläutern Sie die oben erwähnte Art der Arbeitslosigkeit anhand eines eigenen Beispiels.
    b) Beschreiben Sie zwei negative Auswirkungen hoher Arbeitslosigkeit für den Staat.
    c) Erklären Sie zwei Maßnahmen, die der Staat ergreifen könnte, um eine bestehende konjunkturelle Arbeitslosigkeit zu verringern.
    d) Unterbreiten Sie zwei Vorschläge, wie sich Arbeitnehmer vor Arbeitslosigkeit schützen können.

1.4.2 Staatliche Wirtschaftspolitik (angebotsorientiert)

Stofftelegramm

Staatliche Wirtschaftspolitik (angebotsorientiert)

Finanzpolitik
- staatliche Unternehmen privatisieren
- Steuersenkungen
- mehr Investitionen
- Neuverschuldung minimieren

Sozialpolitik
- soziale Unterstützung abbauen
- Arbeitsanreize schaffen
- Eigenverantwortung stärken

Wettbewerbspolitik
- Handelshemmnisse abbauen
- Forschung und Entwicklung fördern
- Bürokratie abbauen
- Existenzgründungen erleichtern

Angebotsorientierte Wirtschaftspolitik

Kernthese:
Angebot = entscheidend für wirtschaftlichen Erfolg

Konsequenz bei **Rezession:**
Erhöhung des **Angebots**

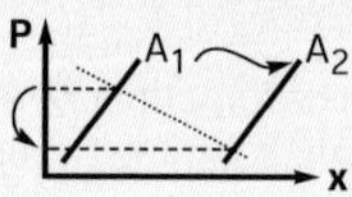

Verbesserung der Rahmenbedingungen der Unternehmen:
- Steuererleichterungen
- Senkung Lohnnebenkosten
- Abbau Bürokratismus
- Abschreibungserleichterungen

Erhoffte Folgen:

Gewinne steigen
→ **Angebot** steigt
→ Investitionen steigen
→ vermehrt Einstellungen
→ Arbeitslosigkeit sinkt
→ **Konjunkturbelebung, Wachstum**

2 Wirtschaftspolitische Ziele

2.1 Grundlagen

Stofftelegramm

Träger der Wirtschaftspolitik: Parlament + Regierung, Europäische Zentralbank, Tarifpartner, Verbände, internationale Organisationen

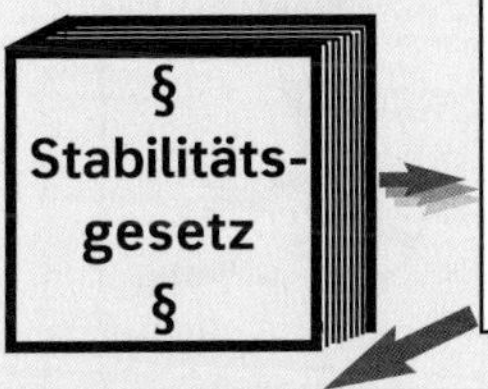

„Bund und Länder haben bei ihren wirtschafts- und finanzpolitischen Maßnahmen die Erfordernisse des gesamtwirtschaftlichen Gleichgewichts zu beachten. Die Maßnahmen sind so zu treffen, dass sie im Rahmen der marktwirtschaftlichen Ordnung gleichzeitig zur Stabilität des Preisniveaus, zu einem hohen Beschäftigungsstand und außenwirtschaftlichem Gleichgewicht bei stetigem und angemessenem Wirtschaftswachstum beitragen."

Oberziel: **gesamtwirtschaftliches Gleichgewicht**

Unterziele: **das magische Viereck**

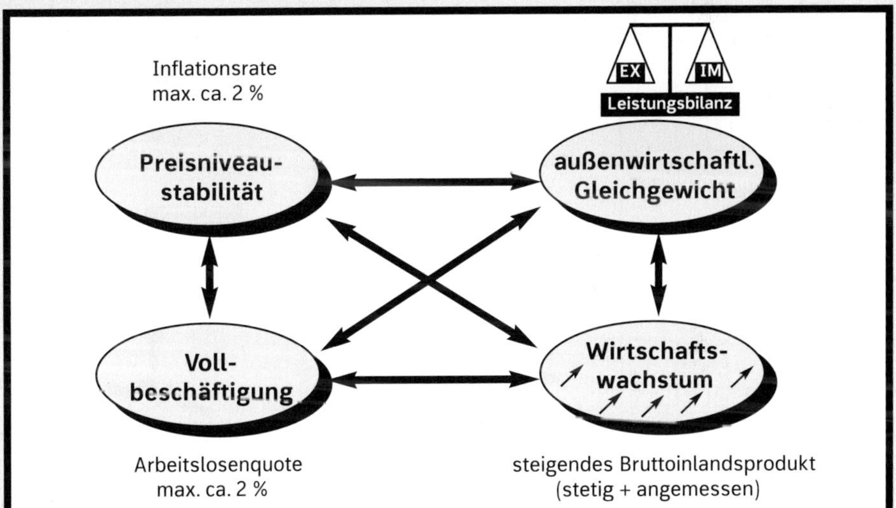

Weitere Ziele:
- **gerechte Einkommens- und Vermögensverteilung**
- **Erhaltung einer lebenswerten Umwelt**

Zielkonflikt: Das Anstreben eines Zieles beeinträchtigt das Erreichen anderer Ziele.
Zielharmonie: Das Anstreben eines Zieles fördert gleichzeitig das Erreichen anderer Ziele.
Zielindifferenz: Das Anstreben eines Zieles beeinflusst das andere Ziel in keiner Weise.

2.2 Wirtschaftspolitische Zielkonflikte

Stofftelegramm

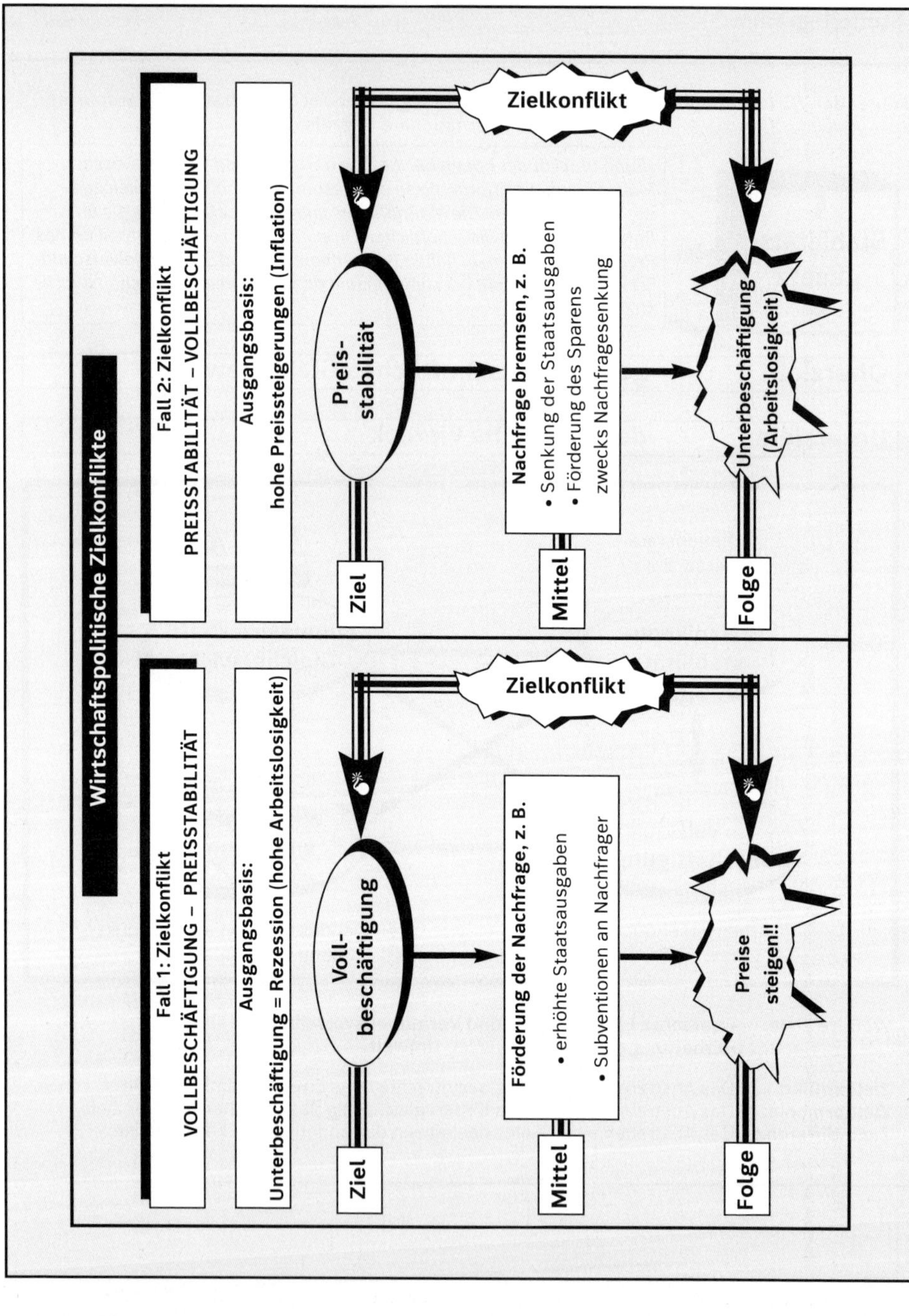

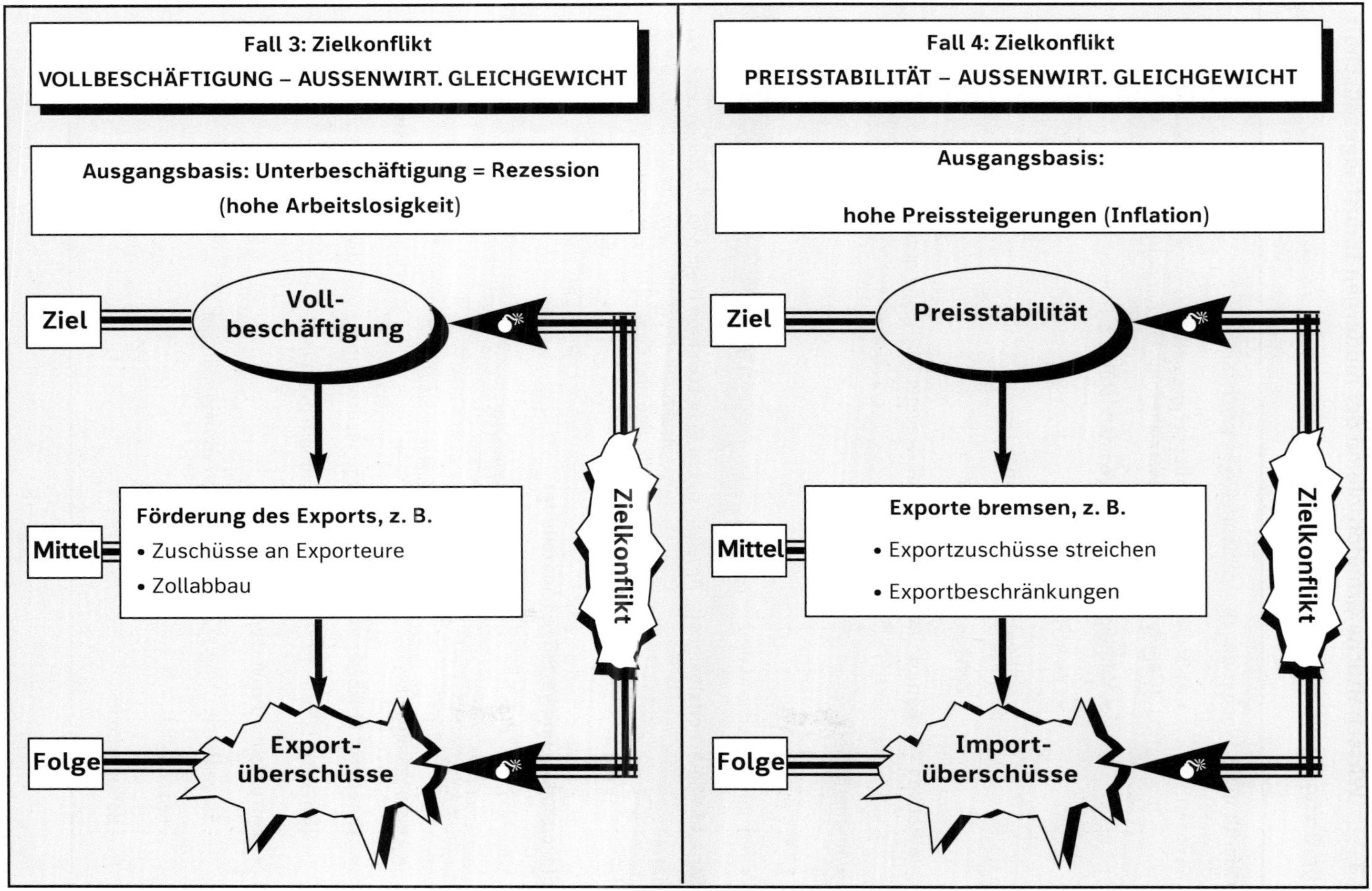
Fall 3: Zielkonflikt
VOLLBESCHÄFTIGUNG – AUSSENWIRT. GLEICHGEWICHT
Ausgangsbasis: Unterbeschäftigung = Rezession
(hohe Arbeitslosigkeit)
Ziel
Voll-
beschäftigung
Mittel
Förderung des Exports, z. B.
• Zuschüsse an Exporteure
• Zollabbau
Folge
Export-
überschüsse
Zielkonflikt
Fall 4: Zielkonflikt
PREISSTABILITÄT – AUSSENWIRT. GLEICHGEWICHT
Ausgangsbasis:
hohe Preissteigerungen (Inflation)
Ziel
Preisstabilität
Mittel
Exporte bremsen, z. B.
• Exportzuschüsse streichen
• Exportbeschränkungen
Folge
Import-
überschüsse
Zielkonflikt

2.3 Wirtschaftliche Grundprobleme der modernen Industriegesellschaft

Stofftelegramm

Quantitatives Wachstum: rein zahlenmäßiges Wachstum

Grenzen:
- Abbau von Rohstoff- und Energiequellen (Gegenmaßnahme: Einsatz alternativer Energien)
- Abfallproblematik (Gegenmaßnahme: z. B. Recycling)
- Erwerbstätigenzahl
- volkswirtschaftliche Kapazität
- Zerstörung der Umwelt

Qualitatives Wachstum: Wachstum bei gleichzeitiger Förderung qualitativer Ziele (Umwelt ...)

- Alternativenergien
- Recycling
- verkehrspolitische Maßnahmen

Strukturelle Arbeitslosigkeit: Arbeitslosigkeit in bestimmten Regionen, Branchen oder Berufen durch strukturellen Wandel (langfristige Diskrepanz zwischen Nachfrage und Kapazität einer Branche, z. B. der Landwirtschaft)

Einkommens- und Vermögensverteilung:

Ungleichheiten durch

- Leistungsfähigkeit
- Marktmacht
- Vermögensbasis (Erbe ...)

- **„Gerechte" Einkommens- und Vermögensverteilung:** subjektiv zu beantworten

  Stichworte: Leistungsfähigkeit, Unternehmerrisiko, Kinderzahl ...

- **Instrumente der Verteilungspolitik:**
  - Steuerpolitik (Progression, Erbschaft-/Vermögensteuer ...)
  - Sozialpolitik
  - Bildungspolitik

2.4 Aufgaben

1. In welchem **Gesetz** sind die von Bund und Ländern zu beachtenden grundlegenden wirtschaftspolitischen Ziele formuliert?
2. Welches **Oberziel** ist seitens des Staates bei wirtschaftspolitischen Maßnahmen zu beachten?
3. Nennen und beschreiben Sie die Ziele des **magischen Vierecks.**
4. Warum signalisiert eine Arbeitslosigkeit von 1,5 % immer noch eine vollbeschäftigte Wirtschaft?
5. Nennen Sie zwei gesetzlich nicht fixierte wirtschaftspolitische Ziele.
6. Erläutern Sie drei mögliche **Zielkonflikte.**
7. Nennen Sie fünf volkswirtschaftliche Folgen hoher **Arbeitslosigkeit.**
8. Nennen Sie Ursachen hoher **Preissteigerungsraten.**
9. Nennen Sie – abgesehen von Wechselkursänderungen – fünf Ursachen für **Exportüberschüsse.**
10. Nennen Sie vier **Grundprobleme** der modernen Industriegesellschaft.
11. Was versteht man unter quantitativem und qualitativem **Wachstum?**
12. Nennen Sie Grenzen des quantitativen Wachstums.
13. Welche Gefahren sind mit quantitativem Wachstum verbunden?
14. Welchen wirtschaftspolitischen Zielkonflikt versucht das qualitative Wachstumsziel zu beseitigen bzw. zu mildern?
15. Nennen Sie fünf Maßnahmen, die die Gefahren des **quantitativen Wachstums** mindern.
16. Wie wirken Umweltschutzmaßnahmen auf das quantitative Wachstum?
17. Nennen Sie Bereiche der Wirtschaft, in denen ein strukturelles Ungleichgewicht in der Form von Überkapazitäten vorherrscht.
18. Nennen Sie Ursachen ungleicher **Einkommens- und Vermögensverteilung.**
19. Welcher Zusammenhang besteht zwischen Einkommens- und Vermögensverteilung?
20. Wäre eine gleiche Einkommensverteilung Ihrer Ansicht nach eine gerechte Einkommensverteilung? Welche Prinzipien sollten Ihrer Ansicht nach beachtet werden?

21. Im innerbetrieblichen Unterricht werden auch die Inhalte des Stabilitätsgesetzes (StabG) behandelt. Dabei sollen Maßnehmen zur Erreichung der Ziele des Stabilitätsgesetzes diskutiert werden.

    Frau Fröhlich stellt fest, dass als Folge der Rezession das Ziel „hoher Beschäftigungsgrad" in weite Ferne gerückt ist.

    a) Erklären Sie, was man unter einer Rezession versteht.
    b) Der Beschäftigungsstand in einer Volkswirtschaft wird durch die Arbeitslosenquote ausgedrückt. Geben Sie an, wie die Arbeitslosenquote ermittelt wird und bis zu welcher Höhe man von einem „hohen Beschäftigungsgrad" spricht.
    c) Beschreiben Sie zwei Maßnahmen des Staates zur Bekämpfung der Arbeitslosigkeit.
    d) Nennen Sie die weiteren Unterziele des Stabilitätsgesetzes.
    e) Erläutern Sie an einem Beispiel Ihrer Wahl, wie wirtschaftspolitische Maßnahmen zu einem Zielkonflikt führen können.

3 Beschäftigungs- und Arbeitsmarktpolitik

3.1 Die Beschäftigung in einer Volkswirtschaft

Stofftelegramm

Beschäftigung →

- Grad der Kapazitätsauslastung einer Volkswirtschaft
- Messung insbesondere anhand der **Arbeitslosenquote**

$$\textbf{Arbeitslosenquote} = \frac{\textbf{registrierte Arbeitslose} \cdot 100}{\textbf{zivile Erwerbspersonen (zivile Erwerbstätige + registrierte Arbeitslose)}}$$

- sozialversicherungspflichtig Beschäftigte
- Auszubildende
- geringfügig Beschäftigte
- Beamte
- Selbstständige
- mithelfende Familienangehörige

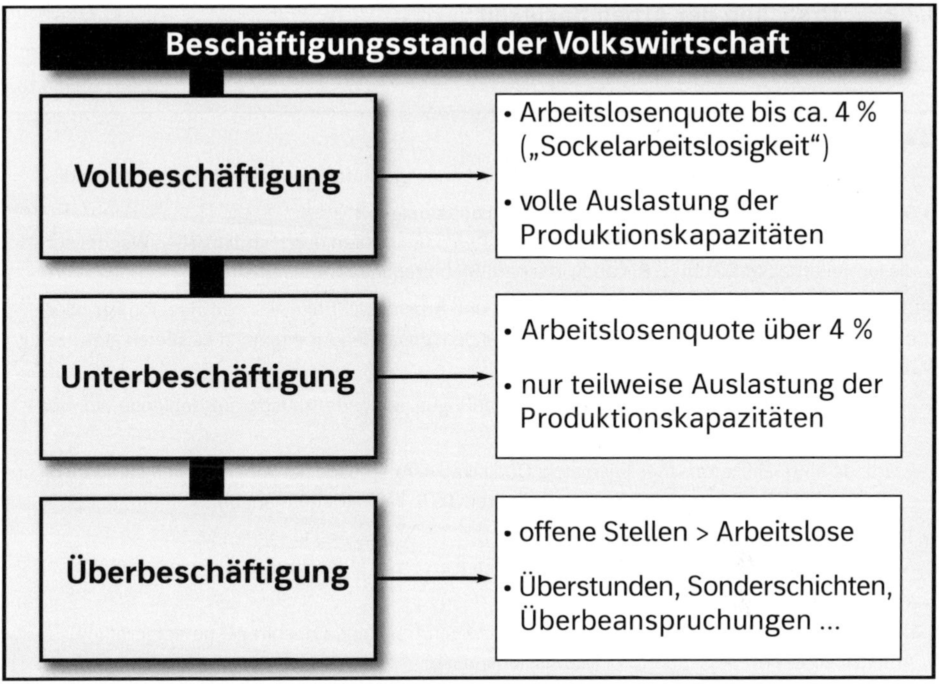

3.2 Arten und Ursachen der Arbeitslosigkeit

3.2.1 Arten der Arbeitslosigkeit

Stofftelegramm

- **Offene Arbeitslosigkeit**: alle offiziell arbeitslos gemeldeten Personen (Agentur für Arbeit)
- **Verdeckte (versteckte) Arbeitslosigkeit**:
  - Personen, die arbeitslos (nicht gemeldet) sind, aber eine Arbeit suchen (stille Reserve)
  - Personen in Arbeitsbeschaffungsmaßnahmen (ABM)
  - Personen in Qualifizierungsmaßnahmen zur Verbesserung der Chancen auf Arbeit
  - Personen in Vorruhestand
  - Personen in Kurzarbeit

3.2.2 Ursachen der Arbeitslosigkeit

Stofftelegramm

- **Saisonale Arbeitslosigkeit:**
  Folge saisonaler Produktionsschwankungen (z. B. Landwirtschaft, Bauwirtschaft); kaum bekämpfbar
- **Strukturelle Arbeitslosigkeit (= „Mismatch-Arbeitslosigkeit"):**
  Arbeitslosigkeit in bestimmten Regionen, Branchen oder Berufen durch strukturellen Wandel auf diesen Teilarbeitsmärkten (z. B. Landwirtschaft, Stahlbranche, Uhrenindustrie)

  „Mismatch-Arbeitslosigkeit": Arbeitsangebot und Arbeitsnachfrage weichen in regionaler oder qualifikatorischer Hinsicht voneinander ab → auf dem gesamten Arbeitsmarkt existieren gleichzeitig Arbeitslosigkeit und offene Stellen.
  - Gründe für regionales Mismatch: familiäre Bindungen, fehlende Transparenz, fehlende Wohnungen, unterschiedliche Schulsysteme
  - Gründe für qualifikatorisches Mismatch: Qualifikative Ansprüche der Arbeitsstellen stimmen nicht mit den Qualifikationen der Arbeitslosen überein (z. B. Facharbeitermangel).
- **Technologische Arbeitslosigkeit:**
  Arbeitslosigkeit durch Rationalisierung (Maschinen ersetzen Menschen)
- **Konjunkturelle Arbeitslosigkeit:**
  durch gesamtwirtschaftlichen Beschäftigungsrückgang (sinkende Nachfrage) hervorgerufene Arbeitslosigkeit (Rezessions- bzw. Depressionsphase)
- **Friktionelle Arbeitslosigkeit:**
  Sie tritt auf, wenn Arbeitskräfte kündigen bzw. entlassen werden und kurzfristig bis zum Antritt der neuen Stelle nicht beschäftigt sind („Sucharbeitslosigkeit" bzw. „Fluktuationsarbeitslosigkeit"). Ebenso wie die saisonale Arbeitslosigkeit zählt sie zur sog. **„Sockelarbeitslosigkeit"**, die auch in Zeiten guter Konjunktur nicht unterschritten werden kann.

3.3 Bekämpfung und Probleme der Arbeitslosigkeit

Stofftelegramm

Bekämpfung der Arbeitslosigkeit (Arbeitsmarktpolitik):
- Möglichkeiten für Arbeitslose schaffen, sich selbstständig zu machen (Existenzgründungszuschüsse)
- Personal-Service-Agenturen errichten, die Arbeitslose in Zeitarbeit beschäftigen
- Arbeitszeitverkürzungen
- Senkung der Arbeitskosten
- Maßnahmen zur Steigerung der Nachfrage (Lohn-, Gehaltserhöhungen, Steuersenkungen ...)
- staatliche Beschäftigungsprogramme (Straßenbau ...)
- Investitionszulagen an Unternehmen
- Senkung der Unternehmenssteuern
- Verhinderung der Abwanderung deutscher Unternehmen ins Ausland
- Förderung der Berufsbildung

Probleme der Arbeitslosigkeit:	• materielle, psychische, soziale Probleme • Probleme der Finanzierung (Arbeitslosengelder)
Lohnpolitik der Tarifparteien:	• **Expansive Lohnpolitik:** Gewerkschaften fordern Lohnerhöhungen, die über der Erhöhung der Arbeitsproduktivität + Inflationsrate liegen. • **Produktivitätsorientierte Lohnpolitik:** Gewerkschaften fordern Lohnerhöhungen entsprechend dem Anstieg der Arbeitsproduktivität.

3.4 Aufgaben

1. Was versteht man unter Beschäftigung im volkswirtschaftlichen Sinn? Wie wird sie üblicherweise gemessen?
2. Wie wird die Arbeitslosenquote ermittelt?
3. Erklären Sie die drei möglichen Beschäftigungslagen einer Volkswirtschaft.
4. Warum signalisiert eine Arbeitslosenquote von 1,5 % bis 2 % immer noch eine vollbeschäftigte Wirtschaft?
5. Erklären Sie die fünf Arten der Arbeitslosigkeit.
6. Wie kann die Arbeitslosigkeit bekämpft werden?
7. Der Geschäftsführer der „Mode im Quadrat GmbH" in Mannheim ist der Meinung, dass die Auszubildenden auch gesamtwirtschaftliche Zusammenhänge und deren Auswirkungen auf den Einzelhandel kennenlernen sollen.

   Sie sind Ausbilder/Ausbilderin bei „Mode im Quadrat GmbH" und erhalten den Auftrag, im Rahmen einer Schulung mit den Auszubildenden Aspekte der Gesamtwirtschaft zu thematisieren.

   Gemeinsam mit den Auszubildenden lesen Sie einen Artikel (**Anlage**) und sprechen zunächst über Arbeitslosigkeit.
   a) Sie erklären, wie die Arbeitslosenquote berechnet wird, und berechnen anhand der im Text genannten Zahlen die Zahl der Erwerbspersonen.
   b) Sie erklären den Auszubildenden jeweils zwei Auswirkungen einer hohen Arbeitslosenquote auf den Staat und die Unternehmen.
   c) Sie erläutern vier Maßnahmen, mit denen der Staat versucht, die Arbeitslosigkeit zu bekämpfen.
   d) Während der Schulung diskutieren Sie mit den Auszubildenden Auswirkungen der Arbeitslosigkeit auf einen Langzeitarbeitslosen. Sie notieren zwei Auswirkungen mit Begründung.

Anlage

Starker Rückgang der Arbeitslosenzahl

3,568 Millionen Arbeitslose sind registriert, das sind 75.000 weniger als im Vormonat und 18.000 weniger als vor einem Jahr. Die Arbeitslosenquote beträgt nun 8,5 %.

8. Der Beitrag der einzelnen Sektoren zur Wirtschaftsleistung hat sich im Laufe der Zeit stark gewandelt. Dies zeigt sich auch in den Veränderungen der Beschäftigungszahlen. Folgende Tabelle zeigt, wie viel Prozent der Erwerbstätigen in den verschiedenen Wirtschaftsbereichen 1991 und 2024 arbeiteten:

	1991	2024
Dienstleistungen	60 %	75,5 %
Industrie	29 %	17,3 %
Bau	7 %	6,0 %
Landwirtschaft	4 %	1,2 %

a) Beschreiben Sie den oben dargestellten Wandel in der Arbeitswelt.
b) Erläutern Sie zwei mögliche Ursachen für diese Veränderungen.
c) Beurteilen Sie vor dem Hintergrund dieser Entwicklung die zukünftigen Beschäftigungschancen in der Branche Ihres Ausbildungsbetriebes.
d) Eine negative Begleiterscheinung dieses Wandels ist die strukturelle Arbeitslosigkeit. Wie können Sie selbst strukturell bedingter Arbeitslosigkeit vorbeugen? Führen Sie zwei Möglichkeiten an.

4 Der Wert des Geldes und seine Messung

4.1 Preisniveau und Kaufkraft

Stofftelegramm

Tauschwert des Geldes

Kaufkraft(KK)	**Preisniveau (P)**
Wie viele Güter kann man für eine Geldeinh. kaufen?	Wie hoch ist der Preis für ein Gut?

Merke: Mit steigendem Preis sinkt die Kaufkraft und umgekehrt (reziprokes Verhältnis).

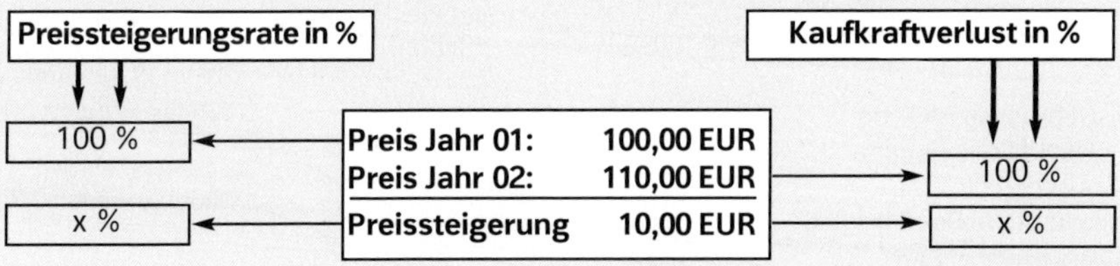

Messung der Geldwertschwankungen (Preis- und Kaufkraftänderungen) mittels

Preisindex für die Lebenshaltung aller privaten Haushalte (Lebenshaltungskostenindex)

Lösung von oben:

Rechnung:

100 % = 100,00 EUR
x % = 10,00 EUR
x % = 10 % Preisniveausteigerung

100 % = 110,00 EUR
x % = 10,00 EUR
x % = 0,9 % Kaufkraftverlust

Aufgaben

1. Der Preis für ein Gut beträgt im Jahr 01 1.000,00 EUR, im Jahr 06 1.200,00 EUR.
   a) Wie hoch ist die durchschnittliche Preissteigerungsrate pro Jahr?
   b) Wie verändert sich die Kaufkraft?
2. Der Preis für ein Gut beträgt im Jahr 01 1.000,00 EUR, im Jahr 03 800,00 EUR.
   a) Wie hoch ist die durchschnittliche Preissteigerungsrate pro Jahr?
   b) Wie verändert sich die Kaufkraft?

4.2 Entstehung des Verbraucherpreisindex

Stofftelegramm

- Ermittlung durch Statistisches Bundesamt
- Lebenshaltungskostenindex zeigt, wie sich das Preisniveau für das von einem durchschnittlichen Haushalt gekaufte Gütersortiment (= **Warenkorb** mit ca. 650 Gütern) im Zeitablauf entwickelt. Ansatz des Kaufpreises des Warenkorbs in einem bestimmten Jahr (**Basisjahr**) mit 100 Punkten (%), Fortschreibung in den Folgejahren.
- Aktuelles Basisjahr: 2020 = 100
- Gewichtung der Güter und Dienstleistungen im Warenkorb (Wägungsschema; Stand: 2023)

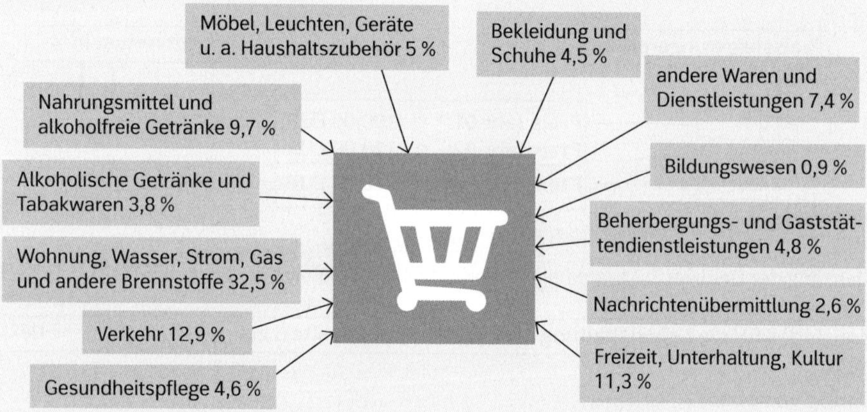

Der **harmonisierte Verbraucherpreisindex (HVPI)** ist ein Maßstab für die Wirtschaftspolitik, für die Unternehmen und das Verhalten der privaten Haushalte, z. B. bei Tarifverhandlungen.

Beispiel: ***Preisindex und Inflationsrate***

Jahr	Preis des Warenkorbes in Euro	Preisindex (100 = Basis Jahr 01)	Inflationsrate (in % ggü. Basisjahr)	Inflationsrate (in % ggü. Vorjahr)
01	2.030,00	100,00	–	–
02	2.056,39	101,30	1,30	1,30
03	2.110,54	103,97	① 3,97	❷ 2,64
04	2.183,67	107,57	7,57	3,46
05	2.200,20	108,38	8,38	0,76
06	2.268,35	111,74	11,74	3,10

① Preisindex Jahr 03 – Preisindex Basisjahr = Inflationsrate ggü. Basisjahr
103,97 – 100 = 3,97 %

❷ Preisindex Jahr 03 – Preisindex Jahr 02 = Inflationsrate ggü. Vorjahr
103,97 – 101,30 = 2,67 Prozentpunkte

<u>**Berechnung der Inflationsrate:**</u> 101,30 = 100 %
2,67 = x %, x = 2,64 %

4.3 Ursachen von Inflation (Preisniveausteigerungen)

Stofftelegramm

Ursachen für Inflation

monetäre Ursachen

Überversorgung der Wirtschaft mit Geld
- übermäßige Kredite an die öffentlichen Haushalte
- übermäßige Kredite an die private Wirtschaft

nicht monetäre Ursachen

Von der Angebotsseite her:
- Kosteninflation durch z. B. höhere Löhne, steigende Energiekosten
- Gewinninflation

Von der Nachfrageseite her:
- Konsuminflation: Nachfrager sparen weniger.
- Investitionsinflation: Unternehmen investieren mehr.
- importierte Inflation durch z. B. erhöhte Exportüberschüsse

4.4 Auswirkungen von Inflation

Stofftelegramm

Auswirkungen von Inflation auf:

1. Löhne/Gehälter: Arbeitnehmer können sich von ihrem Einkommen weniger leisten.

- Preise der Lebensmittel steigen
- Mieten steigen
- Energiekosten steigen usw.

} = Kaufkraftverlust

Die Lohn-Preis-Spirale

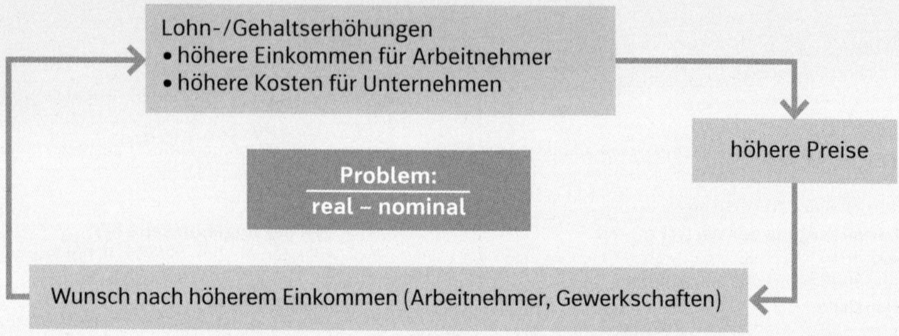

Nominallohn: dem Arbeitnehmer für Güterkäufe zur Verfügung stehender Nettolohn

Reallohn: die Menge an Gütern, die sich der Arbeitnehmer tatsächlich kaufen kann
→ Nominallohn – Preissteigerung = Reallohn

Beispiel:

Basisjahr 2020	*Nominal 2024*	*Real 2024*
100	*110,2*	*103,4*

2. Schulden

Schulden unterliegen dem Nominalwertprinzip, d. h., der geschuldete Betrag bleibt auch bei Inflation der Betrag, der zurückgezahlt werden muss.
→ Schuldner profitieren durch Inflation.

3. Ersparnisse

Ersparnisse wachsen durch Zinsen. Liegen diese unter der Inflationsrate, nehmen Geldvermögen **real** ab. → Sparer sind die Verlierer.

4. Sachwerte

Sachvermögen sind von Inflation kaum betroffen, da diese Vermögen durch Wertsteigerungen wachsen und diese meist über der Inflation liegen. Die Nachfrage nach Sachwerten steigt, deren Preise steigen somit auch.

4.5 Inflation und Deflation (Geldwertschwankungen)

Stofftelegramm

Inflation

= anhaltendes Steigen des Preisniveaus = Geldentwertung

Ursachen	**Wirkungen**
• Nachfrageinflation	• sinkende Kaufkraft
• sinkendes Angebot	• Schuldner begünstigt
• Kosteninflation	• Gläubiger benachteiligt
• Lohn-Preis-Spirale	• Eigentümer von Sachvermögen erhalten ihren Vermögenswert im Gegensatz zu Geldeigentümern: Flucht in Sachwerte
• zunehmende Konzentration	• Evtl. **Stagflation** (= Inflation bei Stagnation): evtl. Arbeitslosigkeit bei steigenden Preisen
• Gewinninflation (Monopole, Oligopole erhöhen die Preise)	• sinkendes Vertrauen in die Währung
• übermäßige Geldschöpfung der Kreditbanken und der Zentralbank	

Deflation

= anhaltendes Sinken des Preisniveaus = steigende Kaufkraft

Ursachen	**Wirkungen**
• Kürzungen der Staatsausgaben (Nachfr. sinkt)	• Schuldner benachteiligt
• pessimistische Zukunftserwartungen:	• Gläubiger begünstigt
– geringe Nachfrage, hohes Sparen	• Flucht in die Geldwerte
– geringe Investitionsneigung	• Betriebsstilllegungen, Kurzarbeit, Arbeitslosigkeit wegen sinkender Nachfrage
	• sinkende Steuereinnahmen

Kriterien einer starken Deflationsgefahr

- zu hoher **Wechselkurs**
- fallende Preise für **Immobilien**
- fallende **Aktienkurse**
- kollabierende **Konsumentennachfrage**
- sinkende **Kreditvergaben**
- restriktive Geldpolitik der **EZB**
- strenge **Fiskalpolitik**

Mögliche Folgen der Deflation

- Verbraucher verschieben Anschaffungen auf später. (Hoffnung, Waren später noch günstiger zu bekommen)
- Gefährliche Abwärtsspirale wird in Gang gesetzt.
- Absätze und Gewinne der Unternehmen sinken.
- Investitionen werden zurückgestellt.
- Löhne werden gekürzt bzw. Mitarbeitende entlassen. Folge: Verbrauch sinkt noch stärker.
- Möglicher Teufelskreis: Deflation nährt Rezession.

4.6 Aufgaben

1. a) Unterscheiden Sie die Begriffe „Kaufkraft" und „Preisniveau".
   b) Wie verhalten sich Kaufkraft und Preisniveau zueinander?
2. Auf welche beiden grundsätzlichen Arten können Geldwertschwankungen berechnet werden?
3. Preis Jahr 01: 100,00 EUR — a) Preissteigerungsrate?
   Preis Jahr 02: 110,00 EUR — b) Kaufkraftverlust?
4. Preissteigerungsrate 8 %. Kaufkraftverlust?
5. Kaufkraftverlust: 6 %. Preissteigerungsrate?
6. Nennen Sie vier Bereiche, für die ein Preisindex berechnet wird.
7. Erklären Sie die Begriffe „Warenkorb" und „Basisjahr".
8. Was kann der Verbraucher aus dem Preisindex für die Lebenshaltung der Haushalte ablesen?
9. Warum müssen Warenkörbe regelmäßig „reformiert" werden?
10. Ergänzen Sie die Tabelle (Aufrundung auf eine Kommastelle).

	Jahr 01	Jahr 02	Jahr 03	Jahr 04
Kosten für Warenkorb in Euro	2.000,00	2.040,00	2.101,00	2.206,00
Prozentuale Preissteigerung im Vergleich zum jeweiligen Vorjahr	–	a)	b)	c) ....
Preisindex: Basisjahr 01	d)	e)	f)	g) ....

11. Unterscheiden Sie die Begriffe „Nominallohn" und „Reallohn".
12. Wie hat sich in folgenden Fällen das Preisniveau entwickelt?
    a) Nominallohnsteigerung: 8 %; Reallohnsteigerung: 5 %
    b) Nominallohnsteigerung: 3 %; Reallohnsteigerung: 4 %
    c) Nominal- und Reallohnsteigerung je 4 %

13. Ermitteln Sie die Preisindizes bei folgenden Preissteigerungsraten (Basisjahr 01):

Jahr	01	02	03	04	05	06
Preissteigerungsrate	1,2 %	2,6 %	3,0 %	3,0 %	4,2 %	3,2 %

14. Nennen Sie die Faktoren, die den Geldwert beeinflussen können.

15. Für ein bestimmtes Jahr wurde in Deutschland eine Inflationsrate von 4,5 % vorausgesagt. Daher schlugen zu Jahresbeginn namhafte Wirtschaftswissenschaftler vor, für ein Jahr eine Lohnerhöhung auszusetzen.

    a) Nehmen Sie an, die Tarifpartner konnten sich auf eine solche Lohnpause einigen. Welche Auswirkungen hätte ein solcher Beschluss in der oben beschriebenen Situation auf den Reallohn? Begründung.

    b) Das Statistische Bundesamt ermittelt den jährlichen Preisindex für die Lebenshaltungskosten.

       ba) Warum werden bei dieser Preisindexermittlung nicht alle Preise einer Volkswirtschaft addiert und durch ihre Anzahl dividiert?

       bb) Wie ist es zu erklären, dass bei real steigenden verfügbaren Einkommen die Ausgaben eines Haushalts für Nahrungsmittel von 33,3 % des Einkommens im Jahre 10 auf 26,7 % des Einkommens im Jahre 16 gesunken sind?

       bc) Wie haben sich Preisniveau und Kaufkraft vom Jahr 12 bis 13 prozentual bei einem Lebenshaltungskostenindex von 106,5 im Jahre 12 und 110,9 im Jahre 13 verändert?

    c) Mit der vorgeschlagenen Lohnpause sollte nach Meinung der Wissenschaftler die lohnkostenbedingte Inflation eingedämmt werden. Nennen Sie zwei weitere Ursachen einer Geldentwertung und erklären Sie, wie sich daraus die jeweilige Inflation ergibt.

16. Was versteht man unter Inflation?

17. Nennen Sie mögliche Ursachen einer Inflation.

18. Erklären Sie den Begriff „importierte Inflation“.

19. Erklären Sie den Begriff „Lohn-Preis-Spirale“.

20. Welche Auswirkungen hat die Inflation?

21. a) Was versteht man unter Stagflation?

    b) Warum ist die Stagflation wirtschaftspolitisch schwer zu bekämpfen?

22. Erklären Sie die Begriffe „offene Inflation“ und „verdeckte Inflation“.

23. Unterscheiden Sie schleichende und galoppierende Inflation.

24. Was versteht man unter Deflation?

25. Nennen Sie mögliche Ursachen einer Deflation.

26. Welche Auswirkungen hat die Deflation?

27. a) Wie würden Sie die Geldwertschwankungen in der Bundesrepublik bezeichnen?

    b) Woher rühren Ihrer Ansicht nach diese Schwankungen?

5 Geldtheorie und Geldpolitik

5.1 Das Europäische System der Zentralbanken (ESZB)

Stofftelegramm

Stellung der EZB (Errichtung: 1998)

- ESZB = EZB + nationale Zentralbanken (NZB) der Mitglieder der Europäischen Wirtschafts- und Währungsunion (EWWU = „Euroland")

→ Föderalismus! Vergleichbar mit Deutscher Bundesbank und deren neun Hauptverwaltungen in Bundesländern

- Sitz der EZB in **Frankfurt/Main**
- EZB am **Modell der Deutschen Bundesbank** orientiert
- **unabhängig** (autonome Stellung) von Regierungen und EU-Organen
- keine Finanzierung staatlicher Ausgaben

Organe der EZB

- **Europäischer Zentralbankrat (Rat der EZB)** = oberstes Entscheidungsgremium, das i. d. R. zweimal im Monat zusammentritt

  Aufgaben: Leitlinien und Entscheidungen zur Festlegung der Geldpolitik erlassen (u. a.: geldpolitische Ziele und Höhe der Leitzinsen festlegen)

- **Direktorium:**
  - Leitung und Verwaltung der EZB
  - Vorbereitung der Sitzungen des EZB-Rats
  - Durchführung der Geldpolitik des Euroraums gemäß den Leitlinien und Entscheidungen des EZB-Rats, wobei es hierzu den nationalen Zentralbanken des Euroraums die notwendigen Weisungen erteilt
  - Führung der laufenden Geschäfte der EZB
- **ZB-Präsidenten aller Euroländer** **– Vgl. Übersicht nächste Seite –**

EU-Staaten, die bislang NICHT an der Währungsunion teilnehmen

↓ **Schweden** | **Dänemark** | **Bulgarien** | **Ungarn** | **Polen** | **Tschechien** | **Rumänien**

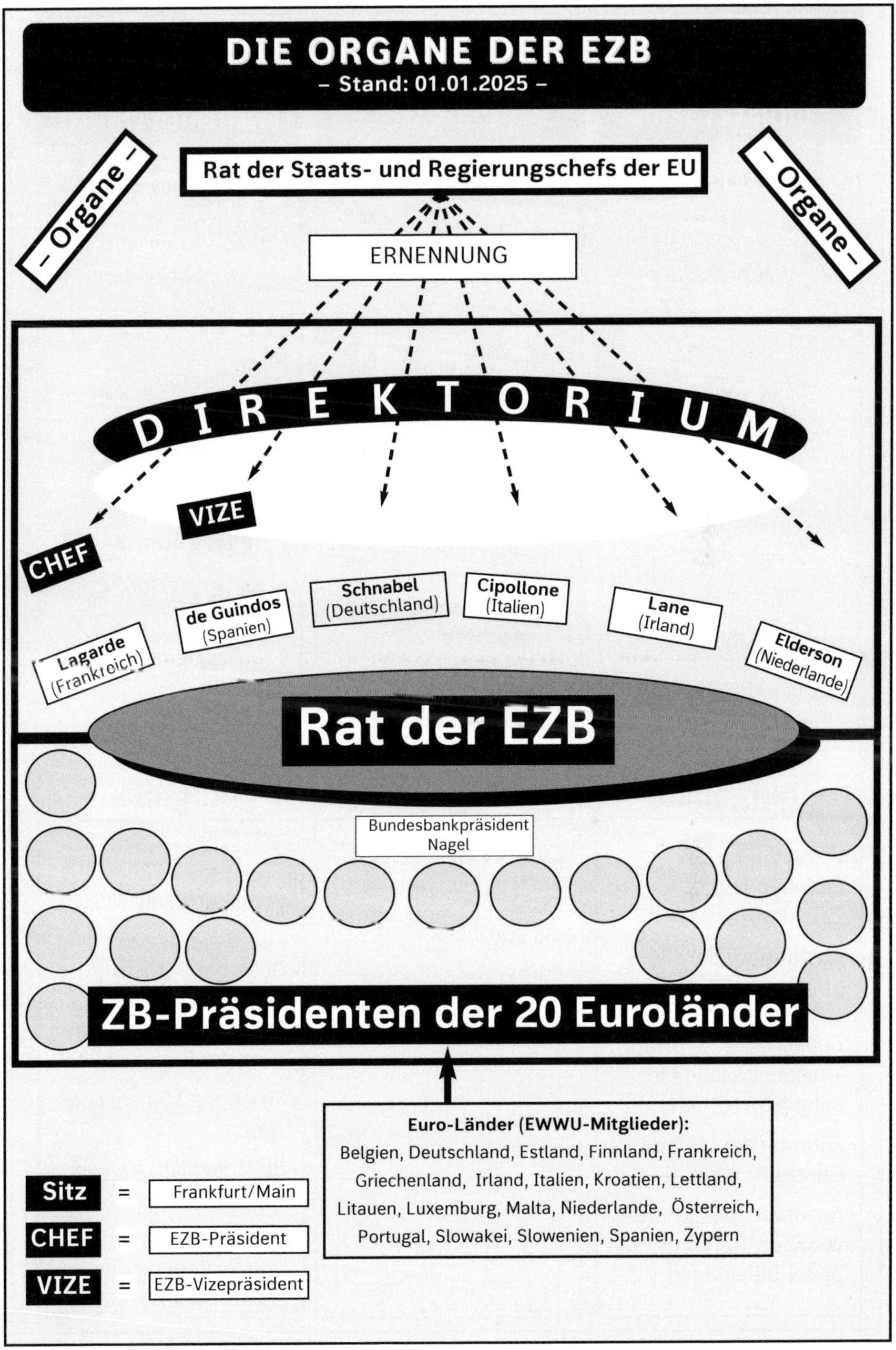
DIE ORGANE DER EZB
– Stand: 01.01.2025 –
– Organe –
Rat der Staats- und Regierungschefs der EU
– Organe –
ERNENNUNG
DIREKTORIUM
VIZE
CHEF
Schnabel (Deutschland)
Cipollone (Italien)
de Guindos (Spanien)
Lane (Irland)
Lagarde (Frankreich)
Elderson (Niederlande)
Rat der EZB
Bundesbankpräsident Nagel
ZB-Präsidenten der 20 Euroländer
Euro-Länder (EWWU-Mitglieder):
Belgien, Deutschland, Estland, Finnland, Frankreich, Griechenland, Irland, Italien, Kroatien, Lettland, Litauen, Luxemburg, Malta, Niederlande, Österreich, Portugal, Slowakei, Slowenien, Spanien, Zypern
Sitz = Frankfurt/Main
CHEF = EZB-Präsident
VIZE = EZB-Vizepräsident

DIE BESCHLUSSORGANE DER EZB

EZB-DIREKTORIUM

Präsident

Vizepräsident

vier weitere Mitglieder

Aufgaben

- Vorbereitung der Sitzungen des EZB-Rats
- Ausführung der Geldpolitik gemäß den Leitlinien und Entscheidungen des EZB-Rats + hierzu Weisungserteilung an NZBen
- Führung der laufenden Geschäfte der EZB
- Ausübung bestimmter, vom EZB-Rat übertragener Befugnisse

EZB-RAT

Präsident

Vizepräsident

vier weitere Mitglieder des Direktoriums

Präsidenten der NZBen des **Euro-Währungsgebiets** (20)

Aufgaben

- Erlässt Leitlinien und Entscheidungen, die notwendig sind, um die Erfüllung der dem Eurosystem übertragenen Aufgaben zu gewährleisten.
- Festlegung der Geldpolitik

ERWEITERTER EZB-RAT

Präsident

Vizepräsident

Präsidenten der NZBen **aller EU-Mitgliedsstaaten** (27)

Aufgaben

Auflösung des Erweiterten EZB-Rats, wenn alle EU-Länder den Euro eingeführt haben; keine Verantwortung für geldpolitische Entscheidungen

Mitwirkung bei:

- Koordinierung der Geldpolitik „Nicht-Euro-EU-Staaten“ + EZB zwecks Aufrechterhaltung der Preisstabilität
- Erhebung statistischer Daten
- Berichtstätigkeiten der EZB
- Vorarbeit für Wechselkursfestlegung der „Nicht-Euro-EU-Staaten“

QUANTITATIVE EZB-DEFINITION VON PREISSTABILITÄT

Vorrangiges Ziel (vorrangige Aufgabe) der EZB: Gewährleistung der **Preisstabilität**

Definition der Preisstabilität durch die EZB:

Mittelfristiges Ziel des EZB-Rates beim Streben nach Preisstabilität:

Preissteigerungsrate unter, aber nahe der 2 %-Marke

zur Vermeidung von **Inflationsrisiken**

zur Vermeidung von **Deflationsrisiken**

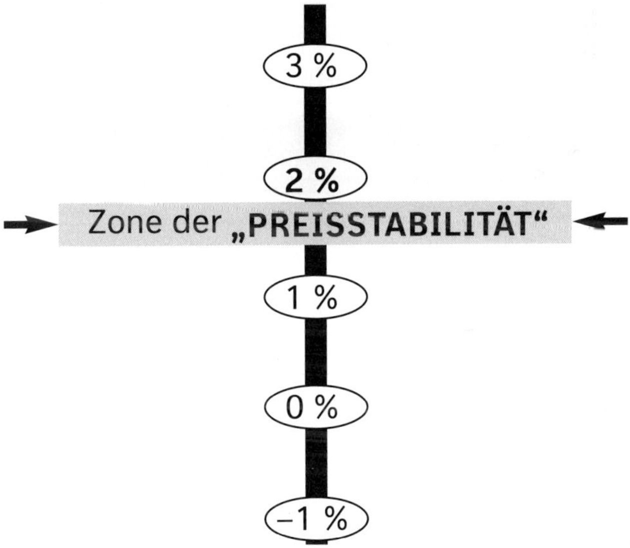

Weitere Aufgaben der EZB

- einheitliche **Währungs-(Geld-)Politik:** Leitzinsen festlegen, Geldmenge steuern ...
- **Devisengeschäfte** durchführen
- Verwaltung der **Währungsreserven** der Mitgliedsstaaten
- reibungslosen **Zahlungsverkehr** im Euroland organisieren
- **Banknotenausgabe** (Eurogeld)
- Höhe der **Münzausgabe** steuern
- **Überwachung** des Kreditwesens
- **Unterstützung der Wirtschaftspolitik** der Regierungen, sofern keine Gefährdung der Preisstabilität

Aufgaben

1. Was versteht man unter dem Europäischen Zentralbanksystem (ESZB)?
2. Nennen Sie die wesentlichen Aufgaben der Europäischen Zentralbank (EZB).
3. Wie definiert die EZB den quantitativen Begriff der Preisstabilität?
4. Was versteht man unter „Föderalismus“ der Europäischen Zentralbank?
5. Die Europäische Zentralbank ist **unabhängig.** Wie ist dies zu verstehen?
6. Nennen Sie die Organe der Europäischen Zentralbank.

5.2 Geldpolitik der EZB

Stofftelegramm

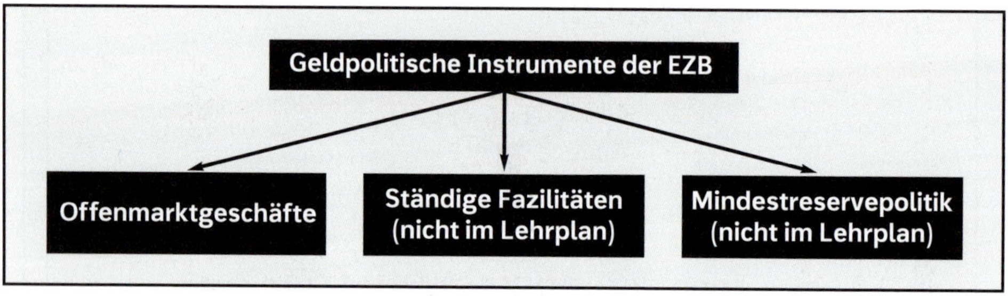

5.2.1 Offenmarktgeschäfte der EZB

Stofftelegramm

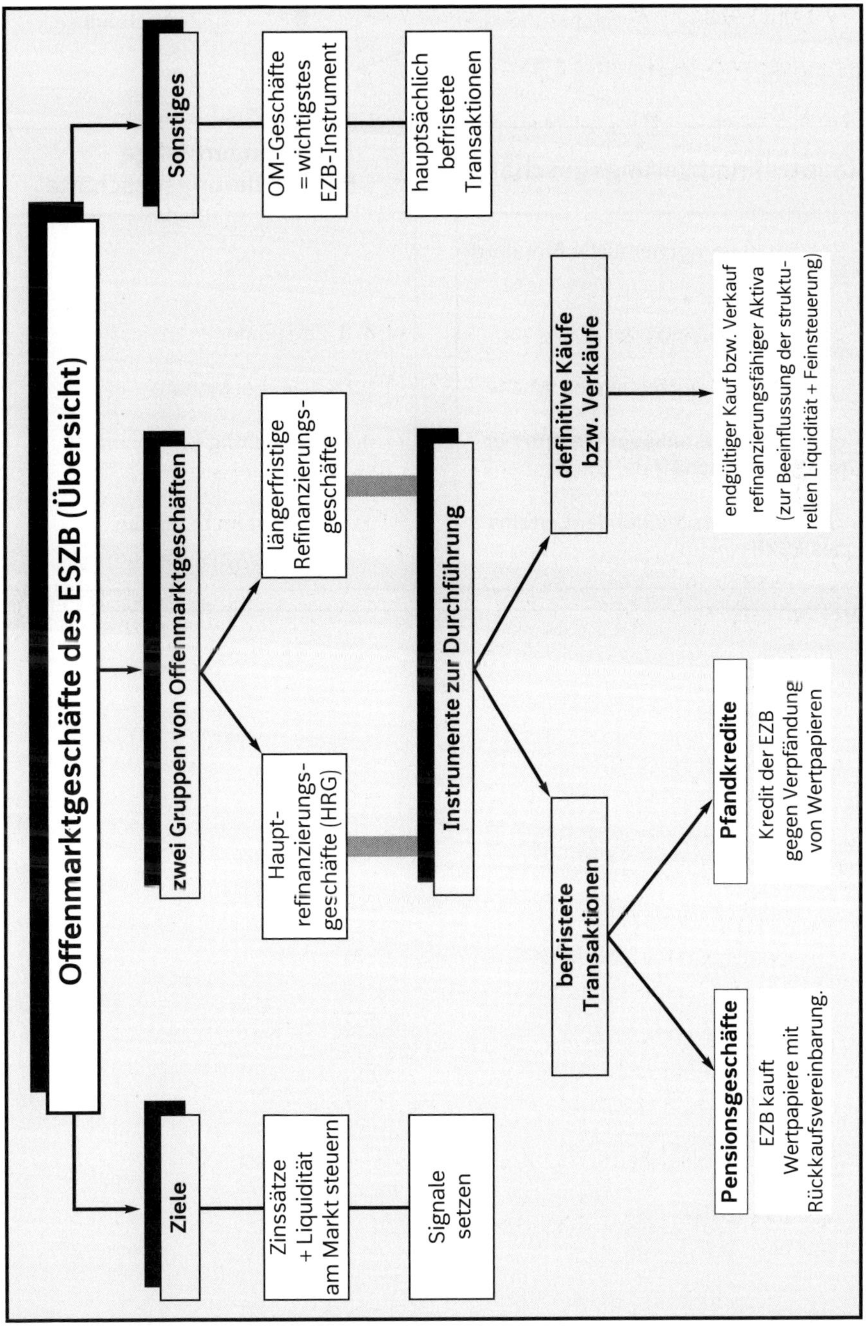

Die Initiative zur Refinanzierung liegt beim ESZB.

Offenmarktgeschäfte

Die Durchführung obliegt den nationalen Zentralbanken.

Hauptrefinanzierungsgeschäfte

- Regelmäßige wöchentliche Standardtender:
  - Zinstender
  - Laufzeit je eine Woche
- entspricht ehemaligem **Wertpapierpensionsgeschäft** der Bundesbank
- Zinssatz = entscheidender **Leitzins** des ESZB

Längerfristige Refinanzierungsgeschäfte

- i. d. R. Zinstender
- Laufzeit: je drei Monate
- i. d. R. Erneuerung im monatlichen Rhythmus

↑ **nicht im Lehrplan**

Offenmarktgeschäfte der EZB

(Beispiel: *befristete Transaktion als Pensionsgeschäft*)

<u>**Abkürz.:**</u> **ESZB** = Europäisches System der Zentralbanken; **NZB** = nationale Zentralbank;
GP = Geschäftspartner; **WP** = Wertpapier

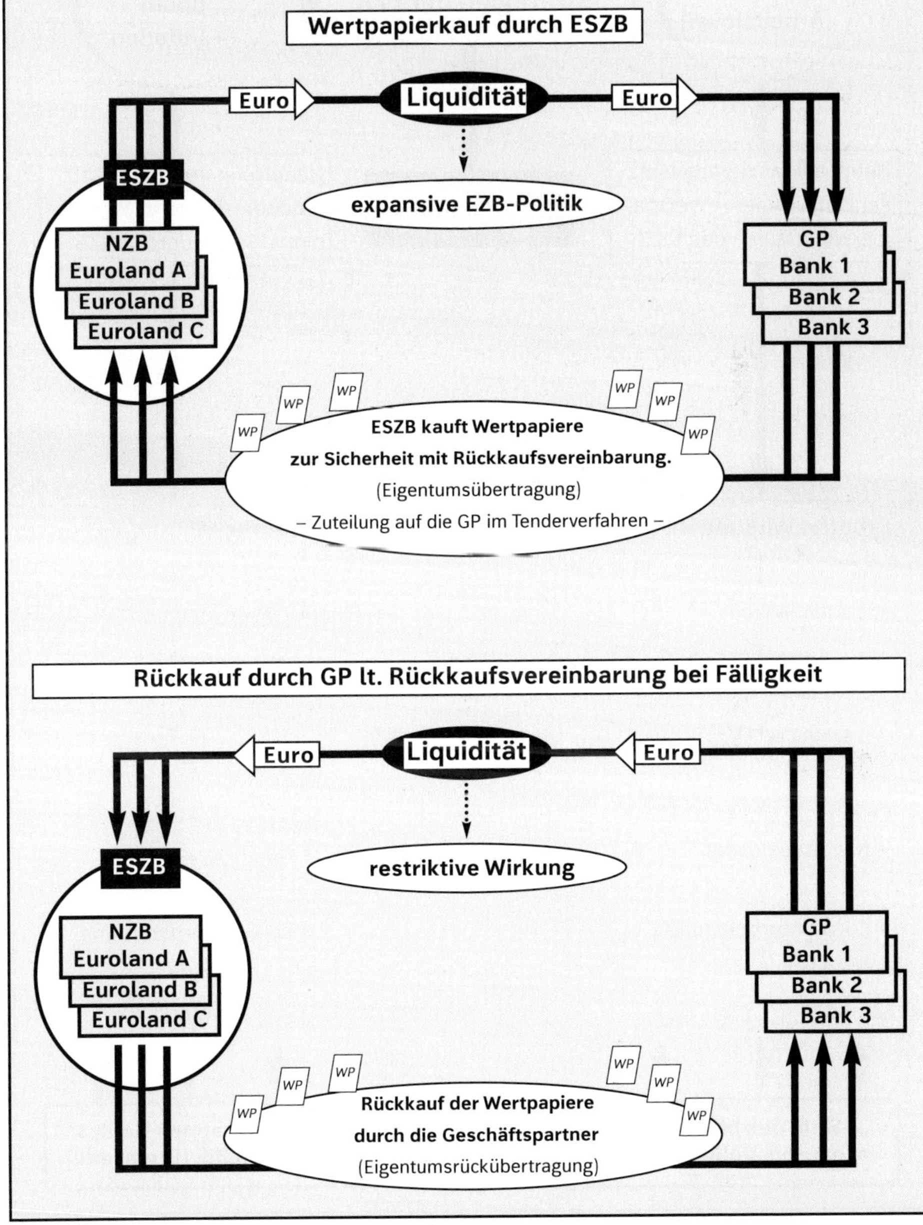

5.2.2 Wirkungsweise von Offenmarktgeschäften

Stofftelegramm

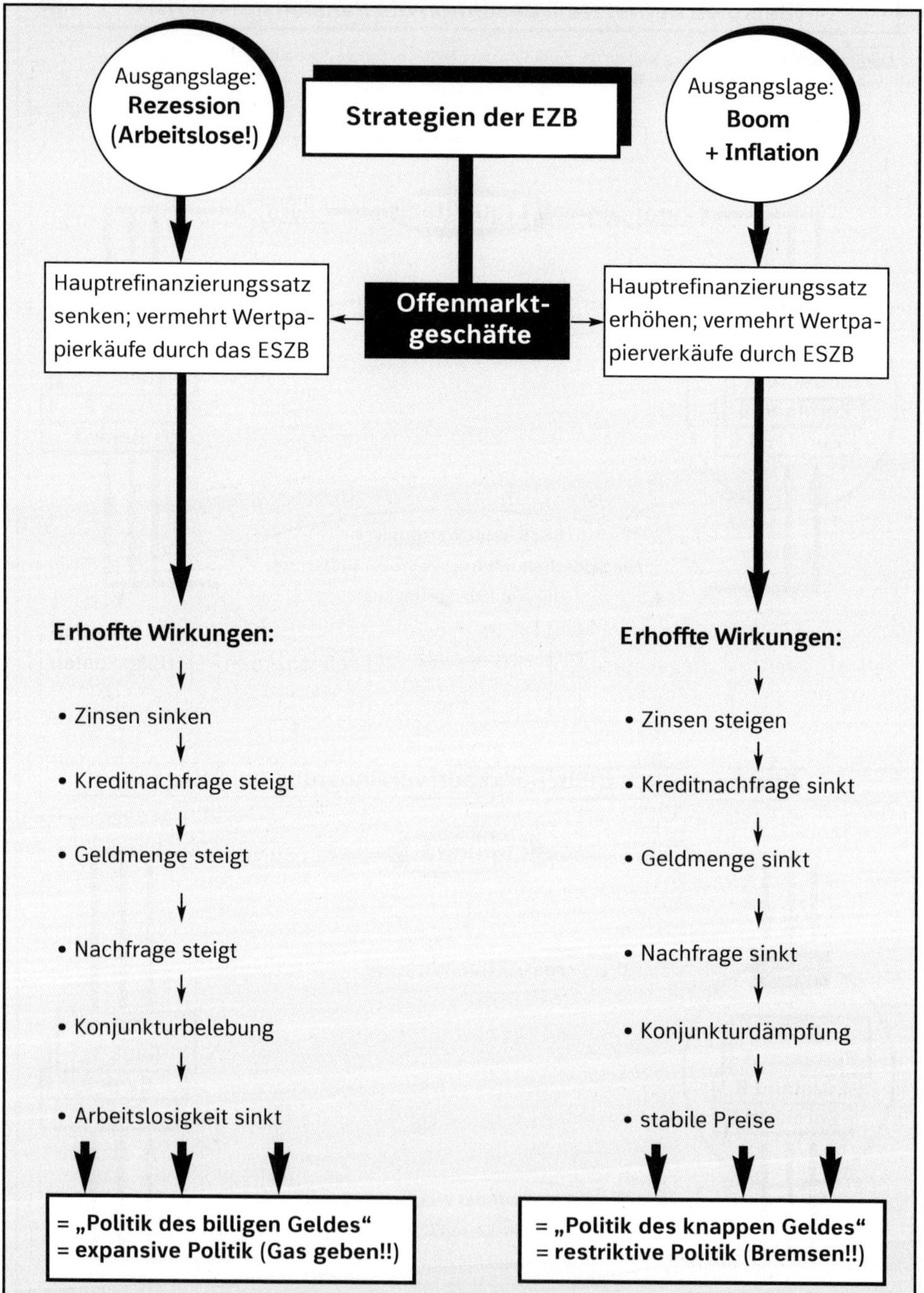

5.2.3 Leitzinspolitik der EZB (Übersicht)

Stofftelegramm

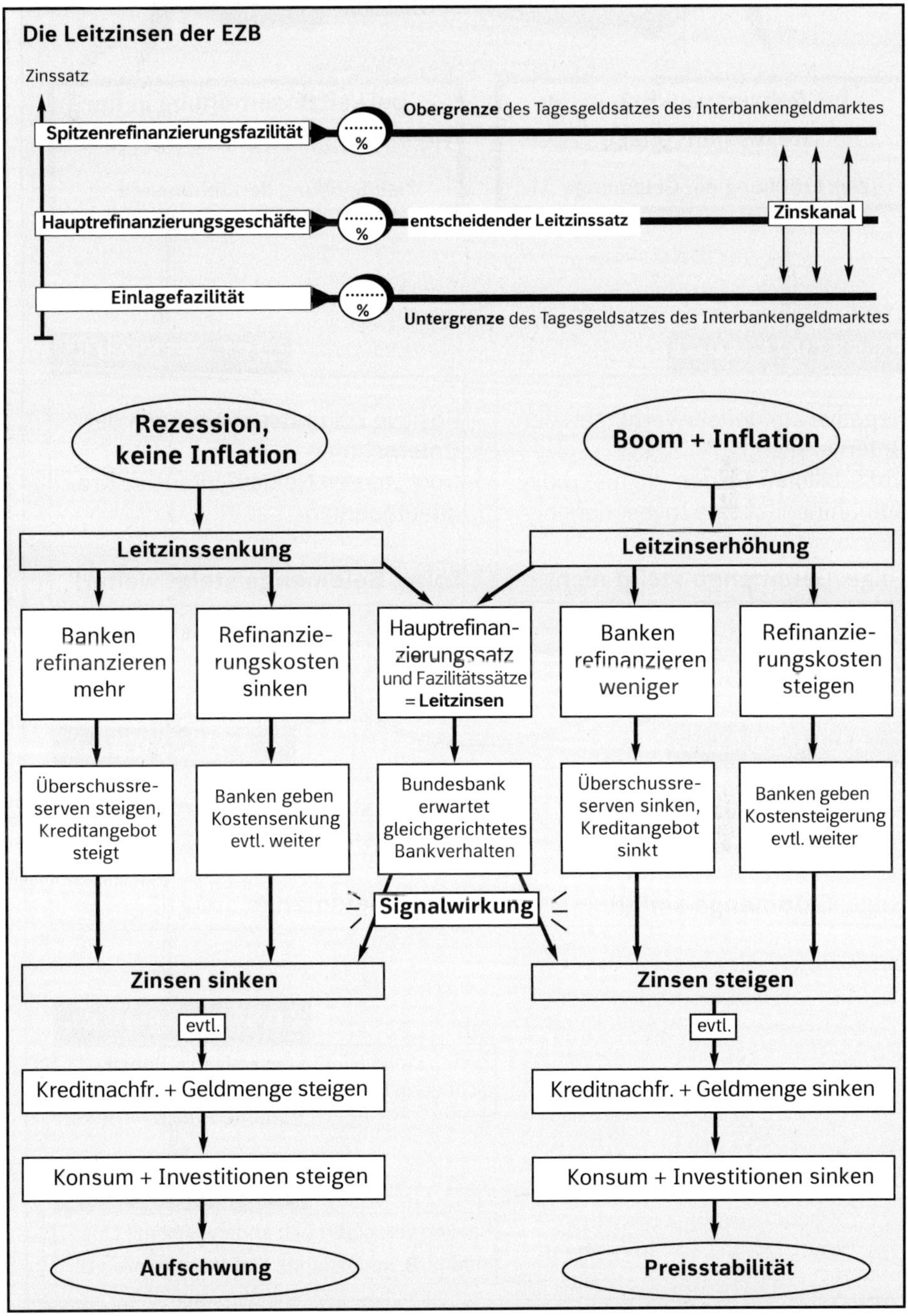

Störfaktoren bei der EZB-Politik ...

... bei Leitzinssenkung in der Rezessionsphase

(Ziel: Erhöhung der Geldmenge ...)

PESSIMISMUS!

Negative Zukunftserwartungen der Unternehmen:
trotz „billigen Geldes" keine Kreditaufnahmen – keine Investitionen

Folge: **Geldmenge steigt nicht!!**

AUSLAND!

evtl. Kapitalabfluss ins Ausland, falls $\text{Zinssatz}_{\text{Ausland}} > \text{Zinssatz}_{\text{Inland}}$

Folge: **Geldmenge sinkt!!**

Euroland

... bei Leitzinserhöhung in der Hochkonjunkturphase (Inflation!)

(Ziel: Senkung der Geldmenge ...)

OPTIMISMUS!

Positive Zukunftserwartungen der Unternehmen:
trotz „teuren Geldes" intensive Kreditaufnahmen

Folge: **Geldmenge steigt weiter!!**

AUSLAND!

evtl. Kapitalzufluss vom Ausland, falls $\text{Zinssatz}_{\text{Inland}} > \text{Zinssatz}_{\text{Ausland}}$

Folge: **Geldmenge steigt!!**

KOSTENDRUCK!

Zinsen steigen – Kosten steigen – Berücksichtigung bei Kalkulation: **Preise steigen!!**

ALTERNATIVEN!

Banken versorgen sich anderweitig mit Liquidität (z. B. im Ausland): **Geldmenge steigt!!**

5.2.4 Aufgaben

1. Welche allgemeinen Ziele verfolgt die EZB speziell mit ihren Offenmarktgeschäften?

2. Nennen und beschreiben Sie kurz die Instrumente zur Durchführung von Offenmarktgeschäften.

3. Erklären Sie folgende Begriffe:
   - **Leitzinsen**
   - **Signalwirkung**

4. Welche geldpolitischen Maßnahmen der EZB würden evtl. mithelfen, Boom und Inflation zu **bremsen?** Beschreiben Sie stichpunktartig die Wirkungen der Maßnahmen.

5. Welche geldpolitischen Maßnahmen der EZB würden evtl. mithelfen, die **Arbeitslosigkeit zu beseitigen?** Beschreiben Sie stichpunktartig die Wirkungen der Maßnahmen.

6. Welche **Störfaktoren** stellen die Erreichung der Ziele einer Leitzinserhöhung infrage?

7. **Geldpolitik der Europäischen Zentralbank (EZB)**

   Die EZB hat auf die derzeitige Konjunkturschwäche mit mehreren Leitzinssenkungen reagiert.
   a) Welches Organ der EZB hat diese Maßnahmen beschlossen?
   b) Im Mittelpunkt der geldpolitischen Möglichkeiten der EZB stehen die Hauptfinanzierungsgeschäfte. Beschreiben Sie kurz den Ablauf eines Hauptrefinanzierungsgeschäfts.
   c) Verdeutlichen Sie die Wirkungsweise dieser Leitzinssenkung in mindestens vier Schritten.

8. Beschreiben Sie
   a) eine staatliche Maßnahme,
   b) eine geldpolitische Maßnahme, mit denen die wirtschaftliche Position Deutschlands verbessert werden könnte.
   c) Zeigen Sie jeweils ein Problem auf, das durch die staatliche und die geldpolitische Maßnahme entstehen kann.

9. Eine in der Vergangenheit häufig angewandte Strategie zur Belebung der Wirtschaft war, die Zinssätze zu senken. Beschreiben Sie in vier Schritten die möglichen positiven wirtschaftlichen Auswirkungen einer Niedrigzinspolitik.

10. Nicht immer treten die in Aufgabe 9 beschriebenen Wirkungen einer Niedrigzinspolitik ein. Erläutern Sie zwei mögliche Ursachen.

11. Zahlreiche Wirtschaftsexperten fordern von der Europäischen Zentralbank (EZB) eine Geldpolitik, die den konjunkturellen Aufschwung unterstützt.
    a) Unter welcher Voraussetzung wird die EZB dieser Forderung nachkommen?
    b) Die EZB könnte den Konjunkturaufschwung u. a. mithilfe des Hauptfinanzierungsgeschäftes fördern. Beschreiben Sie die Wirkungsweise dieser Maßnahme in mindestens vier Schritten.

6 Europäische Integration, Globalisierung, Freihandel, Protektionismus, WTO

6.1 Europäische Integration

Stofftelegramm

Binnenmarkt → **keine Grenzen für ...**

Menschen
Schengener Abkommen!
- keine Grenzkontrollen
- Aufenthalts- und Niederlassungsfreiheit
- freie Arbeitsplatzwahl
- gegenseitige Anerkennung von Diplomen und Zeugnissen

Waren
- keine Grenzkontrollen
- Harmonisierung technischer Normen
- Harmonisierung der Umsatz- und Verbrauchsteuern

Dienstleistungen
- Liberalisierung des Güterverkehrs
- freier Markt für Banken, Versicherungen ...
- Liberalisierung des Fernmeldewesens

Kapital
freier Geldverkehr
+
freier Kapitalverkehr
+
freier Zahlungsverkehr

Die Entwicklung zum **Binnenmarkt** führte nicht gleichzeitig zur Angleichung der **Wirtschaftspolitik.**

Maastricht-Vertrag: Verpflichtung der EG-Staaten, ihre nationale Wirtschaftspolitik zu koordinieren. Letzteres ist entscheidend für eine **Wirtschafts- und Währungsunion (WWU).**

Wirtschafts- und Währungsunion
= **Binnenmarkt** (s. o.)
+
- Abstimmung der Wirtschaftspolitik
- unabhängige **europ. Zentralbank** mit einheitlicher Geldpolitik (Hauptziel: Geldwertstabilität)
- einheitliche Währung

27 Mitgliedsländer der EU (Stand: 01/2025):

- Deutschland
- Österreich
- Frankreich
- Italien
- Estland
- Polen
- Ungarn
- Zypern (griech. Teil)
- Kroatien
- Spanien
- Portugal
- Griechenland
- Belgien
- Niederlande
- Lettland
- Tschechien
- Slowenien
- Rumänien
- Luxemburg
- Schweden
- Finnland
- Dänemark
- Irland
- Litauen
- Slowakei
- Malta
- Bulgarien

20 Eurostaaten (Stand: 01/2025):

- Deutschland
- Frankreich
- Italien
- Slowenien (2007)
- Estland (2011)
- Spanien
- Niederlande
- Belgien
- Malta (2008)
- Lettland (2014)
- Österreich
- Finnland
- Portugal
- Zypern (2008)
- Irland
- Luxemburg
- Griechenland (2001)
- Slowakei (2009)
- Litauen (2015)
- Kroatien (2023)

Übersicht zur Europäischen Integration:

Der Weg zur Europäischen Wirtschafts- und Währungsunion (EWWU = WWU)

1951 — EGKS

Montanunion = Europ. Gemeinschaft für Kohle und Stahl **(EGKS)**

Mitglieder: Deutschland, Frankreich, Italien, Belgien, Luxemburg, Niederlande

Ziele:
- Bildung eines gemeinsamen Marktes für Kohle und Stahl
- Grundstein legen zur Errichtung einer wirtschaftl. Gemeinschaft

1957 — EWG

- Europäische Wirtschaftsgemeinschaft **(EWG)** (Mitglieder: s. o.)
- Europäische Atomgemeinschaft **(EURATOM)** (Mitglieder: s. o.)

EWG:
- Beschluss, auf Europ. **Binnenmarkt** hinzuarbeiten
- **Ausdehnung** der **gemeinsamen Politik** im Bereich Kohle/Stahl auf weitere Bereiche der **Wirtschaft,** z. B. Landwirtschaft, Fischerei, Verkehr, Wettbewerbsrecht, Außenhandel

1967 — EG

Zusammenlegung von EWG + EURATOM + EGKS
= **Europäische Gemeinschaft (EG)**

1968 — Zollunion

Zollunion vollendet

Ab jetzt: zollfreier Im- und Export von einem EWG-Staat in einen anderen **(Freihandel)**

1972 — Schlange

Europäische „Währungsschlange“

relativ feste Wechselkurse unter den Partnerländern

1979 – **Europäisches Währungssystem (EWS)** – EWS

relativ feste Wechselkurse unter den Partnerländern ...

erste Direktwahl zum Europäischen Parlament

1987 – **einheitliche Europäische Akte** – Eur. Akte

- Schaffung von Voraussetzungen für Vollendung des Europ. **Binnenmarktes**
- Intensivierung der politischen Zusammenarbeit
- inzwischen zwölf Mitgliedsstaaten

1992 – **Maastrichter Vertrag** – Maastricht

- Beschluss EG-Länder: Gründung der Europäischen Union **(EU)**
- Europäische Gemeinschaften = „Europäische Union" **(EU)**
- **Seit 01.01.1999** Europäische Wirtschafts- und Währungsunion **(EWWU)** – (s. u.)
- **Voraussetzungen** für **Aufnahme** in die EWWU **(Konvergenzkriterien):** siehe unten!

1993 – Beginn des **Europäischen Binnenmarktes (s. o.)** sowie der **EU** – EU

Die drei Säulen der EU

Europäische Gemeinschaften (EG) inkl. **EWWU**	gemeinsame Außen- und Sicherheitspolitik	Zusammenarbeit bei Innen- und Rechtspolitik

1994 – **Europäisches Währungsinstitut (EWI)** – EWI

Vorläufer der Europ. Zentralbank: Beginn 2. Stufe von Maastricht

1998 – **Entscheidung über EWWU-Beginn und Teilnehmer:** – Wer?

2004 – **EU-Osterweiterung** – neue EU'ler

2016 – In einer **Volksabstimmung** stimmt die Mehrheit für den **Austritt Großbritanniens zum 31.01.2020 aus der EU (Übergangszeit vom 01.02.2020 bis zum 31.12.2020).** Seit dem 01.01.2021 ist Großbritannien nicht mehr Teil der EU. – Brexit

Der Stufenplan von Maastricht zur Errichtung der Europ. Währungsunion (WWU)

1. Stufe: 1990–93

- Liberalisierung des Kapitalverkehrs
- Realisierung des Europ. Binnenmarktes

2. Stufe: 1994–98

- Annäherung (**Konvergenz**) in der Wirtschafts-, Finanz- und Geldpolitik
- Jedes Land muss bestimmte Konvergenzkriterien erfüllen zwecks Aufnahme in die WWU:

Konvergenzkriterien

stabiles Preisniveau	gesunde Staatsfinanzen	stabile Wechselkurse	nicht zu hohes Zinsniveau
Inflationsrate max. **1,5 %** über Durchschnitt der drei stabilsten Länder	jährliche **Neuverschuldung** max. **3 %** des Bruttoinlandsprodukts (BIP) **Staatsschulden** insgesamt max. **60 %** des BIP	**EWS-Teilnahme** seit mindestens zwei Jahren ohne große Kurs-schwankungen	durchschnittl. lfr. **Zinssatz** im Jahr vor der Prüfung max. **2 %** über dem Satz der drei preisstabilsten Länder

- **Europäischer Stabilitäts- und Wachstumspakt:**

  1996 verständigte sich der ECOFIN-Rat (Rat der Wirtschafts- und Finanzminister), einen „Stabilitäts- und Wachstumspakt" zu beschließen.

  Bestimmungen:
  - Verpflichtung der EU-Mitglieder zu **solider Haushaltspolitik**
  - Mittelfristig: **ausgeglichener Haushalt** bzw. Haushaltsüberschuss
  - **Annäherung** an das Haushaltsziel: jährliche Defizitsenkung um mindestens 0,5 % des Bruttoinlandsprodukts (BIP)
  - Vorlage von **Stabilitäts- und Konvergenzprogrammen**
  - **Frühwarnsystem** soll Defizit > 3 % des BIP verhindern; höhere Defizite nur ausnahmsweise erlaubt (z. B. starker Abschwung)
  - **Sanktionen** bei Verfehlung der Bestimmungen

- Errichtung des **Europäischen Währungsinstituts (EWI)**
- Ausschluss der Finanzierung öffentlicher Haushalte durch Notenbanken
- Überführung der nationalen **Notenbanken** in die **Unabhängigkeit**
- **Entscheidung** über **Beginn** der WWU und die **Teilnehmer**
- Errichtung des **Europäischen Systems der Zentralbanken (ESZB)**

3. Stufe: 1999–02

- **Start** der Währungsunion am **01.01.1999**
- Festlegung der **Wechselkurse** der Teilnehmerwährungen
- einheitliche Geldpolitik durch das Europäische Zentralbanksystem (**ESZB**)
- Noten-, Münzausgabe in **Euro**, seit 2002 Ersatz nationaler Geldzeichen

seit Februar 2014

Einheitlicher Zahlungsverkehr in Europa: SEPA

EU-Länder, Euroland und EWS II

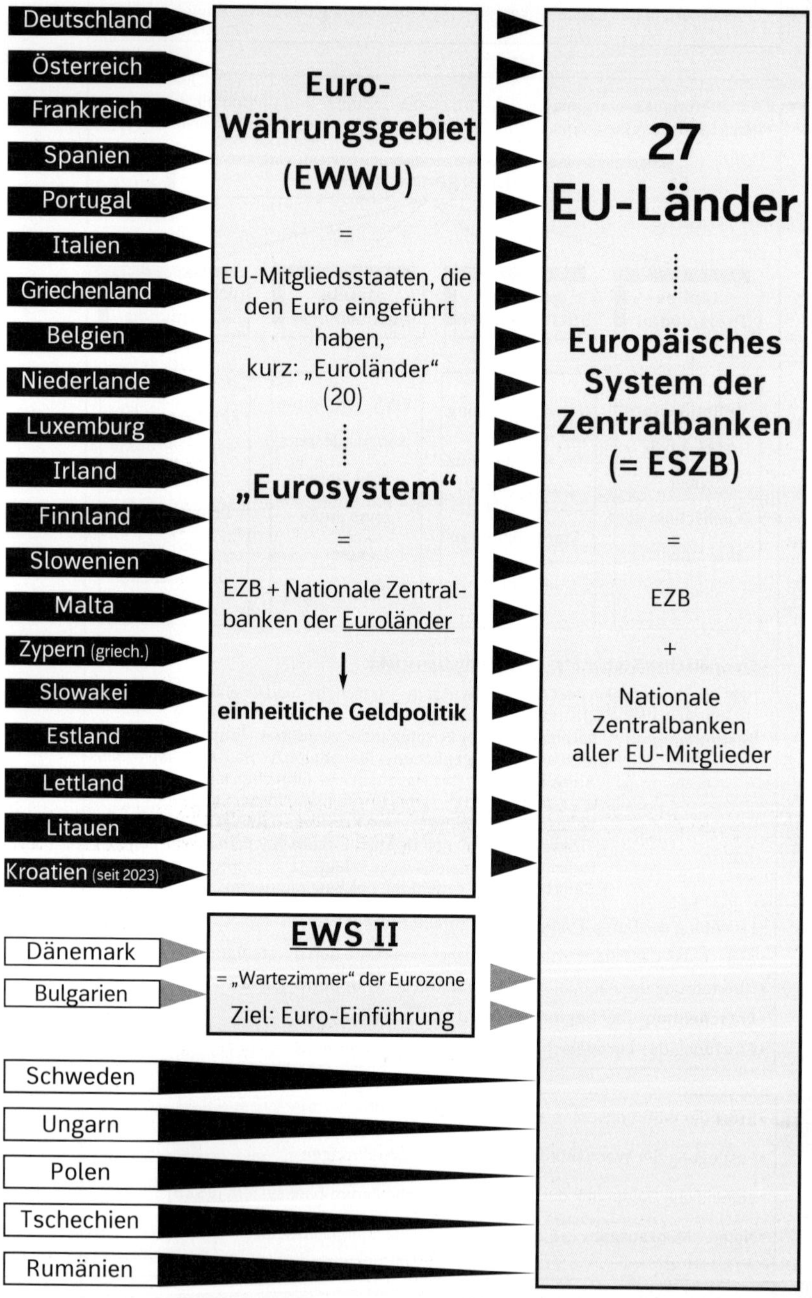

Vorteile einer Europäischen Währungsunion

- Keine **Wechselkursschwankungen** innerhalb der Währungsunion:
  - Wegfall des Wechselkursrisikos fördert den Außenhandel (mehr Planungssicherheit für die Wirtschaft)
  - keine Wechselkursspekulationen mehr mit negativen Auswirkungen auf den innergemeinschaftlichen Handel
- **Transaktionskosten** (Währungsumtauschkosten, Versicherungskosten ...) entfallen
- verbesserte Preisvergleiche **(Preistransparenz)** möglich
- **größeres Angebot** von Waren und Dienstleistungen, größere Finanzierungsmöglichkeiten ...
- Belebung des innergemeinschaftlichen Handels ... Folge: evtl. **Wachstumsschub**
- Entstehung eines **starken Währungsblocks** als Gegenstück zu Yen und US-Dollar
- **Stabilität** der Gemeinschaftswährung evtl. höher als durchschnittliche Stabilität der EU-Mitgliedsstaaten
- Verstärkung des **Zusammengehörigkeitsgefühls** durch gemeinsame Währung (europäische Identität = positiv für die Völkerverständigung)
- Einhaltung von **Stabilitätskriterien** (Konvergenzkriterien) führte zu positiven Wirkungen bereits im Vorfeld der Währungsunion, aber auch danach (Sanktionen gegen Länder, die die Stabilitätskriterien nicht erfüllen). Folge: Schaffung einer europäischen **Stabilitätsgemeinschaft**
- Konkurrenzvergrößerung bei Unternehmen und Gewerkschaften führt zu **Preis- und Lohndisziplin**
- Fortsetzung des europäischen **Einigungsprozesses**; Vorarbeiten für politische + soziale Integration
- Verhinderung nationaler Alleingänge und **Rivalitäten** in Europa
- Stärkung der **Wettbewerbsfähigkeit** gegenüber anderen Regionen der Welt
- Strenge + glaubwürdige **Antiinflationspolitik** der **EZB** führt zu Preisstabilität und langfristig niedrigen Zinsen. Die Zinsen sinken zudem aufgrund der wegfallenden Wechselkursgebühren sowie größerer Liquidität eines europäischen Finanzeinheitsmarktes. Folge: Investitionen + Wachstum werden gefördert.

Nachteile (Probleme) einer Europäischen Währungsunion

- Nicht alle EU-Staaten wurden aufgrund mangelnder Konvergenz von Anfang an in die Währungsunion aufgenommen. → Start mit nur kleinerer Gruppierung → Gefahr: Spaltung Europas in **„Ins“** und **„Outs“** (Europa mit mehreren Geschwindigkeiten)
- Währungsunion evtl. **verfrüht** (Währungsunion ohne vorherige Schaffung einer politischen Union)
- Währungsunion evtl. zum **falschen Zeitpunkt:** In Zeiten einer **Konjunkturflaute** (hohe Arbeitslosenzahlen) bewirkt das Anstreben der Konvergenzkriterien eine Verschärfung der Situation. (Der Staat sollte in dieser Phase die Wirtschaft ankurbeln durch erhöhte Staatsinvestitionen, Steuersenkungen ... Das Gegenteil wird zwecks Erfüllung der Konvergenzkriterien momentan getan → man ist also weit entfernt von einer „antizyklischen Fiskalpolitik“.) Einige Wirtschaftswissenschaftler sind der Ansicht, die ehemals **schwache Konjunktur** resultiere zu einem Gutteil aus den europaweiten Ausgabenkürzungen zwecks Erfüllung des 3 %-Kriteriums von Maastricht.

  Stichwort: **„Wir sparen ... und machen damit den Aufschwung kaputt.“**
- Billiges **Arbeitskräfteangebot** aus anderen EU-Ländern drückt evtl. Löhne und Gehälter in Deutschland.
- Finanzpolitisches **Fehlverhalten** eines Mitgliedslandes wirkt evtl. negativ auf andere Länder.

6.2 Globalisierung

Stofftelegramm

- Globalisierung = zunehmende **Internationalisierung des** Wettbewerbs
- **Wirkungen:**
  - zunehmender Wettbewerbsdruck (ausländische Billiganbieter)
  - Verlagerung von Arbeitsplätzen und Produktionsstätten ins kostengünstigere Ausland = Diskussionsthema **„Wirtschaftsstandort Deutschland"**
  - zunehmend **multinationale (grenzüberschreitende) Unternehmen**
- **Ursachen**:
  - Trend in Richtung Liberalisierung des Welthandels
  - technische Innovationen (Produktions-, Verkehrs-, Kommunikationstechnik)
- **Vorteile der Globalisierung:**
  - weltweite Konkurrenz → günstige Einkaufspreise
  - kostengünstigere Produktion im Ausland
  - Förderung der Wirtschaft in Entwicklungsländern
  - Kulturaustausch, Verflechtung steigt → Kriegsgefahr sinkt
  - wachstumsfördernd → steigender Wohlstand
  - steigende Warenvielfalt
  - Produktionsfaktoren weltweit effizienter eingesetzt
  - Steigerung der weltweiten Produktivität und des Wohlstands der beteiligten Produzenten
  - Beschleunigung der technischen Entwicklung
- **Kritik an der Globalisierung:**
  - steigende Arbeitslosigkeit in Ländern mit hohem Lohnniveau
  - steigender Kostendruck in bisherigen Industrieländern
  - sinkender Lebensstandard in bisherigen Industrieländern
  - Konzentration auf Märkte und Geschäftsbeziehungen – die Globalisierung von Menschenrechten, ökologischen Standards usw. bleiben evtl. unberücksichtigt.
  - zunehmende Umweltzerstörung (Flugzeuge, Fabriken ...)

6.3 Freihandel – Protektionismus

Stofftelegramm

Freihandel → völlig unbehinderter internationaler Güteraustausch

Protektionismus → Der internationale Handel wird durch Eingriffe erschwert oder begünstigt.

Tarifäre Handelshemmnisse	Nichttarifäre Handelshemmnisse
= v. a. **zollpolitische** Maßnahmen (Import-/Exportzölle)	= sonstige Hemmnisse des freien internationalen Handels (z. B. Importquote = mengenmäßige Beschränkung des Imports)

6.4 WTO

Stofftelegramm

WTO = **W**orld **T**rade **O**rganization (Welthandelsorganisation); seit 1995; Sitz: Genf

- Mitglieder: 166 Staaten (Stand: 01/2025)
- Überwachung der Einhaltung der internationalen Handelsregeln
- Schlichtungsinstanz bei Rechtsstreitigkeiten zwischen den Mitgliedsländern

Wesentliche Bereiche: Handel mit Waren, Dienstleistungen, geistigen Eigentumsrechten:

Handel mit Waren: **G**eneral **A**greement on **T**ariffs and **T**rade (**GATT**= Allgemeines Zoll- und Handelsabkommen)

Ziele des GATT:
- Zollabbau
- Meistbegünstigungsklausel zur Verhinderung der Benachteiligung einzelner Länder: Alle ausgehandelten Zollzugeständnisse, die ein Land seinem Partnerland in einem sonstigen Handelsvertrag gewährt, gelten sofort und ohne Gegenleistung für alle anderen GATT-Mitglieder auch.
- Abschaffung der Diskriminierung einzelner Länder
- Abschaffung der Einfuhrkontingente (Einfuhrbeschränkungen)
- Verhinderung von Dumpingmethoden (Warenexporte zu Preisen, die niedriger als die Inlandspreise sind; Zweck: Verdrängung von Konkurrenz bzw. Verteidigung eigener Marktanteile)

Handel mit Dienstleistungen: Banken, Versicherungen, Tourismus

Geistige Eigentumsrechte: Patentrechte

6.5 Aufgaben

1. Was versteht man unter einem **Binnenmarkt**?
2. Wodurch unterscheidet sich der **Binnenmarkt** von einer **Wirtschafts-** und **Währungsunion?**
3. Nennen Sie kurz die einzelnen **Stationen** auf dem Weg zur Europäischen Union **(EU).**
4. Welche wesentlichen wirtschaftspolitischen Punkte beinhaltet der **Maastrichter Vertrag?**
5. Welche wesentlichen Inhalte hat der **Drei-Stufen-Plan** von Maastricht?
6. Was versteht man unter **„Konvergenz“**?
7. Nennen Sie die im Maastricht-Vertrag fixierten **Konvergenzkriterien.**
8. „Bedeutender als die einmalige Konvergenz ist die nachhaltige Konvergenz.“
   a) Erklären Sie diese Aussage.
   b) Wie wird erreicht, dass sich die EWWU-Staaten um nachhaltige Konvergenz bemühen?
9. Welche wirtschaftspolitischen **Chancen** und **Risiken** könnten aus der Errichtung einer Europäischen Wirtschafts- und Währungsunion **(EWWU)** resultieren?
10. Nennen Sie Vor- und Nachteile einer an **Konvergenzkriterien** orientierten Wirtschafts- und Finanzpolitik des Staates.

7 Prüfungsaufgaben Kompetenzbereich III

Prüfungsaufgaben Winter 2019/2020 (Aufgabe 2, teilweise)

Die Car Cool GmbH ist ein mittelständischer Automobilzulieferer in Stuttgart, der Motorkühlungssysteme für Autos herstellt. Die Car Cool GmbH beliefert die deutsche Automobilindustrie und hängt somit direkt von der wirtschaftlichen Entwicklung dieser Branche ab.

Sie sind Auszubildende/-r im dritten Jahr bei der Car Cool GmbH. Sie unterstützen Ihre Vorgesetzte Frau Bauer.

Die Umsatzziele wurden im letzten Jahr nicht erreicht. Frau Bauer nimmt dies zum Anlass, die Auszubildenden über ausgewählte gesamtwirtschaftliche Einflüsse auf das Unternehmen zu informieren. Sie erhalten hierzu nachfolgende Aufträge.

2.2 US-Präsident Donald Trump droht der EU mit Strafzöllen auf Autos aus Europa von 20 Prozent. Dadurch wurden auch die Preise für die deutschen Fahrzeuge in den USA steigen.

Analysieren Sie im Zusammenhang mit dem verfehlten Umsatzziel, wie sich die angedrohte Maßnahme des US-Präsidenten auf die Car Cool GmbH und Ihren Arbeitsplatz auswirken könnte.

2.3 Frau Bauer hat bei weiteren Recherchen folgende Stichpunkte zur aktuellen Konjunkturlage gesammelt:

- Der deutsche Arbeitsmarkt bleibt stabil, die Beschäftigung steigt weiter.
- Die Löhne steigen, der Konsum steigt (Wachstumstreiber).
- Die Importe steigen aufgrund der starken Binnenkonjunktur.
- Der Außenhandel als Wachstumstreiber leidet unter Unsicherheiten wie z.B. dem Brexit oder den angedrohten Strafzöllen von US-Präsident Trump.
- Das deutsche Wirtschaftswachstum wird insgesamt geringer.

Frau Bauer hält es für sinnvoll, einige geplante betriebliche Investitionen zu verschieben.

- Begründen Sie mit vier in den Recherchen von Frau Bauer beschriebenen Indikatoren, in welcher konjunkturellen Phase sich Deutschland befindet.
- Formulieren Sie je ein Argument für und gegen den Standpunkt von Frau Bauer.

2.4 Aufgrund der guten Beschäftigungslage wurden in den letzten Jahren statistisch niedrige Arbeitslosenzahlen veröffentlicht. Frau Bauer ist der Meinung, dass die Arbeitslosenstatistik nicht die wahre Arbeitslosigkeit zeigt.

Erläutern Sie, was Frau Bauer damit meint.

Prüfungsaufgaben Winter 2021/2022 (Aufgabe 2, verändert)

Die MONTA Bikes GmbH in Ravensburg produziert und vertreibt hochwertige Mountainbikes mit und ohne Elektromotor. Sie und Tim Fröhlich sind kaufmännische Auszubildende bei der MONTA Bikes GmbH.

Die Heinze GmbH ist ein mittelständischer Automobilzulieferer mit Sitz in Weingarten und produziert Getriebe für Verbrennungsmotoren. Mira Glücklich ist kaufmännische Auszubildende bei der Heinze GmbH.

Sie haben sich mit Mira und Tim nach der Arbeit in der Pizzeria verabredet. Während der Wartezeit lesen Sie in einer Zeitung. Dabei stoßen Sie auf Schlagzeilen, die darüber informieren, dass das Kurzarbeitergeld vorübergehend verlängert wird, die Mehrwertsteuer vorübergehend auf 16 % gesenkt wird und – auch durch staatliche Zuschüsse – die Nachfrage nach E-Bikes und E-Autos steigen könnte. Außerdem wird prognostiziert, dass das Wirtschaftswachstum nach einem Einbruch 2020 in den Jahren 2021 und 2022 wieder ansteigen und die Arbeitslosenquote 2021 noch ansteigen, danach aber wieder sinken wird.

Mit etwas Verspätung tauchen auch Mira und Tim auf:

Sie	Hallo ihr zwei. Wie geht's?
Tim	Prima! Ich habe soeben erfahren, dass ich nach meiner Ausbildung übernommen werde!
Mira	Du Glückspilz! Ich befürchte, dass ich nicht übernommen werde. Bei uns läuft es aufgrund der derzeitigen konjunkturellen Lage gar nicht gut. Fast die halbe Belegschaft ist in Kurzarbeit.
Tim	So viel?

Mira	Immerhin hatte die vorübergehende Senkung der Mehrwertsteuer von 19 % auf 16 % der Heinze GmbH wieder etwas auf die Beine geholfen. Dennoch wurde jetzt die Kurzarbeit von sechs auf 24 Monate verlängert.
Tim	Ja – die Mehrwertsteuersenkung hat auch die Nachfrage nach E-Bikes noch weiter erhöht!
Mira	Na toll! In der Fahrrad-Branche lief es doch sowieso schon wie geschmiert! Und dazu profitierte sie auch noch von der Mehrwertsteuersenkung!
Sie	Du hast schon Recht ... Aber immerhin sind wir ein sehr umweltbewusstes Unternehmen, in dem der „Erhaltung einer lebenswerten Umwelt“ ein großer Stellenwert eingeräumt wird! Bewirb dich doch bei uns! Die MONTA Bikes GmbH plant größere Investitionen und möchte auf dem chinesischen Markt aktiv werden.
Mira	Prima Idee!
...	

Zuhause geht Ihnen das Gespräch mit Mira und Tim noch einmal durch den Kopf.

2.1 Mira befürchtet, dass sie aufgrund der konjunkturellen Lage in 2020 von der Heinze GmbH nicht übernommen wird.

Beurteilen Sie, inwiefern Miras Ängste berechtigt sind.

2.2 Beim Lesen der Zeitung sind Sie auf einige Schlagzeilen gestoßen.

2.2.1 Die Verlängerung des Kurzarbeitergeldes wird kontrovers aufgenommen.

Diskutieren Sie mithilfe von zwei Pro- und zwei Kontra-Argumenten die Kurzarbeit.

2.2.2 Erläutern Sie die erhoffte Wirkung der Mehrwertsteuersenkung auf die konjunkturelle Entwicklung.

2.2.3 Bewerten Sie einen Kritikpunkt, der an der Mehrwertsteuersenkung geäußert wird.

2.2.4 Begründen Sie die Zielbeziehung, welche sich zwischen den wirtschaftspolitischen Zielen „stetiges und angemessenes Wirtschaftswachstum“ und „Erhaltung einer lebenswerten Umwelt“ durch den staatlichen Zuschuss beim Kauf von Elektroautos ergeben kann.

Prüfungsaufgaben Sommer 2023 (Aufgabe 2, teilweise, verändert)

Sie sind nach Ihrem erfolgreichen Ausbildungsabschluss als Assistent/Assistentin des kaufmännischen Leiters, Herrn Fischer, bei der BIOPowwer GmbH eingestellt worden. Nach dreijähriger Forschungsphase beabsichtigt die BIOPowwer GmbH, Heizpellets aus Bioabfall auf den Markt zu bringen. Mit Konkurrenzprodukten ist erst in zwei Jahren zu rechnen.

2.2 Im anschließenden Meeting wird über die aktuelle Entwicklung der Preise diskutiert. Ein Infopapier teilt mit, dass die Teuerungsrate im März mit 7,5 % den höchsten Stand seit Einführung des Euro hatte und deswegen z. B. vom IWF eine Zinsreaktion durch die Zentralbanken gefordert wird.

2.2.1 Auch die BIOPowwer GmbH rechnet mit Auswirkungen wegen der gestiegenen Preise.

Beschreiben Sie drei Risiken, die sich für die BIOPowwer GmbH durch die Preissteigerungen ergeben können.

2.2.2 Das Statistische Bundesamt errechnet jährlich den Verbraucherpreisindex, mit dessen Hilfe eine Aussage über die Höhe der Inflation getroffen werden kann.

- Beschreiben Sie, was man in diesem Zusammenhang unter einem Warenkorb versteht.
- Erklären Sie mithilfe der Gewichtungen des vorliegenden Warenkorbs, welche Auswirkungen die steigenden Preise für Wohnung, Wasser, Strom, Gas und Verkehr auf die Inflationsrate haben **(Anlage 7)**.

2.2.3 Beurteilen Sie, ob die Zielvorgabe der Europäischen Zentralbank (EZB) in der Eurozone hinsichtlich der Höhe der Preissteigerung eingehalten wird.

2.2.4 Die EZB kann den Hauptrefinanzierungssatz verändern, um einer inflationären Entwicklung entgegenzuwirken.

- Geben Sie an, wie die EZB den Hauptrefinanzierungssatz in dieser Situation verändern sollte.
- Skizzieren Sie die gewünschte Wirkungsweise in mindestens drei Schritten.

Anlage 7

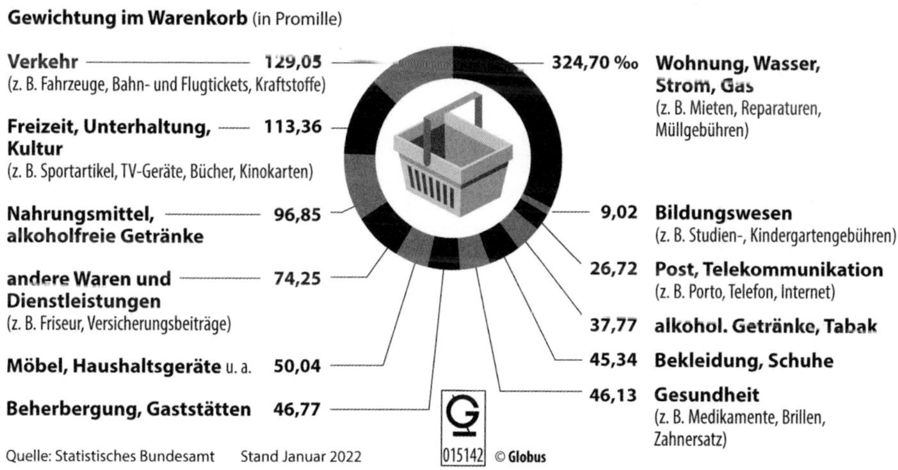

Kompetenzbereich IV: Entscheidungen im Rahmen einer beruflichen Selbstständigkeit treffen

1 Berufliche Selbstständigkeit

1.1 Anforderungen

Stofftelegramm

Motive für die Selbstständigkeit:
- Unabhängigkeit von einem Arbeitgeber: eigener Chef sein
- Selbstverwirklichung: eigene Ideen umsetzen
- bessere Vereinbarkeit von Familie, Beruf, Freizeit
- zusätzliche Verdienstmöglichkeiten
- Rückkehr ins Arbeitsleben: Alternative zur Arbeitslosigkeit

Anforderungen an die Unternehmerpersönlichkeit:

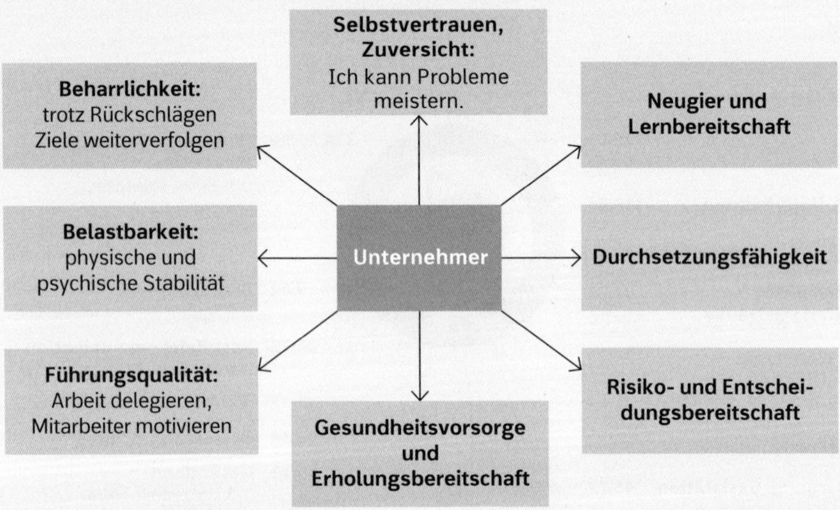

Kompetenzen eines Unternehmers:
- fachliche Qualifikation
- Marketingkompetenz (Marktkenntnisse, Kundenorientierung)
- kaufmännische Qualitäten (Kalkulation, Buchführung, wirtschaftliches Denken)
- Erfahrung (bei Gründungen achten Kapitalgeber auf die berufliche Erfahrung)

Vor- und Nachteile (Chancen und Risiken):

Selbstständigkeit

Vorteile

- Verwirklichung eigener Ideen und Ziele
- Entscheidungen selbst treffen (keine Vorgesetzten)
- gesellschaftliches Ansehen durch Erfolg
- Hohes Einkommen möglich!!
- Gewinn für eigene Leistung selbst ernten
- hoher Grad an persönlicher Freiheit
- Unabhängigkeit
- höhere Motivation zu arbeiten
- selbstgewählte Arbeitszeiten, dadurch sind Beruf und Privatleben besser verbindbar
- Arbeitsumfeld wie Team, Ort etc. selbst gestaltbar

Nachteile

- Einkommen hängt von der Auftragslage ab (kein festes Einkommen)
- finanzielles Risiko (oft haftet der Selbstständige mit Privatvermögen)
- oft hohe Arbeitsbelastung (üblicherweise arbeiten Selbstständige 50–60 Stunden pro Woche)
- keine soziale Absicherung (Rente, Arbeitsunfähigkeit, Krankenversicherung nur mit eigener Vorsorge)
- eventuell Aufgabe eines guten Angestelltenverhältnisses

Aufgaben

1. Nennen Sie fünf Motive für den Wunsch nach einer möglichen Selbstständigkeit.
2. Beschreiben Sie die Anforderung an einen Unternehmer/eine Unternehmerin.
3. Welche Kompetenzen muss eine Unternehmerperson mitbringen?
4. Erklären Sie Vor- und Nachteile einer Selbstständigkeit.

1.2 Beratungs- und Förderangebote für Existenzgründungen

1.2.1 Beratung

Stofftelegramm

Anlaufstellen: Handwerkskammern, Industrie- und Handelskammern, Existenzgründungsinitiativen, Verbände, Steuerberater oder Unternehmensberater

Vor-Gründungsphase: Unterstützung durch die Bundesländer, teilweise Übernahme der Beratungskosten durch das BAFA-Programm „Förderung unternehmerischen Know-hows" (www.existenzgruendungsportal.de)

Beratungs- und Orientierungsangebote in Baden-Württemberg:
Beratungsgutscheine für eine kostengünstige Gründungsberatung durch einen Experten bzw. eine Expertin

- Zwei Phasen der Beratung:
  - Einstieg durch eine mehrstündige, in der Regel kostenlose Kompaktberatung
  - Für mehrtägige Intensivberatungen wird eine stark kostenreduzierte Eigenbeteiligung verlangt.
- Ziel:
  - Entwicklung eines tragfähigen Geschäftsmodells
  - Erstellung eines detaillierten Businessplans (siehe www.startupbw.de)

Aufgaben

1. Zeigen Sie Beratungsmöglichkeiten für eine Selbstständigkeit in Ihrer Wohnumgebung auf.
2. Was sind Beratungsgutscheine?

1.2.2 Förderung und Finanzhilfen

Stofftelegramm

- **Öffentliche Förderprogramme in Baden-Württemberg für Gründer:**
  durch Förderbanken (L-Bank, Bürgschaftsbank Baden-Württemberg, Mittelständische Beteiligungsgesellschaft)
- **Bundesweit geförderte Programme:**
  - Mikrofinanzierungsangebote
  - Darlehensprogramme über Bürgschaften
  - Bereitstellung von Wagniskapital
  - Innovationsförderprogramme
- **Spezielle Förderangebote:**
  - Gründungsvorhaben im ländlichen Raum
  - Gründung aus der Arbeitslosigkeit
  - innovative, technologieorientierte Vorhaben

Aufgaben

1. Welche öffentlichen Förderprogramme gibt es?
2. Erklären Sie die Begriffe „Mikrofinanzierung“, „Darlehen über Bürgschaften“ und „Wagniskapital“.

1.3 Businessplan

Stofftelegramm

Aufbau und Inhalt eines Businessplans

Deckblatt

Inhaltsverzeichnis

Geschäftsidee

Gründerprofil

Markteinschätzung

Standort

Wettbewerbssituation

Unternehmens-organisations- und Personalmanagement

Risikoanalyse

finanzwirtschaftliche Planungen

Anhang

Gründerperson:
Der Erfolg eines Unternehmens hängt vor allem von der Gründerpersönlichkeit ab. Diese sollte ausführlich beschrieben werden.

Kunden:
Wer und wo sind die Kunden? Alter, Geschlecht, Einkommen, Beruf, Privat- oder Geschäftskunden. Welchen Nutzen hat Ihr Angebot für potenzielle Kunden?

Konkurrenz:
Wer und wo sind die Konkurrenten? Stärken und Schwächen der Konkurrenz, Preise der Konkurrenz

- tabellarischer Lebenslauf
- Pachtvertrag
- Leasingvertrag
- Nachweis über eingetragene Schutzrechte
- Übersicht der Sicherheiten

Aufgaben

1. Erklären Sie den Aufbau eines Businessplans.
2. Welche Dokumente sind im Anhang eines Businessplans zu finden?
3. Wer sind die Adressaten eines Businessplans?

1.4 Amtliche Formalitäten für die berufliche Selbstständigkeit

Stofftelegramm

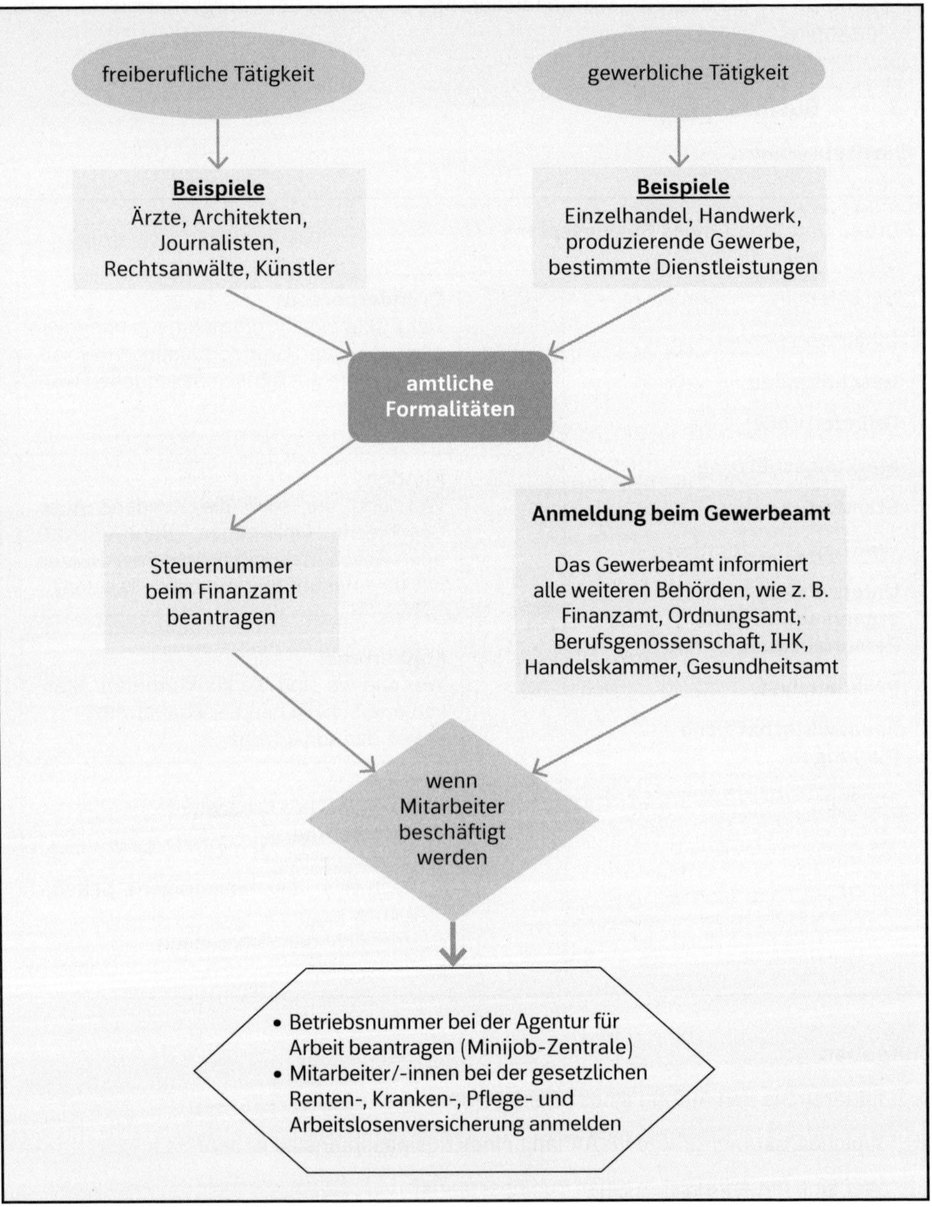

2 Standortfaktoren

2.1 Standortfaktoren und Standortwahl

Stofftelegramm

Standort: Ist der geografische Ort, an dem ein Betrieb z. B. Güter und Dienstleistungen herstellt.
- internationaler Standort
- nationaler Standort
- regionaler Standort
- lokaler Standort

Standortfaktoren = örtliche Produktionsvorteile

Input-Faktoren
- Grundstücke und Gebäude (Preise, Verfügbarkeit, Genehmigungen)
- Roh-, Hilfs-, Betriebsstoffe (Preise, Verfügbarkeit, Transportkosten)
- Arbeitskräfte (Qualifikation, Verfügbarkeit)
- Energie und Wasser (Verfügbarkeit, Kosten)
- Verkehrsinfrastruktur (Verfügbarkeit, Kosten)
- Informationsinfrastruktur (Verfügbarkeit, Kosten)

Durchlauf-Faktoren (Throughput)
- Lohnniveau der Arbeitskräfte
- Produktivität der Arbeitskräfte
- Gewerkschaften (Streikgefahr)
- soziale Bedingungen (Einstellung der Bevölkerung zur Arbeit)
- Umweltbedingungen (Klima, Boden)

Output-Faktoren
- Konkurrenz (Entfernung und Stärke)
- Absatzpotential (Kaufkraft, Kundennähe, Bevölkerungsstruktur)
- Absatzkontakte (Messen, Makler)
- Verkehrsinfrastruktur (Anbindung an Kunden, Transportwege zum Kunden, Transportkosten)

Staatliche Faktoren
- politische Stabilität
- Inflation
- Zölle, Außenhandelsgesetze
- Steuern
- staatliche Fördermaßnahmen (Subventionen)
- Wirtschaftsordnung (Wettbewerbsgesetz)
- Umweltschutzauflagen

Standortentscheidungen zu unterschiedlichen Unternehmensphasen:

Gründungsphase: Neugründung → Errichtung einer neuen Betriebsstätte

Umsatzphase:
- Standortexpansion → neue Standorte zum bisherigen dazu (z. B. Kapazitätsprobleme)
- Standortverlagerung → neue Standorte unter Aufgabe des bisherigen (z. B. Verlagerung ins Ausland)
- Standortzentralisation → Zusammenfassung bestehender Standorte (Nutzen von Synergieeffekten)
- Standortdezentralisation → räumliche Verteilung bestehender Standorte (z. B. bei großen Unterschieden im Produktprogramm)

2.2 Nutzwertanalyse

Stofftelegramm

Nutzwertananalyse = Entscheidungsbewertungstabelle, hilft bei der Auswahl von Alternativen.

Beispiel: *Ein Unternehmen hat zwei mögliche Standorte für eine neue Produktionsstätte.*

Kriterien	Gewichtung	Standort A		Standort B	
		Note	gew. Note	Note	gew. Note
Standort					
• Nähe zur Autobahn	10	7	70	10	100
• Nähe zur Spedition	15	5	75	1	15
• Nähe zum Lager	5	2	10	8	40
Kosten					
• Steuern	3	6	18	6	18
• Bau-/Mietkosten	16	9	144	4	64
• Energie	11	7	77	4	44
Gewinnpotenzial					
• Konkurrenznähe	7	8	56	5	35
• geringe Arbeitslosenquote	13	7	91	6	78
• hohe Bevölkerungsdichte	20	6	120	8	160
Gesamt	100	661		554	

↓

Standort A ist aufgrund der ausgewählten Kriterien und der vorgenommenen Gewichtung der bessere Standort.

Vorteile der Nutzwertanalyse:	• Die Entscheidungsfindung liegt schriftlich vor. • transparente Entscheidungen • dient als Diskussionsgrundlage
Nachteile der Nutzwertanalyse:	• subjektive Bewertung (z.B. Gewichtung) • zeitaufwendig, wenn viele Kriterien notwendig

2.3 Aufgaben

1. a) Definieren Sie den Begriff „Standort".
   b) Nennen Sie fünf Standortfaktoren.

2. Erklären Sie den Begriff „Infrastruktur" und dessen Bedeutung für die Standortwahl eines Betriebes.

3. Ein mittelständisches Unternehmen der Möbelbranche aus dem Schwarzwald fertigte bisher Schlafzimmer. Durch den Aufbau in den neuen Bundesländern glaubt die Geschäftsleitung, dass im Bereich Büromöbel noch erheblicher Bedarf besteht.
   Der derzeitige Standort lässt keine weiteren Industriebauten mehr zu. Der Unternehmensleitung werden passende Objekte in der Nähe von Saarbrücken, in einem Vorort von Prag (Tschechien) und in Pirna, einer Kleinstadt in der Nähe von Dresden, angeboten.
   a) Erläutern Sie vier Standortfaktoren, die bei der Auswahl einer besonderen Prüfung bedürfen.
   b) Gewichten Sie diese Faktoren und ermitteln Sie mit einer Entscheidungsmatrix den geeignetsten Standort für die Büromöbelproduktion. Dabei kann jeder Faktor mit maximal 10 Punkten pro Standort angesetzt werden. Begründen Sie Ihre Gewichtung der einzelnen Standortfaktoren.
   Entscheidungsmatrix:

Faktor ↘ Ort →	Prag	Pirna	Saarbrücken

3 Rechtsformen der Unternehmung

3.1 Kaufmann – Handelsregister – Firma

Stofftelegramm

Kaufmann im Sinne des HGB

- Für wen gilt das **HGB?** → Für **Kaufleute**
- Wer ist **Kaufmann nach HGB?**

  → jeder Gewerbetreibende mit kaufmänn. Organisation (mit kaufmännischem Geschäftsbetrieb)

  → jeder Gewerbetreibende ohne kfm. Organisation, sofern freiwillig im Handelsregister eingetragen

  = **Kannkaufmann** (Er **kann**, muss sich jedoch nicht im Handelsregister eintragen lassen.)

  → jede Kapitalgesellschaft (GmbH, AG) = **Formkaufmann**

  → jeder Land- und Forstwirt, sofern freiwillig im Handelsregister eingetragen = **Kannkaufmann**

- Wer im Handelsregister steht, ist **Kaufmann nach HGB.**

  (Bei deklaratorischer Wirkung besteht die Kaufmannseigenschaft evtl. schon vorher.)

- alle **Kleingewerbetreibende**

  = Gewerbetreibende, deren Unternehmen einen in kaufm. Weise eingerichteten Geschäftsbetrieb nicht erfordert;

  Kurz: Gewerbetreibende ohne kaufmännische Organisation

  können freiwillig die **Kaufmannseigenschaft** erwerben, indem sie sich ins Handelsregister eintragen lassen („**Kannkaufleute**").

- Auch **Kleingewerbetreibende** können eine **OHG bzw. KG** gründen, sofern sie im Handelsregister eingetragen sind.

Vgl. Übersicht nächste Seite!

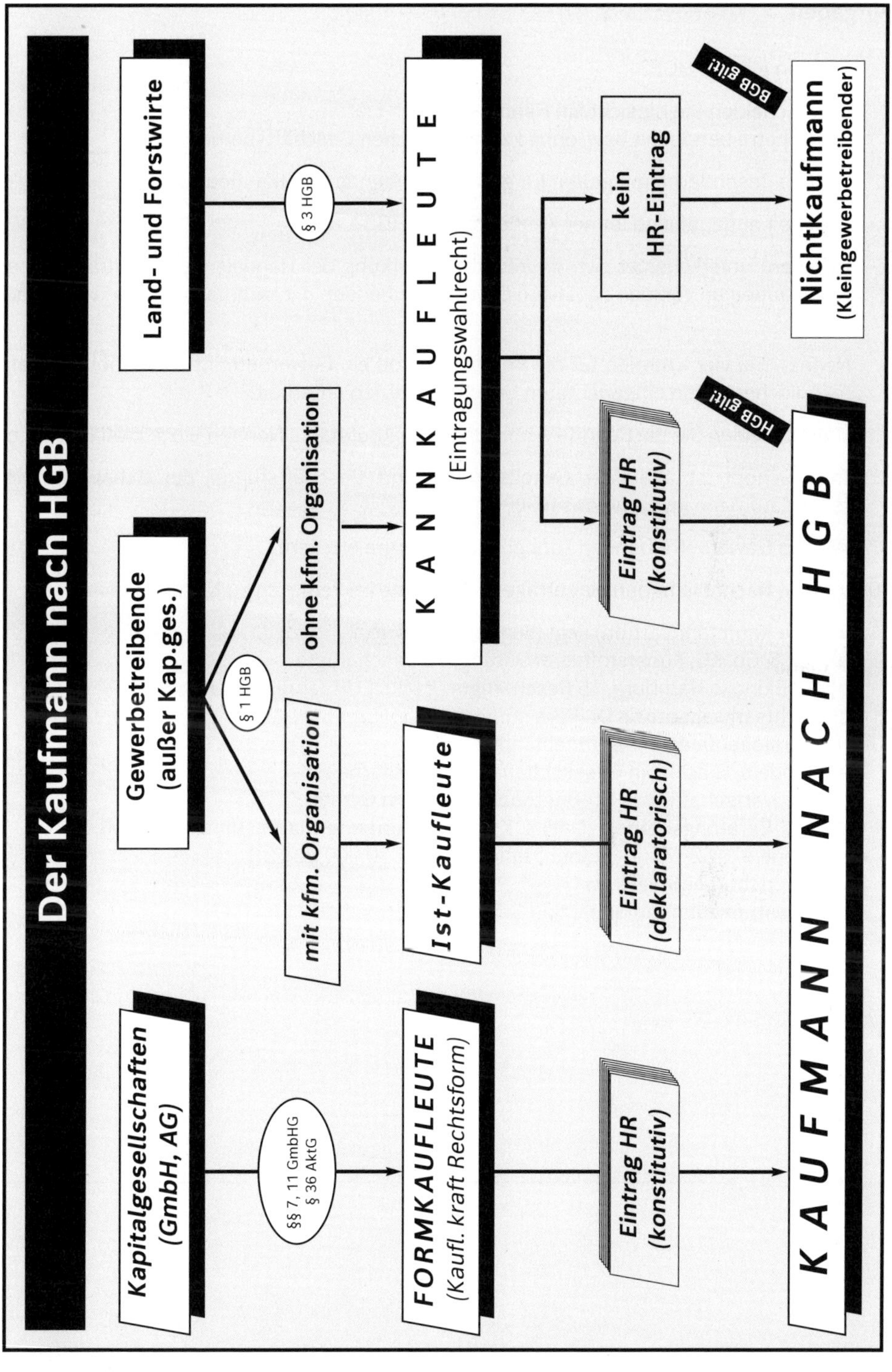
Der Kaufmann nach HGB
Kapitalgesellschaften
(GmbH, AG)
§§ 7, 11 GmbHG
§ 36 AktG
FORMKAUFLEUTE
(Kaufl. kraft Rechtsform)
Eintrag HR
(konstitutiv)
Gewerbetreibende
(außer Kap.ges.)
§ 1 HGB
mit kfm. Organisation
ohne kfm. Organisation
Ist-Kaufleute
Eintrag HR
(deklaratorisch)
Land- und Forstwirte
§ 3 HGB
KANNKAUFLEUTE
(Eintragungswahlrecht)
Eintrag HR
(konstitutiv)
kein
HR-Eintrag
KAUFMANN NACH HGB
HGB gilt!
Nichtkaufmann
(Kleingewerbetreibender)
BGB gilt!

Aufgaben

1. Für wen gilt das HGB?
2. Unterscheiden Sie hinsichtlich Handelsregister-Eintrag:
   Gewerbetreibende mit bzw. ohne kaufmännischen Geschäftsbetrieb.
3. Welche Besonderheiten gelten für gewerbetreibende Nichtkaufleute?
4. Welche Kaufleute sind immer Kaufleute nach HGB?
5. Inwiefern unterscheidet sich die rechtliche Wirkung der Handelsregistereintragung bei Formkaufleuten von den sonstigen Gewerbetreibenden mit kaufmännischem Geschäftsbetrieb?
6. Nennen Sie vier Kriterien für die Beurteilung, ob ein Gewerbetreibender einen in kaufmännischer Weise eingerichteten Geschäftsbetrieb unterhält.
7. Unterscheiden Sie die Begriffe Kann- und Formkaufmann. Nennen Sie je zwei Beispiele.
8. Ingo Schopf ist alleiniger Gesellschafter und Geschäftsführer der Schopf GmbH. Ist er Kaufmann im Sinne des HGB?
9. Welche Gewerbetreibenden können nicht Prokura erteilen?
10. Welche Nachteile haben eingetragene Kaufleute im Vergleich zu Nichtkaufleuten?
11. Welche Kaufmannsart(en) liegt (liegen) jeweils vor?
    a) Opf & Co. KG, Kunststoffverarbeitung, 70 Beschäftigte
    b) Großkino in Hamburg, 15 Beschäftigte, 2 Mio. EUR Jahresumsatz
    c) Rechtsanwaltspraxis Dr. Para
    d) Würstchenbude in der Innenstadt
    e) Handels-GmbH, ein Gesellschafter, keine Mitarbeiter
    f) Landwirtschaftlicher Großbetrieb des Bauern Gerster
    g) EDV-Beratungsbetrieb „Daty e. K." ohne Mitarbeiter; Jahresumsatz 70.000,00 EUR
    h) Poppe e. K.; 2-Mann-Betrieb; Jahresumsatz 30.000,00 EUR
    i) Ravensburger Spiele AG
    j) Industriekaufmann Sebastian Schaufel

Handelsregister → öfftl. Verzeichnis aller Kaufleute nach HGB des Amtsgerichtsbezirks

Inhalt:
- Firma
- Inhaber
- Kapital
- Prokura
- Geschäftssitz
- Gegenstand d. U.
- Geschäftsführer bzw. Vorstandsmitglieder

Öffentlichkeit des Handelsregisters:

- § 9 HGB: Einsicht für jeden
- § 10 HGB: Veröffentlichung aller Eintragungen und Löschungen (letztere erfolgen durch rotes Unterstreichen) im Bundesanzeiger und der örtl. Tageszeitung
- § 15 Abs. 2 HGB: öffentlicher Glaube (Eingetragene und bekanntgemachte Tatsachen muss jeder gegen sich gelten lassen.)

Abt. A: Einzelunternehmen und Personengesellschaften

Abt. B: Kapitalgesellschaften

Beginn der rechtlichen Wirkung der Eintragung:

1. **Deklaratorisch** (rechtsbezeugend): Die Rechtswirkung besteht schon vor Eintrag im Handelsregister.

   Beispiele: *Einzelunternehmen, Personengesellschaften jeweils mit kaufmännischer Organisation*

2. **Konstitutiv** (rechtserzeugend): Die Rechtswirkung besteht erst durch die Eintragung.

   Beispiele: *Kapitalgesellschaft, Kannkaufmann*

Firma → Name, unter dem der Kaufmann nach HGB seine Geschäfte betreibt und unterschreibt; er kann unter seiner Firma klagen und verklagt werden (§ 17 HGB).

Kurz: Handelsname

Arten:
- Personenfirma (Alf Moll)
- Sachfirma (Software Daten GmbH)
- Mischfirma (Bau Moll GmbH)
- Fantasiefirma (Softy OHG)

Firmengrundsätze:

- **Firmenöffentlichkeit:** Handelsregistereintrag → Jeder kann einsehen.
- **Firmenbeständigkeit:** Firmenbeibehaltungswahlrecht bei Inhaberwechsel, wenn bisheriger Inhaber einwilligt; Veräußerung der Firma ohne zugehörigen Geschäftsbetrieb nicht möglich

- **Unterscheidbarkeit:** (= Firmenausschließlichkeit) Unterscheidbarkeit von anderen Firmen muss bei Neugründungen beachtet werden.
- **Offenlegung der Haftungsverhältnisse:** durch Rechtsformzusätze (z. B. e. K.; OHG ...)
- **Offenlegung der Gesellschaftsverhältnisse:** durch Rechtsformzusätze
- **Irreführungsverbot:** Der Firmenname darf nicht über geschäftliche Verhältnisse, die für die Geschäftspartner maßgeblich sind, täuschen.

Aufgaben

1. Erklären Sie den Begriff „Handelsregister".
2. Wo kann das Handelsregister eingesehen werden?
3. Nennen Sie acht wesentliche Eintragungen im Handelsregister.
4. Wer darf das Handelsregister einsehen?
5. Wie wird formal eine Handelsregistereintragung gelöscht?
6. Wie werden HR-Eintragungen bzw. -Änderungen bekanntgemacht?
7. Welche Bedeutung hat das Handelsregister?
8. Welche Personenkreise haben ein besonderes Interesse an HR-Eintragungen bzw. -Änderungen? Drei Nennungen mit Begründung.
9. Welche Rechtsformen werden in welchen Abteilungen des Handelsregisters geführt?
10. Erklären Sie den Begriff „öffentlicher Glaube".
11. Erklären Sie anhand je eines Beispiels die unterschiedliche rechtliche Wirkung einer Handelsregistereintragung. Verwenden Sie die üblichen Fachbegriffe.
12. Welche der folgenden Aussagen sind richtig?
    a) Das Handelsregister ist ein öffentliches Verzeichnis aller Kaufleute.
    b) Das Handelsregister unterrichtet u. a. über Kapitalverhältnisse eines Unternehmens.
    c) GmbHs werden in Abteilung A des Handelsregisters geführt.
    d) Prokuristen werden nur in Abteilung B des Handelsregisters geführt.
    e) Alle Eintragungen und Änderungen im Handelsregister werden veröffentlicht.
    f) Deklaratorische Wirkung des Handelsregistereintrags bedeutet, dass die Rechtswirksamkeit mit der Eintragung im Handelsregister eintritt.
    g) Die Löschung einer Handelsregistereintragung erfolgt durch Unterstreichen.
    h) Handelsregistereintragungen kann jeder einsehen, der ein berechtigtes Interesse nachweist.
    i) Das Handelsregister informiert Außenstehende über die Gewinnsituation des Unternehmens.
    j) Anmeldungen zur Eintragung im Handelsregister müssen in notariell beglaubigter Form erfolgen.

13. Erklären Sie den Begriff „Firma".

14. Nennen und beschreiben Sie kurz sechs Firmengrundsätze.

15. Welche Firmenart liegt in folgenden Fällen jeweils vor?
    a) Sportgroßhandel KG
    b) Schneider-Video-GmbH
    c) Holzapfel OHG
    d) Biggy AG
    e) Müller e. Kffr.
    f) Schulbuchverlag Anne Pfeff KG

16. Anke Strupp, Inhaberin des Modegeschäfts „Anke Strupp e. Kffr." in Bonn, verkauft das Geschäft an Evi Pfau. Unter welchen Voraussetzungen darf die bisherige Firma beibehalten werden?

17. Franz Maier möchte in Wittenberg/Lutherstadt eine Firma mit der Bezeichnung „Franz Maier e. K." gründen, obwohl bereits eine andere gleichnamige Firma in Wittenberg existiert. Ist dies möglich? Begründung.

18. Die Firma „Schulbuchverlag Pfau GmbH" ändert den Unternehmensgegenstand und verkauft nur noch Videos an Videotheken. Darf die Firma beibehalten werden? Begründung.

3.2 Übersicht über die wesentlichen Rechtsformen

Stofftelegramm

Einzelunternehmung: ein Vollhafter (Alleinunternehmer)

Personengesellschaften:

- Offene Handelsgesellschaft (OHG): mindestens 2 Vollhafter
- Kommanditgesellschaft (KG): mindestens 1 Vollhafter (Komplementär)
mindestens 1 Teilhafter (Kommanditist)
- GmbH & Co. KG: KG, bei der GmbH Vollhafter ist

Kapitalgesellschaften:

- Gesellschaft mit beschränkter Haftung (GmbH): mindestens 1 Teilhafter
- Aktiengesellschaft (AG): mindestens 1 Teilhafter

3.3 Einzel- oder Gesellschaftsunternehmung

Stofftelegramm

Einzelunternehmung → Einzelunternehmer = alleiniger Eigentümer

Firma:	Zusatz „e. K." (eingetragener Kaufmann) bzw. „e. Kfm." bzw. „e. Kffr."
Haftung:	Privat- und Geschäftsvermögen (= unbeschränkte Haftung)
Vorteile:	• schnelle Entscheidungen (keine Abstimmungen) • keine Streitigkeiten in Unternehmensführung • keine Gewinnaufteilung
Nachteile:	• keine Risiko-(Haftungs-)teilung • begrenzte Kapitalbeschaffungsmöglichkeiten • einseitige Unternehmenspolitik • evtl. Arbeitsüberlastung
Bedeutung:	• häufigste Unternehmensform • geeignet für kleine bis mittelgroße Unternehmen • große Entfaltungsmöglichkeiten des Unternehmers

Gesellschaft → mindestens zwei Gesellschafter

Gründe für Gesellschaftsbildung	Nachteile einer Gesellschaft
• Kapitalvermehrung	• weniger Entscheidungsfreiheit (Geschäftsführung und Vertretung in verschiedenen Händen)
• Verteilung der Arbeitslast	• Entscheidungsverzögerungen durch Meinungsverschiedenheiten
• Aufteilung Unternehmerrisiko	• Gewinnaufteilung
• Erhöhung der Kreditwürdigkeit	
• Heranziehen von Fachleuten	

Aufgaben (Grundwissen)

1. Knut Säusel eröffnet eine Einzelunternehmung. Wie könnte die Firma lauten?
2. Wie haftet der Einzelunternehmer?
3. Nennen Sie je drei Vor- und Nachteile der Einzelunternehmung.
4. Welche Bedeutung hat die Einzelunternehmung?
5. Nennen Sie Vor- und Nachteile einer Gesellschaftsbildung.

3.4 Die Kommanditgesellschaft (KG)

Stofftelegramm

Gesellschaftsvertrag
- formfrei möglich, meist jedoch schriftlich
- notarielle Beurkundung bei Einbringung von Grundstücken

Gesellschafter → mind. 1 Komplementär (= Vollhafter) und 1 Kommanditist (= Teilhafter)

Firma → Rechtsformzusatz „KG"

Haftung Komplementäre → unbeschränkt – unmittelbar – solidarisch

Haftung Kommanditisten
- Nur Einlage laut Handelsregister (= Haftsumme) haftet.
- unmittelbare Haftung nur in Höhe einer nicht voll eingezahlten Einlage
- Haftung bei Neueintritt: bis zum Eintrag ins Handelsregister Haftung wie Vollhafter, erst nach HR-Eintrag Teilhafter
- vor Eintrag der KG ins Handelsregister, ebenfalls volle Haftung

Gesetzl. Gewinnverteilung
- 4 % des Kapitals, Rest in angemessenem Verhältnis, ab 01.01.2024 neue Regelung (MoPeG): Nach Abzug der Tätigkeitsvergütungen der Gesellschafter wird der restliche Gewinn anteilsmäßig entsprechend der Kapitalanteile aufgeteilt.
- andere Regelung im Gesellschaftsvertrag möglich

Gesetzl. Verlustverteilung
- Verteilung in angemessenem Verhältnis (Regelung im Gesellschaftsvertrag üblich)
- Kommanditist ist am Verlust nur bis zum Betrag seines Kapitalanteils und seiner noch ausstehenden Einlage beteiligt.

Privatentnahmen Komplementäre
bis zu 4 % des Kapitalanteils zu Geschäftsjahresbeginn (auch bei Verlusten) + (falls > 4 %) Gewinnanteil

Wettbewerbsverbot
Betr. nur Komplementäre: § 117 HGB

ohne Zustimmung der anderen Gesellschafter

1. keine eigenen Geschäfte im Handelsgewerbebereich der KG
2. keine Beteiligung an gleichartigem Unternehmen als persönl. haftender Ges'er

Rechte der KG bei Verstoß: Schadenersatz oder Selbsteintrittsrecht oder Herausgabe der Vergütung oder dgl.

Geschäftsführung (= Innenverhältnis)

§ 116 HGB: nur die **Komplementäre!**
§ 164 HGB: Kommanditisten nicht!

- **Gewöhnliche Geschäfte:** Einzelgeschäftsführungsbefugnis
- **Außergewöhnl. Geschäfte:** Gesamtgeschäftsführungsbefugnis (Zustimmung aller Gesellschafter notwendig); **Widerspruchsrecht** des **Kommanditisten**
- **Ausschluss einzelner Gesellschafter von der Geschäftsführung:**

Bei außergewöhnlichen Geschäften ist dennoch Zustimmung notwendig.

Vertretung (= Außenverhältnis)

§§ 124, 126 HGB: die **Komplementäre!**
(nicht: Kommanditisten!)

Einzelvertretungsbefugnis bei gewöhnlichen und außergewöhnlichen Geschäften (Zweck dieser Regelung: Schutz des Dritten)

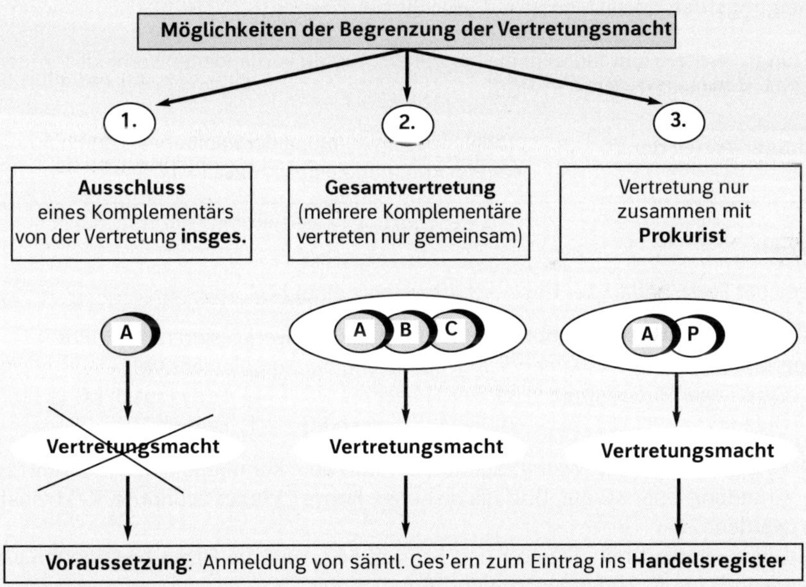

!!! Nicht wirksam gegenüber Dritten: Beschränkung des <u>Umfangs</u> der Vertretungsmacht !!!

Beginn der KG

- **Innenverhältnis:** laut Gesellschaftsvertrag oder § 123 HGB mit Handelsregistereintrag
- **Außenverhältnis:** mit erstem Geschäft (Handelsregistereintrag ist **deklaratorisch**.) Ausnahme: Kannkaufleute (KG entsteht erst mit HR-Eintrag = konstitutiv.)

Aufnahme eines neuen Komplementärs N

- N haftet auch für Schulden, die bei seinem Eintritt bereits bestehen. Ein Ausschluss dieser Haftung ist nur im Innenverhältnis möglich (§ 127 HGB).
- Möglichkeit bei **Eintritt in eine bisherige Einzelunternehmung**: N kann die Haftung auch im Außenverhältnis ausschließen durch:

  1. Eintrag im Handelsregister und Bekanntmachung oder
  2. Mitteilung an alle Gläubiger

Ausscheiden eines Komplementärs

- **Kündigungsfrist:** sechs Monate auf Geschäftsjahresende (§ 130 HGB)
- **Haftung:** weitere fünf Jahre für die bei seinem Austritt vorhandenen Verbindlichkeiten der Gesellschaft (§ 151 HGB)

Wichtiger Vorteil der KG problemlose Erweiterung der Kapitalbasis durch Aufnahme weiterer Kommanditisten möglich

Aufgaben

1. Welcher **Form** bedarf der Gesellschaftsvertrag einer KG?
2. Welche der folgenden **Firmen** einer neu zu gründenden KG sind rechtsgültig? Begründung. *(Hinweis: namentlich genannt sind nur Komplementäre!)*
   a) Gerd Feger Nudelfabrik
   b) Nufa KG
   c) Gerd Feger
   d) Feger & Frosch KG
   e) Eddy Frosch KG
   f) Feger KG
3. a) Einzelunternehmer Walter Schnorr nimmt den Kommanditisten Schnuff zwecks Gründung einer KG auf. Darf die bisherige **Firma** („Walter Schnorr e. K.") beibehalten werden?
   b) Die KG firmiert mit „Schnorr und Schnuff KG". Darf die **Firma** beibehalten werden, wenn Schnuff wieder ausscheidet? Begründung.
   c) Aus der Firma „Schnorr, Schnuff & Schnauff KG" scheidet Schnuff aus. Darf die **Firma** beibehalten werden?
   d) An der „Schnorr KG" sind drei Gesellschafter beteiligt. Schnorr scheidet aus. Darf die **Firma** beibehalten werden?
4. a) Erläutern Sie kurz die drei für Komplementäre bedeutenden **Haftungsbegriffe**.
   b) Worin unterscheiden sich **„Haftung"** und **„Verlustbeteiligung"**?

5. Wie wird der **Gewinn (Verlust)** bei der KG laut Gesetz verteilt?

6. Erklären Sie das gesetzliche **Wettbewerbsverbot** für KG-Gesellschafter und nennen Sie je ein Beispiel.

7. Die ABC-KG (50 Mitarbeiter, jährliche Erlöse 3 Mio. EUR, Bilanzsumme 1 Mio. EUR) hat bezüglich **Vertretung** und **Geschäftsführung** keine gesellschaftsvertraglichen Regelungen getroffen. B unterzeichnet ohne Vorabsprache mit A und C einen äußerst günstigen Kaufvertrag über ein Fließband im Wert von 800.000,00 EUR.
A und C sind nachträglich nicht einverstanden. Rechtslage?

8. Bei der ABC-KG haben die Gesellschafter vereinbart, dass Grundstücksverträge nur gemeinsam abgeschlossen werden dürfen. Der Verkäufer eines Grundstücks weiß dies.
A schließt dennoch – ohne Rücksprache mit den anderen Gesellschaftern – einen notariellen Kaufvertrag ab. Ist dieser gültig?

9. Komplementär A soll von der **Vertretung** ausgeschlossen werden.
   a) Unter welcher Voraussetzung ist dies nur rechtswirksam?
   b) Welche sonstigen Vertretungsbeschränkungen wären denkbar?
   c) Welche Vertretungsbeschränkung ist stets unwirksam?

10. Gesellschaftsvertrag der ABC-KG vom 15.05. mit Beschluss, dass die KG am 20.05. **beginnen** soll. Handelsregistereintrag: 25.06.
A unterschreibt am 30.05. einen Kaufvertrag.
Beurteilen Sie den Sachverhalt im Außen- und Innenverhältnis.

11. a) Der Einzelunternehmer Ott nimmt den Vollhafter Neu und den Kommanditisten Felder auf. **Haftet** Neu auch für die alten Schulden der alten Firma?
    b) Welche Möglichkeit hat Neu?
    c) Wie wäre die Rechtslage, wenn Neu in eine bestehende KG eingetreten wäre?

12. Komplementär Sauer will **ausscheiden.** a) Kündigungsfrist? b) Haftung?

13. Komplementär Streiter fasst am 02.07.01 den Entschluss, aus der Moppel & Sting KG **auszuscheiden.**
    a) Wann ist er frühestens aus seinem Vertrag „befreit“? Begründung.
    b) Drei Jahre nach seinem Ausscheiden tritt ein Gläubiger der Moppel & Sting KG an Streiter heran und verlangt die Begleichung einer am 14.10.01 entstandenen und noch nicht verjährten Forderung. Muss Streiter zahlen?

14. Die Komplementäre Schinkel und Brosius sind an der Schinkel KG beteiligt. Brosius scheidet aus. Darf die bisherige **Firma** beibehalten werden? Begründung.

15. Nehmen Sie Stellung zur Rechtsgültigkeit der Vorschläge einzelner Gesellschafter der „ABC KG“ betr. Ausgestaltung des Gesellschaftsvertrages der neu zu gründenden KG:
Vorschlag A: „Die Gesellschafter B und C dürfen die KG nur gemeinsam **vertreten**.“
Vorschlag B: „Die Gesellschafter B und C sind nicht berechtigt, namens der Gesellschaft Grundstücke zu kaufen.“

16. Der Gesellschaftsvertrag vom 10.06. setzt den Beginn der „DEF KG“ auf den 01.10. fest, die Eintragung ins Handelsregister erfolgt am 15.10.
    Am 08.10. schließt Gesellschafter D eigenmächtig einen Kaufvertrag über eine Fertigungsanlage im Wert von 510.000,00 EUR ab, da er von einer geplanten Preiserhöhung erfahren hatte.

    Beurteilen Sie exakt die Rechtsgültigkeit dieser Handlung im Innen- und Außenverhältnis. Unterstellen Sie, dass diesbezügliche gesellschaftsvertragliche Regelungen fehlen.

17. Gesellschafter Mau ist an der Mau & Sauer KG beteiligt.
    Kapitalanteil Mau 01.01.01: 300.000,00 EUR
    Verlustanteil Mau im Jahr 01: 50.000,00 EUR
    Privatentnahmen Mau im Jahr 01: 12.000,00 EUR
    Sauer ist sauer über die seines Erachtens zu hohen **Privatentnahmen** von Mau. Zu Recht?

18. Der Kaufmann Alfons Storch betreibt seit 20 Jahren eine Einzelunternehmung. Für eine Betriebserweiterung soll in eine KG umgewandelt werden. Als neue Gesellschafter sollen sein Sohn Ewald als Kommanditist und der Mitarbeiter Sepp Eifer als Komplementär aufgenommen werden. Die Firma soll weiterhin die Bezeichnung „Alfons Storch e. Kfm.“ behalten.
    Herr Storch sen. bringt seine Unternehmung (Gebäude, sonst. Anlagevermögen, Umlaufvermögen) im Wert von 1,2 Mio. EUR ein, sein Sohn leistet eine Bareinlage von 200.000,00 EUR und Herr Eifer stellt seine Arbeitskraft zur Verfügung.

    Die KG beginnt laut Gesellschaftsvertrag vom 15.12.02 am 01.01.03; Eintragung im Handelsregister am 10.01.03.
    a) Welche **Form** muss der Gesellschaftsvertrag dieser KG haben?
    b) Kann die bisherige **Firma** beibehalten werden? Begründung.
    c) Kann Sepp Eifer ohne Kapitaleinlage Gesellschafter werden?
    d) Wann **entsteht** die KG?
    e) Ein Gläubiger der KG, Georg Nieselpriem, wendet sich direkt an Eifer und verlangt von ihm die Begleichung seiner im März 02 entstandenen Forderung über 60.000,00 EUR. Muss Eifer zahlen oder kann er Nieselpriem an die KG verweisen? Begründung.

19. Nennen Sie die **Rechte** und **Pflichten** der KG-Gesellschafter.

20. An der Moll & Co. sind die Komplementäre Moll und Stoll sowie die Kommanditisten Filz und Milz beteiligt. Moll kauft ohne Vorabsprache für die Gesellschaft Aktien für 390.000,00 EUR. Prüfen Sie die Rechtslage.

21. Am 13.05. tritt ein Kommanditist in eine bestehende KG **neu** ein. Der Handelsregistereintrag erfolgt am 30.05. Erklären Sie die zwischenzeitliche Situation bezüglich der Haftung.

22. Wann haften **alle** Kommanditisten einer KG ausnahmsweise voll?

23. Ein **Kommanditist** schließt namens der KG einen Kaufvertrag über 100,00 EUR. Ist der Vertrag für die KG bindend? Begründung.

24. Können **Kommanditisten** bei entsprechender Gesellschaftsvertragsgestaltung eine komplementärähnliche „Machtposition" ausüben (Innen- und Außenverhältnis berücksichtigen)?

25. Kommanditkapital des Kommanditisten K: 100.000,00 EUR (Haftsumme)
Davon wurden bereits eingezahlt: 70.000,00 EUR
Gläubiger G wendet sich an K zwecks Einziehung seiner Forderung gegenüber der KG in Höhe von 50.000,00 EUR. Muss K zahlen? Begründung.

26. Wie beeinflusst der **Gewinnanteil** eines Kommanditisten seinen Kapitalanteil?

27. Haftet ein **neuer Kommanditist** auch für alte Schulden der KG?

28. Einzelunternehmer Hans Motte will seine Produktionsanlagen erweitern. Die Finanzierung soll u. a. durch Aufnahme eines Gesellschafters und die Umwandlung in eine KG erfolgen.

    Mit Umwandlung der EU in eine KG tritt Fred Rist am 31.01. mit Unterzeichnung des Gesellschaftsvertrags als Kommanditist in das Unternehmen ein. Seine Einlage beträgt 100.000,00 EUR, wovon zunächst nur 50.000,00 EUR eingezahlt werden.

    Die Eintragung in das Handelsregister erfolgt am 15.02.
    a) Welche **Gründe** mögen Motte bewogen haben, eine KG als Gesellschaftsform zu wählen (drei Gründe)?
    b) Wie könnte die **Firma** der KG lauten (zwei Möglichkeiten nennen)?
    c) Zu welchem Zeitpunkt **entsteht** die KG im Innen- und Außenverhältnis? Begründung.
    d) Die KG kommt vorübergehend in Zahlungsschwierigkeiten. Gläubigerforderungen in Höhe von 120.000,00 EUR sind fällig. Die Verpflichtungen sind vor Eintritt des Gesellschafters Rist in die Unternehmung entstanden. Beurteilen Sie die **Haftungsgrundlage** des Gesellschafters Rist vor und nach der Handelsregistereintragung.
    e) Zwischen dem Komplementär Motte und dem Kommanditisten Rist ergeben sich in der Folgezeit Differenzen. Nehmen Sie zu folgenden Situationen Stellung:
        ea) Rist widersetzt sich der Absicht von Motte, eine Zweigniederlassung in der Schweiz zu gründen.
        eb) Rist tritt in ein neu gegründetes Konkurrenzunternehmen am Geschäftssitz der KG als Vollhafter ein.
        ec) Rist kündigt aus diesem Grund am 30.11. das Gesellschaftsverhältnis zum 31.12. desselben Jahres.

29. Bis zu welcher Höhe ist ein Kommanditist am **Verlust** beteiligt?

3.5 Die GmbH (einschließlich UG)

Stofftelegramm

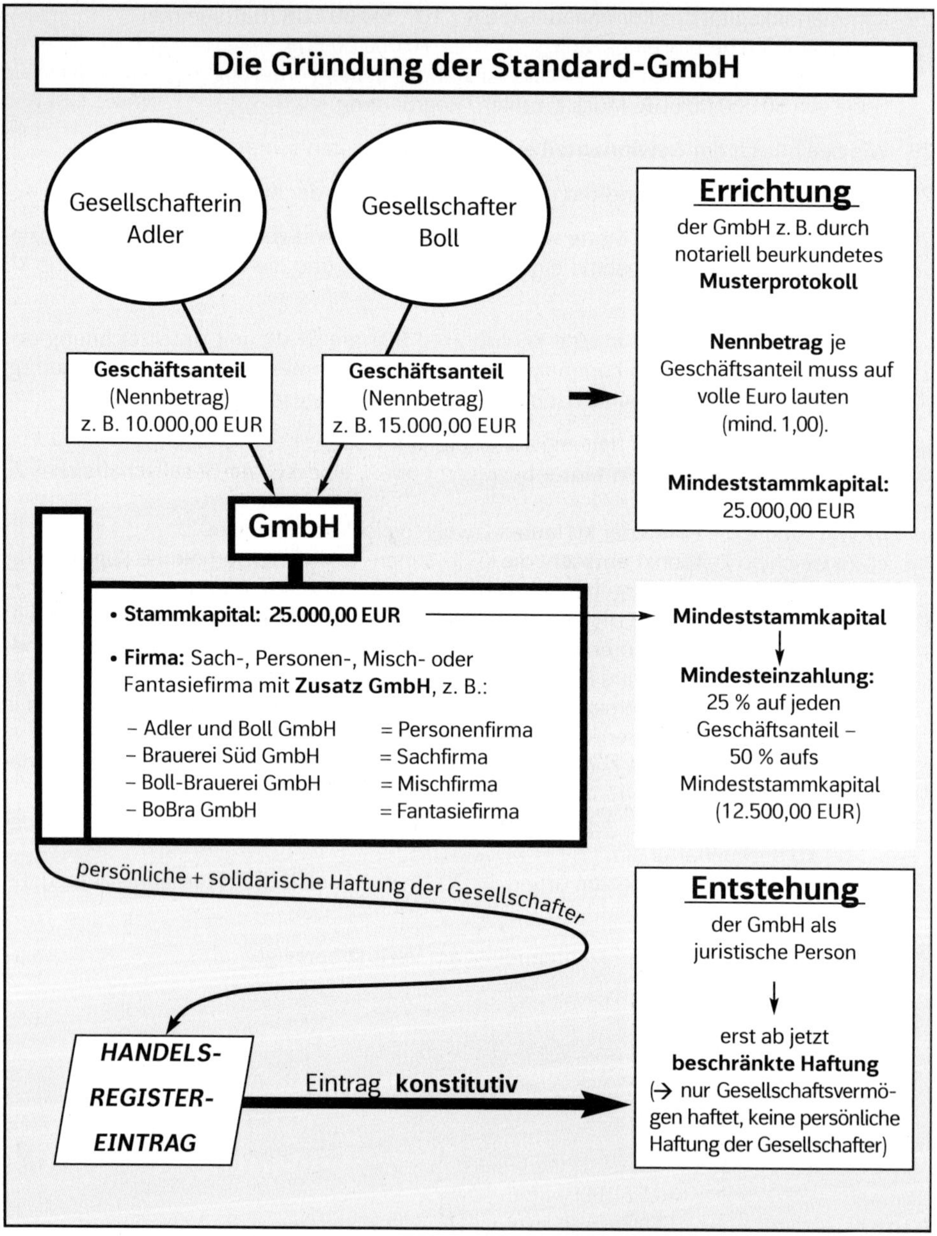

Gesellschaftsform

Standard-GmbH

= GmbH mit mindestens 25.000,00 EUR Stammkapital

Im Wesentlichen entspricht die Gründung einer Standard-GmbH der Gründung einer herkömmlichen GmbH.

Wann Standard-GmbH?

- „GmbH“ soll gegründet werden
- genügend Kapital vorhanden
- höheres Stammkapital für Fremdfinanzierung unverzichtbar
- „GmbH“ soll Firmenbestandteil sein

Vorteile

- höhere Kreditwürdigkeit →
- leichtere Fremdfinanzierung

Nachteile

- Gründung ist – komplizierter,
  – langsamer,
  – kostenintensiver.

Unternehmergesellschaft (haftungsbeschränkt) = Mini-GmbH

= GmbH mit einem Stammkapital zwischen 1,00 EUR und 24.999,00 EUR

- **Sachgründung verboten**
- **Firmenzusatz:** Unternehmergesellschaft [bzw. UG (haftungsbeschränkt)]
- **Zwangsthesaurierungspflicht:** Einstellung von jeweils 25 % des Jahresüberschusses in die **gesetzliche Rücklage**, bis Stammkapital durch Kapitalerhöhung aus Gesellschaftsmitteln 25.000,00 EUR beträgt; dann Umfirmierung möglich

Wann Mini-GmbH?

- nicht genügend Kapital für Standardgründung vorhanden
- Kapitalbedarf gering
- genügend persönliche Sicherheiten für Fremdfinanzierung vorhanden
- „GmbH“ in Firma uninteressant

Vorteile

- Gründung ist – einfacher,
  – schneller,
  – kostengünstiger.

Nachteile

- geringere Kreditwürdigkeit →
- schwierigere Fremdfinanzierung

Die haftungsbeschränkte Unternehmergesellschaft (UG)

Die Gründung der UG

UG (umgangssprachlich): **Mini-GmbH**

Gesellschafterin Adler → **Geschäftsanteil** (Nennbetrag): 1,00 EUR

Gesellschafter Boll → **Geschäftsanteil** (Nennbetrag): 1,00 EUR

→ **„Errichtung“** der UG z. B. durch **notariell beurkundetes Musterprotokoll**

Mindestnennbetrag je Geschäftsanteil: 1,00 EUR (volle Euro)

Mindeststammkapital: 1,00 EUR

UG (haftungsbeschränkt)

- **Gezeichnetes Kapital (Stammkapital): 2,00 EUR**
- **Firma:** Sach-, Personen-, Misch- oder Fantasiefirma mit **Zusatz**:

  „Unternehmergesellschaft (haftungsbeschränkt)“ oder **„UG (haftungsbeschränkt)“**

  z. B.: – Adler und Boll UG (haftungsbeschränkt)
  – Brauerei ABO Unternehmergesellschaft (haftungsbeschränkt)

persönliche + solidarische Haftung der Gesellschafter

HANDELSREGISTEREINTRAG

Eintrag **konstitutiv** →

„Entstehung“ der UG als juristische Person:

erst ab jetzt

beschränkte Haftung

(nur Gesellschaftsvermögen haftet – keine persönliche Haftung der Gesellschafter)

Die Organe der GmbH

Geschäftsführer

Vertretung = Außenverh.

- alle gewöhnl. + außergewöhnl. Geschäfte
- Beschränkungen gegenüber Dritten unwirksam
- mehrere Geschäftsführer: Gesamtvertretung

Geschäftsführung = Innenverhältnis

Eintritt durch:

Bestellung

+

Anstellungsvertrag

Ausscheiden durch:

Abberufung

+

Kündigung

Haftung: § 43 Abs. 2 GmbHG
solidarische Haftung für den entstandenen Schaden bei Verletzung ihrer Obliegenheiten

Personenkreis:

Gesellschafter- oder Fremdgeschäftsführer

Aufsichtsrat

GmbH mit maximal 500 Arbeitnehmern:

kein Aufsichtsrat notwend.

GmbH zwischen 501 und 2.000 Arbeitnehmern:

- Bildung Aufsichtsrat nach BetrVG
- Zusammensetzung:
  $\frac{2}{3}$ Ges'ervertreter
  $\frac{1}{3}$ Arbeitn.vertreter
- Mindestzahl der Aufsichtsratsmitglieder: 3

GmbH > 2.000 Arbeitn.:

- Bildung Aufsichtsrat nach Mitbest.gesetz
- Zusammensetzung:
  $\frac{1}{2}$ Ges'ervertreter
  $\frac{1}{2}$ Arbeitn.vertreter
- AR-Vorsitzender = Gesellschaftervertreter (hat bei Pattsituationen eine **zweite Stimme**)
- Mindestzahl der Aufsichtsratsmitglieder: 12

Aufgaben (z. B.):

Bestellung, Überwachung und Abberufung des Geschäftsführers ...

Gesellschafterversammlung

- oberstes Organ mit erheblich mehr Rechten als die vergleichbare Hauptversammlung bei der AG
- Bestellt den Geschäftsführer, sofern die GmbH max. 500 Arbeitn. hat (vgl. Aufsichtsrat!).
- jeder Euro eines Geschäftsanteils = 1 Stimme

  (Abweichungen laut Satzung möglich)
- Zwingende Rechte der Gesellschafter:
  - Satzungsänderungen
  - Auflösung der GmbH
- Rechte der Gesellschafter, sofern keine andere Satzungsregelung vorliegt (vgl. § 46 GmbHG):
  - Feststellung Jahresabschluss und Gewinnverwendung
  - Bestellung + Abberufung des Geschäftsführers
  - Bestellung von Prokuristen und allg. Handlungsbevollmächtigten

  ....

Aufgaben

1. a) Wann entsteht die GmbH?
   b) Wie ist die Haftung vor und nach Entstehung geregelt?
   c) Welche Organe hat die GmbH?
2. Bei einer GmbH sind am Stammkapital von 50.000,00 EUR die Gesellschafter A mit 20.000,00 EUR, B mit 15.000,00 EUR und C mit 15.000,00 EUR beteiligt.
   a) Wie viele Stimmen haben A, B und C jeweils bei Abstimmungen?
   b) Wie hoch sind die Geschäftsanteile der Gesellschafter?
   c) Besteht die Möglichkeit, dass B Geschäftsführer wird?
   d) Geschäftsführer B kauft eine Fabrikhalle für 150.000,00 EUR, ohne vorher A und C zu fragen. Rechtsgültig? Begründung.
   e) Wie ist d zu beantworten, wenn A und B Geschäftsführer wären?
   f) Geschäftsführer A ernennt den Angestellten D zum Prokuristen. Rechtsgültig? Begründung.
   g) Geschäftsführer A möchte einen Teil des Gewinnes in die Rücklage einstellen. Können B und C dies verhindern? Begründung.
   h) Gesellschafter C vereinbart mit M schriftlich, dass er ihm seinen Geschäftsanteil veräußert. Rechtsgültig? Begründung.
3. Unterscheiden Sie die Begriffe „Stammkapital" und „Geschäftsanteil".
4. a) Die Geschäftsführer einer GmbH sind laut Gesellschaftsvertrag zur Gesamtvertretung befugt. Erklären Sie diesen Begriff und nennen Sie je zwei Gründe für und gegen eine derartige Regelung.
   b) Nach der Ansicht eines Gesellschafters sollte man die GmbH in eine KG umwandeln. Formulieren Sie je drei Argumente für und gegen diesen Vorschlag.
5. a) Erklären Sie den Begriff „Musterprotokoll".
   b) Unter welchen Voraussetzungen ist die Gründung mit Musterprotokoll möglich?
   c) Nennen Sie je einen Vor- und Nachteil der Gründung per Musterprotokoll.
6. Wie muss die Firma der
   a) Standard-GmbH,
   b) Mini-GmbH lauten?
7. Welche Einschränkung ist bei der Mini-GmbH hinsichtlich der Gewinnverwendung zu beachten?
8. Nennen Sie je einen Vor- und Nachteil der Mini-GmbH.

3.6 Die GmbH & Co. KG

Hinweis: Die GmbH & Co. KG ist im Lehrplan nicht erwähnt, sodass die Thematik möglicherweise nicht prüfungsrelevant ist.

Stofftelegramm

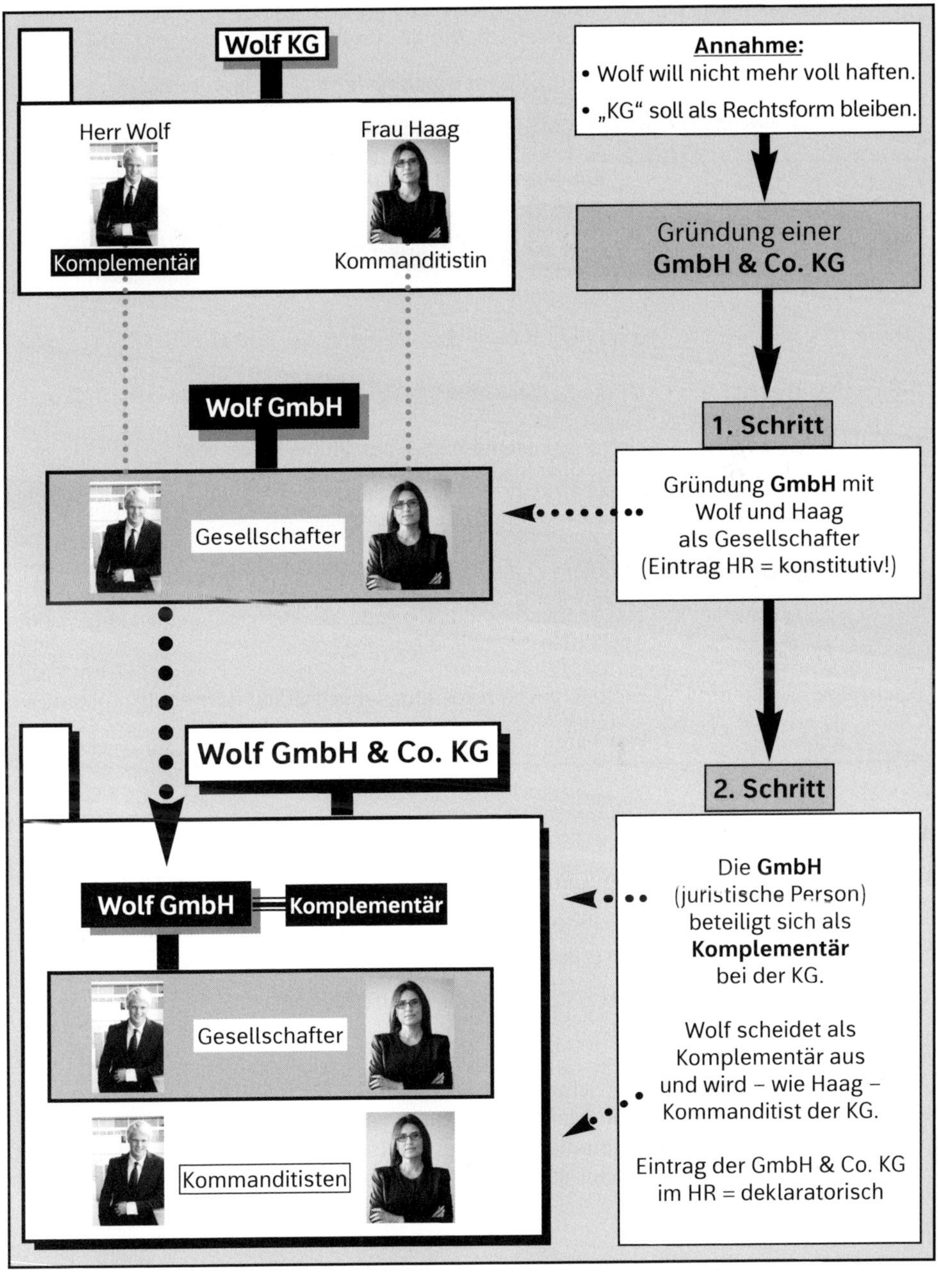

Gründung:

- Gründung einer **GmbH**/Eintrag im Handelsregister (Eintrag = konstitutiv)
- Gründung der **GmbH & Co. KG**, bei der sich die GmbH als Komplementär beteiligt; Kommanditisten = natürliche Personen (In der Regel sind Kommanditisten gleichzeitig Gesellschafter der GmbH.)

Eintrag der GmbH & Co. KG im Handelsregister = deklaratorisch

Ein-Mann-GmbH & Co. KG möglich; **Beispiel:**

Firma: Name der GmbH (= Komplementär) + Zusatz „Co. KG“

Geschäftsführung: Komplementär-GmbH, vertreten durch ihren Geschäftsführer

Vorteile i. Vgl. zur KG:

- Haftungsbeschränkung (nur GmbH haftet voll!)
- Geschäftsführer als Nachfolger (z. B. Erbfall) leichter zu finden, da keine persönliche Haftung

Vorteile i. Vgl. zur GmbH:

- flexiblere Eigenkapitalbeschaffung über Kommanditeinlagen
- evtl. Mitbestimmungsvorteile (bei kleingehaltener GmbH kein Aufsichtsrat notwendig)

Nachteile:

- Erstellung von zwei Jahresabschlüssen notwendig (Kosten!)
- evtl. eingeschränkte Kreditwürdigkeit

Aufgaben (Grundwissen)

1. Erklären Sie die Beteiligungs- und Haftungsverhältnisse bei der GmbH & Co. KG.
2. Welche Überlegungen könnten die Gesellschafter einer a) KG, b) GmbH dazu veranlassen, eine GmbH & Co. KG zu gründen?
3. Wem obliegt bei einer GmbH & Co. KG die Geschäftsführung?
4. Nennen Sie Nachteile der GmbH & Co. KG.
5. Der Einzelunternehmer Jörn Schmiedel will eine GmbH & Co. KG gründen.
   a) Ist die Gründung einer Ein-Mann-GmbH & Co. KG möglich?
   b) Wer ist Komplementär, Kommanditist, Geschäftsführer?
   c) Die GmbH soll mit „Sportartikel GmbH“ firmieren. Wie müsste dann die Firma der GmbH & Co. KG lauten?

3.7 Aufgaben zu den Unternehmensformen

Aufgabe 1

1. Der **Einzelunternehmer** Klaus Heuer betreibt einen Großhandel mit Wasserbetten in Albstadt-Ebingen. Der gelernte Großhandelskaufmann hat in den letzten Jahren ein gutgehendes Unternehmen aufgebaut. Er verkauft die Wasserbetten an Möbelhäuser und Gesundheitseinrichtungen im süddeutschen Raum. Seine Ware, die er aus Amerika bezieht, wird in einem angemieteten Lager für den Verkauf vorbereitet. Arbeitnehmer beschäftigt Herr Heuer nicht, lediglich sein Bruder hilft ihm gelegentlich aus, wenn es einmal hoch hergeht.
   a) Begründen Sie, ob Klaus Heuer Kaufmann gemäß HGB ist (vgl. Gesetzestexte).
   b) Wie ist die Haftung und Geschäftsführung in diesem Unternehmen gesetzlich geregelt?

2. Die Geschäfte von Klaus Heuer laufen so gut, dass er über eine Erweiterung des Unternehmens nachdenkt. Der Vermieter des Lagers hat ihm das Lager zum Kauf angeboten. Für diese Investition benötigt Herr Heuer zusätzliches Kapital. Seine Hausbank würde ihm einen Kredit in der benötigten Höhe (ca. 120.000,00 EUR) zur Verfügung stellen. In einem Gespräch mit seiner Frau und deren Schwester, Frau Kaufhold, wird die Möglichkeit einer Unternehmensbeteiligung diskutiert. Die Schwester regt an, als **Teilhaberin** in das Unternehmen einzusteigen. Da sie selbst als kaufmännische Angestellte beschäftigt ist und ihre Stellung nicht aufgeben möchte, wäre sie bereit, das Kapital in das Unternehmen einzubringen. Eine Mitarbeit käme für sie im Augenblick nicht infrage.
   a) Welche **Unternehmensformen** kommen hier infrage? Vergleichen Sie in einer Tabelle zwei Unternehmensformen hinsichtlich der Haftung, Geschäftsführung, Kapitaleinlage.
   b) Entscheiden Sie sich begründet für eine der beiden Unternehmensformen

3. Herr Heuer beteiligt Frau Kaufhold an seinem Unternehmen und wandelt seine Einzelunternehmung in eine **Kommanditgesellschaft** um. Er wird Komplementär mit einer Kapitaleinlage von 250.000,00 EUR; die Schwägerin wird Kommanditistin mit einer Kapitaleinlage von 120.000,00 EUR.
   Die KG beginnt laut Gesellschaftsvertrag vom 15.08.01 am 01.09.01. Am 26.09.01 wird die neue Unternehmung in das Handelsregister eingetragen.
   a) Am 16.09.01 kauft Herr Heuer 200 Wasserbetten im Gesamtwert von 90.000,00 EUR im Namen der neuen Unternehmung.
   Beurteilen Sie die Rechtsgültigkeit des Kaufvertrages im Innen- und Außenverhältnis.
   b) Am 30.09.01 kauft Frau Kaufhold im Namen der KG Büromaterial im Wert von 600,00 EUR. Herr Heuer ist mit dem Kauf nicht einverstanden.
   Ist die KG an den Kaufvertrag gebunden? Begründung.

4. Herr Heuer will sein Unternehmen weiter ausbauen und denkt an die Gründung einer Niederlassung in Frankfurt/Oder, um von dort aus osteuropäische Länder zu beliefern. Aufgrund des ständig steigenden Risikos beschließt er mit Frau Kaufhold die Gründung einer **Gesellschaft mit beschränkter Haftung**. Seine Frau Anke Heuer soll als Gesellschafterin in das Unternehmen aufgenommen werden. Der Gesellschaftsvertrag wird am 10.07.2021 von den Gesellschaftern unterzeichnet.

Auszug aus dem Gesellschaftsvertrag:

§ 1 Die Firma soll unter dem Namen „AQUATERRA Wasserbetten und Schlafsysteme" geführt werden.

§ 2 Gegenstand des Unternehmens ist der Handel mit Wasserbetten und sonstigen Schlafsystemen.

§ 3 Sitz des Unternehmens ist Frankfurt/Oder.

§ 4 Stammkapital: 50.000,00 EUR. Nennwerte der Geschäftsanteile der Gesellschafter sowie Art und Zeitpunkt der Leistung:

- Klaus Heuer 20.000,00 EUR als Bareinlage, davon sind 12.500,00 EUR sofort zu leisten, der Rest bis zum 15.10.02.
- Marion Kaufhold 20.000,00 EUR als Bareinlage, davon sind 12.500,00 EUR sofort zu leisten, der Rest bis zum 15.10.02.
- Anke Heuer 10.000,00 EUR als Bareinlage, davon sind 2.000,00 EUR sofort zu leisten, der Rest am 02.08.02.

§ 6 Klaus Heuer und Marion Kaufhold werden zu Geschäftsführern bestellt.

a) Prüfen Sie, ob der Gesellschaftsvertrag zum Zeitpunkt der Unterzeichnung in folgenden Punkten den gesetzlichen Vorschriften entspricht:
- Firmierung
- Kapitalaufbringung

b) Am 06.09.02 erfolgt der Eintrag in das Handelsregister, die Veröffentlichung der Eintragung zwei Tage später. Klaus Heuer kaufte am 12.08.02 ohne Rücksprache mit Frau Kaufhold im Namen der GmbH einen Lkw zum Preis von 70.000,00 EUR.
  - ba) Bei der Auslieferung des Lkw am 20.09.02 verlangte der Lieferer von Frau Kaufhold die volle Bezahlung des fälligen Kaufpreises. Kann der Verkäufer die Forderung durchsetzen? Begründung.
  - bb) Könnte der Lieferer seinen Anspruch gegenüber Frau Kaufhold durchsetzen, wenn der Kaufvertrag erst am 28.09.02 abgeschlossen und die Zahlung sofort fällig gewesen wäre? Begründung.
  - bc) Könnte der Lieferer seinen Anspruch gegenüber der GmbH durchsetzen, wenn der Kaufvertrag erst am 28.09.02 abgeschlossen und die Zahlung sofort fällig gewesen wäre? Begründung.

c) Zum 20.02.03 wird die Gesellschafterversammlung angesetzt. Die Tagesordnung enthält folgende Beschlussanträge:
- Frau Helene Peters, Potsdam, wird zur Prokuristin bestellt.
- Der Sitz des Unternehmens wird von Frankfurt/Oder nach Potsdam verlegt.

Frau Marion Kaufhold stimmt gegen beide Tagesordnungspunkte. Die Mitgesellschafter stimmen zu. Welche Wirkung hat jeweils das Stimmverhalten von Frau Kaufhold? Begründung.

Aufgabe 2

Vor einigen Jahren hat der Kaufmann Franz Schulze eine Einzelunternehmung für den Vertrieb von Fitnessgeräten unter der Bezeichnung „Franz Schulze e. K." gegründet. Da die Geschäfte sehr gut laufen, möchte Schulze seine Firma vergrößern. Nach seinen Berechnungen würde der Kapitalbedarf für die Erweiterung ca. 500.000,00 EUR betragen. Schulze ist nicht in der Lage, die Finanzierung allein zu bestreiten. Er will deshalb seine Einzelunternehmung in eine Kommanditgesellschaft umwandeln und zu seiner Unterstützung, insbesondere im kaufmännischen Bereich, den Diplom-Kaufmann Werner Bernhuber als Komplementär in die Firma aufnehmen. Als weiteren Gesellschafter kann er Dr. Karl Lengenfeld als Kommanditisten gewinnen.

Am 15.01.01 wird der Gesellschaftsvertrag geschlossen (**Anlage 1**). Die Handelsregistereintragung erfolgt am 15.02.01.

1. Erläutern Sie, welche Gründe Herrn Schulze bewogen haben, eine KG als Gesellschaftsform zu wählen (drei Gründe).
2. Welche Form würden Sie für den am 15.03.01 abgeschlossenen Gesellschaftsvertrag vorschlagen (Begründung)?
3. Bei der Diskussion um die Firmierung schlägt der bisherige Einzelunternehmer vor, als Firmenname „Franz Schulze KG" zu wählen. Bernhuber ist eher für eine Mischfirma, während Dr. Lengenfeld für eine Fantasiefirma plädiert.
   a) Machen Sie jeweils einen Firmierungsvorschlag im Sinne der beiden Gesellschafter.
   b) Erklären Sie, warum sich die Gesellschafter schließlich doch auf den Vorschlag von Franz Schulze geeinigt haben.
4. Entwerfen Sie für das Unternehmen die Eintragung im Handelsregister.
5. Kann Werner Bernhuber ohne Kapitaleinlage Gesellschafter werden (Begründung)?
6. Vergleichen Sie die §§ 3, 4 und 6 des Gesellschaftsvertrages **(Anlage 1)** mit den gesetzlichen Regelungen.

Anlage 1

Gesellschaftsvertrag

Franz Schulze, Stuttgarter Straße 7 in 71032 Böblingen,
Diplom-Kaufmann Werner Bernhuber, Calwer Straße in 71032 Böblingen, und
Dr. Karl Lengenfeld, Leonberger Straße in 70111 Stuttgart, schließen folgenden Gesellschaftsvertrag:

§ 1

Firma
Wir errichten eine Kommanditgesellschaft zum Vertrieb von Fitnessgeräten mit Sitz in 71000 Böblingen unter der Firma „Franz Schulze KG".

1. Franz Schulze und Werner Bernhuber sind persönlich haftende Gesellschafter.
2. Dr. Karl Lengenfeld ist Teilhafter der Unternehmung.

§ 2

Einlagen der Gesellschafter

Franz Schulze	1.200.000,00 EUR (in Form des Vermögens der Firma Franz Schulze e. K.)
Dr. Karl Lengenfeld	500.000,00 EUR

§ 3

Gewinn-und-Verlust-Verteilung

Vom erzielten Gewinn erhält jeder Gesellschafter 8 % auf seinen Kapitalanteil. Der Restgewinn wird im Verhältnis 2 : 2 : 1 zwischen den Komplementären und dem Kommanditisten aufgeteilt. An einem Verlust nimmt jeder Komplementär zur Hälfte teil.

§ 4

Geschäftsführung und Vertretung

Franz Schulze und Werner Bernhuber sind als persönlich haftende Gesellschafter zur Geschäftsführung verpflichtet. Sie dürfen die Gesellschaft nur gemeinsam vertreten.

§ 5

Beginn und Ende der Gesellschaft

Die Gesellschaft beginnt am 01.02.01. Sie endet am 31.12.08. Sie gilt jedes Mal um weitere drei Jahre als verlängert, wenn nicht ein halbes Jahr vor Ablauf gekündigt wird.

§ 6

Kündigungsfrist

Die Kündigungsfrist für alle Gesellschafter beträgt zwölf Monate auf Geschäftsjahresende.

§ 7

Kosten

Die Kosten des Vertrages und seiner Durchführung trägt die Gesellschaft.

Böblingen, 15.01.01 Drei Unterschriften

7. Am 25.02.01 kauft Bernhuber eine Verpackungsmaschine für 50.000,00 EUR. Beurteilen Sie die Rechtsgültigkeit dieser Handlung im Innen- und Außenverhältnis.

8. Zwischen den Komplementären Schulze/Bernhuber und dem Kommanditisten Dr. Lengenfeld kommt es im Laufe des zweiten Geschäftsjahres zu Problemen.
   Nehmen Sie zu folgenden Situationen Stellung:
   a) Lengenfeld widersetzt sich der Absicht der Komplementäre, eine Zweigniederlassung in der Schweiz zu gründen.
   b) Lengenfeld tritt am 01.09. in ein anderes Unternehmen am Geschäftssitz der KG als Vollhafter ein.
   c) Lengenfeld kündigt aus diesem Grund am 30.09. das Gesellschaftsverhältnis zum 31.12. desselben Jahres.

3.8 Prüfungsaufgaben

Prüfungsaufgaben Winter 2018/2019 (Aufgabe 1, teilweise, verändert)

Sabrina Berger, gelernte Industriekauffrau, fertigt seit 2014 für den privaten Bereich Seifen, Cremes, Badezusätze und weitere Kosmetika. Dabei legt sie Wert auf biologisch hergestellte Zutaten. Das Unternehmenskonzept erweist sich als voller Erfolg. Der Umsatz betrug im letzten Geschäftsjahr 105.000,00 EUR, der Gewinn belief sich dabei auf 35.000,00 EUR. Daher entschließt sie sich, im Jahr 2015 zwei Mitarbeiter einzustellen und ein Grundstück mit Produktions- und Bürogebäude in Brackenheim zu erwerben.

Das Unternehmen von Frau Berger wirtschaftet mittlerweile sehr erfolgreich unter dem Namen BioBeauty e. Kfr. Für eine Betriebserweiterung benötigt sie zusätzliches Kapital. Auch im täglichen Geschäft benötigt sie weitere Unterstützung.

Ihre Freundin Annika Wenzel, staatlich geprüfte Kosmetikerin, möchte sich beruflich verändern. Sie bietet Frau Berger an, mit ihr das Unternehmen zu leiten und voll zu haften.

Steffen Berger, der Bruder von Frau Berger, ist aufgrund seiner eigenen Selbstständigkeit lediglich an einer finanziellen Beteiligung interessiert.

1.1 Sabrina Berger, Steffen Berger und Annika Wenzel beschließen deshalb die Gründung einer Kommanditgesellschaft.

1.1.1 Sie einigen sich auf den beigefügten Vertragsentwurf (**Anlage 1**). Sabrina Berger ist daran gelegen, die Firma soweit möglich beizubehalten.
Vervollständigen Sie § 1 im Vertragsentwurf.

1.2 Annika Wenzel möchte eine neue Creme mit Lavendelextrakt ins Sortiment aufnehmen. Deshalb bestellt sie eine größere Menge dieses Rohstoffes im Wert von 15.000,00 EUR netto für die Rezeptur. Sabrina und Steffen Berger sind der Meinung, dass eine Sortimentserweiterung zum derzeitigen Zeitpunkt unnötig wäre, und widersprechen dem Kauf. Die Geschwister Berger fragen Sie als Freundin der Familie um Rat.

Begründen Sie, welche Wirkung der Widerspruch der Geschwister Berger im Innen- und Außenverhältnis hat (**Anlage 2**).

Anlage 1: Auszug aus dem Gesellschaftsvertrag

§ 1 ALLGEMEINES

1. Das Unternehmen wird unter der Firma ______________________ geführt.
2. Gesellschafter:

   Komplementäre: ______________________

   Kommanditisten: ______________________
3. Gegenstand des Unternehmens ist die Herstellung und der Vertrieb von ökologisch hergestellten Kosmetikartikeln.

4. Sitz des Unternehmens ist Brackenheim.
5. Beginn des Unternehmens ist der 02.01.2017.

§ 2 PFLICHTEN DER GESELLSCHAFTER

1. Sabrina Berger bringt ihr Einzelunternehmen mit einem Eigenkapital von 305.000,00 EUR ein.
2. Annika Wenzel verpflichtet sich zu einer Bareinlage von 200.000,00 EUR. Steffen Berger verpflichtet sich zu einer Beteiligung von 50.000,00 EUR.
3. Alle übrigen Pflichten der Gesellschafter regeln sich nach den gesetzlichen Bestimmungen.

§ 3 RECHTE DER GESELLSCHAFTER

1. Gewinnverteilung
   a) Die Vollhafter erhalten im Voraus eine Tätigkeitsvergütung in Höhe von jeweils 2.000,00 EUR monatlich.
   b) Jeder Gesellschafter erhält eine Kapitalverzinsung nach den gesetzlichen Bestimmungen.
   c) Der verbleibende Restgewinn wird wie folgt aufgeteilt:
   Sabrina Berger erhält 3 Teile, Annika Wenzel 2 Teile, Steffen Berger 1 Teil.
2. Alle übrigen Rechte der Gesellschaft regeln sich nach den gesetzlichen Vorschriften.

Anlage 2: Gesetzesauszüge

Auszug aus dem Handelsgesetzbuch (HGB)

2. Buch 1. Abschnitt: Offene Handelsgesellschaft

§ 116 Geschäftsführungsbefugnis

(1) Zur Führung der Geschäfte der Gesellschaft sind alle Gesellschafter berechtigt und verpflichtet.

(2) Die Befugnis zur Geschäftsführung erstreckt sich auf alle Geschäfte, die der gewöhnliche Betrieb des Handelsgewerbes der Gesellschaft mit sich bringt; zur Vornahme von Geschäften, die darüber hinausgehen, ist ein Beschluss aller Gesellschafter erforderlich. Zur Bestellung eines Prokuristen bedarf es der Zustimmung aller geschäftsführungsbefugten Gesellschafter, es sei denn, dass mit dem Aufschub Gefahr für die Gesellschaft oder das Gesellschaftsvermögen verbunden ist. Der Widerruf der Prokura kann von jedem der zur Erteilung oder zur Mitwirkung bei der Erteilung befugten Gesellschafter erfolgen.

(3) Die Geschäftsführung steht vorbehaltlich des Absatzes 4 allen Gesellschaftern in der Art zu, dass jeder von ihnen allein zu handeln berechtigt ist. Das gilt im Zweifel entsprechend, wenn nach dem Gesellschaftsvertrag die Geschäftsführung mehreren Gesellschaftern zusteht. Widerspricht ein geschäftsführungsbefugter Gesellschafter der Vornahme des Geschäfts, muss dieses unterbleiben.

(4) Steht nach dem Gesellschaftsvertrag die Geschäftsführung allen oder mehreren Gesellschaftern in der Art zu, dass sie nur gemeinsam zu handeln berechtigt sind, bedarf es für jedes Geschäft der Zustimmung aller geschäftsführungsbefugten Gesellschafter, es sei denn, dass mit dem Aufschub Gefahr für die Gesellschaft oder das Gesellschaftsvermögen verbunden ist.
[...]

§ 120 Ermittlung von Gewinn- und Verlustanteilen
(1) Die geschäftsführungsbefugten Gesellschafter sind gegenüber der Gesellschaft zur Aufstellung des Jahresabschlusses (§ 242 Absatz 3) verpflichtet. Sie haben dabei für jeden Gesellschafter nach Maßgabe von § 709 Absatz 3 des Bürgerlichen Gesetzbuchs den Anteil am Gewinn oder Verlust zu ermitteln.
(2) Der einem Gesellschafter zukommende Gewinn wird dem Kapitalanteil des Gesellschafters zugeschrieben; der auf einen Gesellschafter entfallende Verlust wird davon abgeschrieben.

§ 124 Vertretung der Gesellschaft
(1) Zur Vertretung der Gesellschaft ist jeder Gesellschafter befugt, wenn er nicht durch den Gesellschaftsvertrag von der Vertretung ausgeschlossen ist.
(2) Im Gesellschaftsvertrag kann vereinbart werden, dass alle oder mehrere Gesellschafter nur gemeinsam zur Vertretung der Gesellschaft befugt sein sollen. Die zur Gesamtvertretung befugten Gesellschafter können einzelne von ihnen zur Vornahme bestimmter Geschäfte oder bestimmter Arten von Geschäften ermächtigen.
(3) Im Gesellschaftsvertrag kann vereinbart werden, dass die Gesellschafter, sofern nicht mehrere zusammen handeln, nur gemeinsam mit einem Prokuristen zur Vertretung der Gesellschaft berechtigt sein sollen. [...]
(4) Die Vertretungsbefugnis der Gesellschafter erstreckt sich auf alle Geschäfte der Gesellschaft einschließlich der Veräußerung und Belastung von Grundstücken sowie der Erteilung und des Widerrufs einer Prokura. Eine Beschränkung des Umfangs der Vertretungsbefugnis ist Dritten gegenüber unwirksam. Dies gilt insbesondere für die Beschränkung, dass sich die Vertretung nur auf bestimmte Geschäfte oder Arten von Geschäften erstreckt oder dass sie nur unter gewissen Umständen oder für eine gewisse Zeit oder an einzelnen Orten stattfinden soll. Hinsichtlich der Beschränkung auf den Betrieb einer von mehreren Niederlassungen der Gesellschaft ist § 50 Absatz 3 entsprechend anzuwenden.
[...]

2. Buch 2. Abschnitt: Kommanditgesellschaft

§ 163
Für das Verhältnis der Gesellschafter untereinander gelten in Ermangelung abweichender Bestimmungen des Gesellschaftsvertrags die besonderen Vorschriften der §§ 164 bis 169.

§ 164 Geschäftsführungsbefugnis
Die Kommanditisten sind von der Geschäftsführungsbefugnis ausgeschlossen; § 116 Absatz 2 Satz 1 bleibt unberührt.

§ 165 Wettbewerbsverbot
Die §§ 117 und 118 finden auf die Kommanditisten keine Anwendung.

§ 166 Informationsrecht der Kommanditisten

(1) Der Kommanditist kann von der Gesellschaft eine Abschrift des Jahresabschlusses (§ 242 Absatz 3) verlangen und zu dessen Überprüfung Einsicht in die zugehörigen Geschäftsunterlagen nehmen. Daneben kann er von der Gesellschaft Auskunft über die Gesellschaftsangelegenheiten verlangen, soweit dies zur Wahrnehmung seiner Mitgliedschaftsrechte erforderlich ist, insbesondere, wenn Grund zu der Annahme unredlicher Geschäftsführung besteht.
(2) Eine Vereinbarung im Gesellschaftsvertrag, welche diese Rechte ausschließt oder dieser Vorschrift zuwider beschränkt, ist unwirksam.

§ 167 Verlustbeteiligung

Soweit der Kommanditist die vereinbarte Einlage geleistet hat, sind die §§ 136 und 149 auf ihn nicht anzuwenden.

§ 169 Verteilung von Gewinn und Verlust

(1) Der Kommanditist kann die Auszahlung des Gewinns nicht fordern, soweit sein Kapitalanteil durch den ihm zugewiesenen Verlust unter den auf die vereinbarte Einlage geleisteten Betrag herabgemindert ist oder durch die Auszahlung des Gewinns unter diesen Betrag herabgemindert werden würde.
(2) Der Kommanditist ist nicht verpflichtet, den bezogenen Gewinn wegen späterer Verluste zurückzuzahlen.

§ 170 Vertretung der Kommanditgesellschaft

(1) Der Kommanditist ist als solcher nicht befugt, die Gesellschaft zu vertreten.
[...]

§ 171

(1) Der Kommanditist haftet den Gläubigern der Gesellschaft bis zur Höhe seiner Haftsumme unmittelbar; die Haftung ist ausgeschlossen, soweit die vereinbarte Einlage geleistet ist.
[...]

§ 173

(1) Wer in eine bestehende Handelsgesellschaft als Kommanditist eintritt, haftet nach Maßgabe der §§ 171 und 172 für die vor seinem Eintritte begründeten Verbindlichkeiten der Gesellschaft, ohne Unterschied, ob die Firma eine Änderung erleidet oder nicht.
(2) Eine entgegenstehende Vereinbarung ist Dritten gegenüber unwirksam.

Auszug aus dem Bürgerlichen Gesetzbuch (BGB)

§ 709 Beiträge; Stimmkraft; Anteil an Gewinn und Verlust

(1) Der Beitrag eines Gesellschafters kann in jeder Förderung des gemeinsamen Zwecks, auch in der Leistung von Diensten, bestehen.
(2) Im Zweifel sind die Gesellschafter zu gleichen Beiträgen verpflichtet.
(3) Die Stimmkraft und der Anteil an Gewinn und Verlust richten sich vorrangig nach den vereinbarten Beteiligungsverhältnissen. Sind keine Beteiligungsverhältnisse vereinbart worden, richten sie sich nach dem Verhältnis der vereinbarten Werte der Beiträge. Sind auch Werte der Beiträge nicht vereinbart worden, hat jeder Gesellschafter ohne Rücksicht auf den Wert seines Beitrags die gleiche Stimmkraft und einen gleichen Anteil am Gewinn und Verlust.

4 Unternehmensziele und Unternehmensleitbild

4.1 Unternehmensziele

Stofftelegramm

Oberziel erwerbswirtschaftlicher Unternehmen: langfristige **Gewinnmaximierung** (ebenso häufig genanntes Oberziel: „**Überleben des Unternehmens sichern**")

Komplementäre Ziele: Das Anstreben eines Zieles fördert gleichzeitig das Erreichen des anderen Zieles = **Zielharmonie.**

Beispiel: *Kostensenkung in Produktion → gleichzeitig Gewinnerhöhung*

Konkurrierende Ziele: Das Anstreben eines Zieles beeinträchtigt die Erreichung des anderen Zieles = **Zielkonflikt**.

Beispiel: *Umweltschutzinvestitionen ⇔ Gewinnmaximierung*

Indifferente Ziele: Das Anstreben des einen Zieles hat keinerlei Wirkungen auf das Erreichen des anderen Zieles = **Zielindifferenz**.

Beispiel: *Das Anstreben von höherer Liquidität hat normalerweise nichts zu tun mit dem Anstreben von Mitbestimmungszielen.*

Ökonomische Ziele:
- Gewinnmaximierung
- Marktbeherrschung
- Umsatzmaximierung
- hohe Wirtschaftlichkeit
- Kostenminimierung ...

Ökologische Ziele:
- umweltorientierte Unternehmensführung
- von der bisherigen Durchlaufwirtschaft (Einkauf – Produktion – Verkauf – Entsorgung) zur Kreislaufwirtschaft (Recycling, Entsorgung und Vermeidung von Abfällen auf allen Stufen ...)

Soziale Ziele:
- Arbeitsplatzsicherung
- gerechte Entlohnung
- Humanisierung der Arbeit
- Mitbestimmung ...

Zielhierarchie: **Oberziel:** z. B. Gewinnmaximierung

Unterziele: z. B.
- Vergrößerung des Marktanteils
- Umsatzerhöhung
- Arbeitsplatzerhaltung
- Umweltschutzförderung

Umweltpolitische Ziele

alle Maßnahmen zur Umwelterhaltung und Umweltverbesserung

- Beseitigung von Umweltschäden
- Minimierung von Umweltrisiken
- Abwehr von Schäden für Mensch + Umwelt
- **Schutz künftiger Generationen**

„Nachhaltigkeit“

= Handeln mit Blick in die Zukunft

→ künftigen Generationen lebenswerte Umwelt sichern

Das „magische Dreieck“ der Nachhaltigkeit (Agenda 21)

Alle Nationen sollen langfristige Konzepte erstellen, die folgende Gesichtspunkte beachten:

Magisches Dreieck: Ökologie – Ökonomie – Soziales

ökologisches Gleichgewicht
- umweltfreundliche Produkte
- Recycling
- Verpackungen reduzieren
- Abfallverwertung, -vermeidung
- Energie einsparen

ökonomische Sicherheit
- Arbeitsplatzsicherung
- verantwortungsvoller Umgang mit Energie und Rohstoffen

soziale Gerechtigkeit
- Gleichheitsgrundsatz (z. B. Mann/Frau) beachten
- leistungsgerechte Bezahlung
- Angebot von Ausbildungsplätzen ...

Aufgaben

1. Nennen Sie je drei ökonomische, ökologische und soziale Ziele.
2. Welche Oberziele streben üblicherweise erwerbswirtschaftliche Unternehmen an?
3. Entscheiden Sie jeweils, ob es sich um ökonomische, ökologische oder soziale Ziele handelt und ob die Zielpaare konkurrierend, komplementär oder indifferent sind:
   a) Gewinnmaximierung – Umsatzmaximierung
   b) Gewinnmaximierung – Umweltschutzinvestitionen
   c) Gewinnmaximierung – Kostensenkung
   d) gute Liquiditätslage – Mitbestimmungsverbesserung
   e) Verbesserung der Abfallverwertung – Humanisierung der Arbeit
   f) Rationalisierung – Arbeitsplatzerhaltung
   g) Überleben des Unternehmens sichern – Arbeitsplatzerhaltung

4.2 Unternehmensleitbild

Stofftelegramm

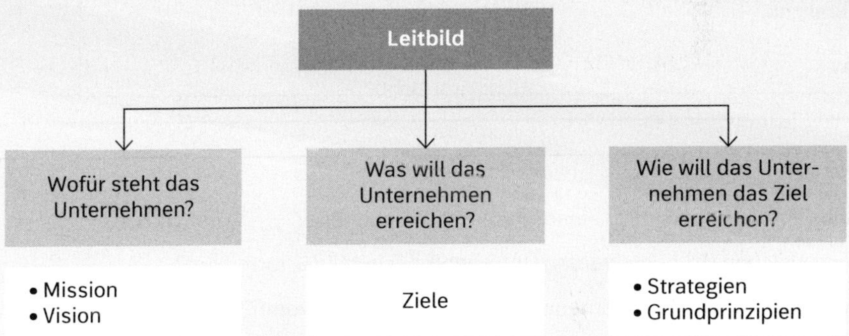

Unternehmensleitbild:
- schiftliche Fixierung wesentlicher unternehmenspolitischer Grundsätze
- Betonung der Berücksichtigung gesellschaftlicher und sozialer Aspekte
- Zweck: Identifizierung der Mitarbeiter mit Unternehmen
- Ein einheitliches Bild nach innen und außen entsteht.
- Unterschied zur „**Öffentlichkeitsarbeit**" („**Public Relations**"): Das Unternehmensleitbild ist v. a. auch nach innen gerichtet – die Öffentlichkeitsarbeit zielt nur auf die Außenwirkung.

Ziele eines Leitbildes:
- Rahmen für das tägliche Handeln im Unternehmen
- Identität mit dem Unternehmen
- Imagepflege
- motivierte Mitarbeiter
- Entscheidungshilfe für die Führungskräfte
- vereinfachte Personalauswahl
- Grundlage für Unternehmensziele und Strategien

Beispiel Unternehmensleitbild:

1. Wir handeln kundenorientiert in allen Unternehmensbereichen.
2. Wir sind besser als die Konkurrenz.
3. Wir schaffen Leistung durch Engagement und Kompetenz.
4. Wir handeln konsequent und verlässlich.
5. Fairness, Respekt und Vertrauen sind der Maßstab unserer Zusammenarbeit.
6. Wir fordern und fördern unsere Mitarbeiter.
7. Wir sichern unseren Erfolg durch ständige Innovation.
8. Wir sind Vordenker und Wegbereiter für innovatives Handeln in unserer Branche.
9. ...

usw.

Aufgaben

1. Was versteht man unter einem Unternehmensleitbild?

2. Aus welchen Gründen werden Unternehmensleitbilder formuliert?

3. Was soll mit einem Unternehmensleitbild erreicht werden?

4. Die Fun & Sport GmbH besitzt bislang noch kein Leitbild. Nun soll eines erstellt werden, wobei das Team zur Erstellung Ihren Geschäftsführer, zwei Abteilungsleiter, mehrere Angestellte und Sie als Auszubildende/-r beinhaltet.
   a) Erklären Sie, warum es sinnvoll ist, das Team zur Erstellung des Leitbilds mit Personen aus verschiedenen Ebenen des Unternehmens zu besetzen.
   b) Ihre Kollegin Frau Schmid fragt Sie, warum ein Leitbild wichtig für ein Unternehmen ist. Erklären Sie es ihr, indem Sie je ein konkret ausformuliertes ökonomisches, soziales und ökologisches Ziel aufführen und jeweils dazu erklären, warum dieses Ziel wichtig für die Fun & Sport GmbH ist **(Anlage)**.

Anlage

	Konkretisiertes Ziel	Wichtig für Fun & Sport GmbH, weil:
ökonomisch		
sozial		
ökologisch		

5. Nach Abschluss Ihrer Berufsausbildung möchten Sie ein kleines Fachgeschäft für Kaffee-, Tee- und Schokospezialitäten eröffnen, eventuell auch mit Kaffee- und Teeausschank. Es liegen Ihnen bereits drei Angebote für Ladengeschäfte an ganz unterschiedlichen Standorten mit unterschiedlichen Merkmalen vor:

„Dorfladen": ehemaliger Bäckerladen, viele kostenlose Parkmöglichkeiten, Fläche 80 m^2, Miete 500,00 EUR, keine Konkurrenz, Kunden: hauptsächlich Bewohner des Dorfes und der näheren Umgebung, ungefähr 9.000 Einwohner.

Stadtrand: Neubau, öffentliche kostenpflichtige Parkplätze in der direkten Umgebung, Fläche 80 m^2, Miete 1.000,00 EUR, Kunden: nahegelegenes großes neues Wohngebiet sowie in direkter Nachbarschaft ein älteres gewachsenes Wohngebiet, geplant ist in naher Zukunft eine Seniorenwohnanlage in direkter Nachbarschaft, direkte Konkurrenz: einer, er bietet ähnliches Sortiment, in unmittelbarer Nachbarschaft drei Lebensmitteldiscounter.

Innenstadt: Fußgängerzone, Erdgeschoss Altbau, Bushaltestelle direkt daneben, keinerlei Parkmöglichkeiten, reine Ladenfläche 55 m^2, Miete 1.800,00 EUR, viele Laufkunden, drei Konkurrenten mit ähnlicher Geschäftsidee in der Fußgängerzone verteilt.

a) Sie notieren für jeden Standort jeweils zwei Vorteile und zwei Nachteile.
b) Sie entscheiden sich begründet für einen Standort.

c) Für ein stimmiges Geschäftskonzept beschäftigen Sie sich mit Ihren Unternehmenszielen.
   ca) Ein wichtiges Unternehmensziel soll die Nachhaltigkeit sein.
   Sie überlegen sich drei konkrete Maßnahmen, mit denen Sie im Geschäftsalltag das Thema Nachhaltigkeit verfolgen können.
   cb) Sie notieren vier weitere Unternehmensziele für Ihr Fachgeschäft.

4.3 Aufgabe zu den Kapiteln 4.1 und 4.2

Sie arbeiten als Verkaufsleiter/-in bei der Kinderparadies GmbH in Sinsheim, einem der größten Fachgeschäfte für Babyartikel und Spielwaren im Kraichgau. Traditionell steht Ihr Unternehmen für qualitativ hochwertige Produkte, einen erstklassigen Service und zufriedene Mitarbeiter. Seit wenigen Wochen verfügt Ihr Unternehmen über eine neue Geschäftsführung, die das bislang familiengeführte Unternehmen modernisieren und neu ausrichten möchte.

a) Eine der ersten Maßnahmen der neuen Geschäftsführung ist die Durchführung eines Wettbewerbs. Die Mitarbeiter können Vorschläge zur Weiterentwicklung und Modernisierung des Unternehmens machen. Sie möchten an diesem Wettbewerb teilnehmen.
   aa) Sie schlagen der Geschäftsleitung in einer E-Mail die Entwicklung eines Unternehmensleitbildes vor. Sie gehen dabei auf drei Vorteile eines Leitbildes für die Kinderparadies GmbH ein.
   ab) Die Geschäftsleitung ist von Ihrer Idee begeistert und bittet Sie, jeweils ein konkretes ökonomisches, soziales und ökologisches Ziel für das Leitbild der Kinderparadies GmbH zu formulieren.

b) Die Neuausrichtung und die Modernisierung des Unternehmens haben sich ausgezahlt und es gibt Pläne für die Eröffnung einer Filiale in einer weiteren Region in Baden-Württemberg.
   ba) Ihr Chef beauftragt Sie, eine Liste mit vier wichtigen Faktoren zu erstellen, die bei der Standortauswahl für ein Ladenlokal von Bedeutung sind.
   bb) Die Geschäftsführung hat beschlossen, die neue Filiale in Tübingen zu eröffnen. Ihnen liegen drei Angebote für mögliche Verkaufsflächen vor.

Angebot 1:
Innenstadt: Übernahme eines Ladens direkt in der Fußgängerzone. Die Verkaufsfläche beträgt 80 m^2. Zusätzlich steht ein Lagerraum mit 30 m^2 zur Verfügung. Der 50 m entfernte Drogeriemarkt bietet ebenfalls ein Spielwarensortiment an. Die Miete beträgt 3.300,00 EUR pro Monat (kalt). Die nächste Parkmöglichkeit liegt 800 m entfernt.

Angebot 2:
In einem demnächst öffnenden Fachmarktzentrum im Randbereich des Stadtzentrums steht noch ein 120 m^2 großer Verkaufsraum mit weiteren 80 m^2 Lagerraum zur Verfügung. Die Miete beträgt 4.000,00 EUR pro Monat (kalt). Kostenpflichtige Parkmöglichkeiten stehen im Parkhaus des Fachmarktzentrums zur Verfügung. Eine Bushaltestelle befindet sich unmittelbar vor dem Eingangsbereich des Fachmarktzentrums. Der nächste Konkurrent ist fünf Gehminuten entfernt.

Angebot 3:
150 m^2 Verkaufsfläche und zusätzlich 100 m^2 Lagerfläche für 2.500,00 EUR pro Monat (kalt) in einem Gewerbegebiet am Rande der Stadt. In unmittelbarer Umgebung gibt es zwei Lebensmitteldiscounter, einen Baumarkt, ein Recycling-Unternehmen und einen großen Autohändler. Kostenfreie Parkplätze stehen in großer Anzahl zur Verfügung.

Beurteilen Sie die Eignung der drei Ladenlokale als Standort für Ihre Filiale. Erstellen Sie dazu in übersichtlicher Form (Tabelle) eine Entscheidungshilfe für die Standortauswahl anhand von vier Kriterien und geben Sie eine begründete Empfehlung für einen der drei Standorte ab.

4.4 Prüfungsaufgaben

Prüfungsaufgaben Sommer 2023 (Aufgabe 2)

Die MediTrade e. K. ist ein erfolgreiches Handelsunternehmen, das Krankenhäuser und Pflegeeinrichtungen in Ostwürttemberg mit medizinischen Verbrauchsmaterialien versorgt. Der Inhaber Josef Jellinek beabsichtigt, in den Ruhestand zu gehen und das Unternehmen vollständig in die Hände geeigneter Mitarbeiter zu geben. Sie arbeiten seit dem Abschluss Ihrer kaufmännischen Ausbildung im Unternehmen und möchten sich an der Unternehmensnachfolge beteiligen.

2.1 Sie treffen sich mit Andrea Anders, Helmut Hägele und Berthold Bach, die Interesse an der Übernahme des Unternehmens haben. Vereinbarungsgemäß haben alle eine Selbsteinschätzung anhand des Fragebogens „Bin ich ein Unternehmertyp?" vorgenommen, die Sie nun gemeinsam offen diskutieren (**Anlage 6**).

Beurteilen Sie anhand der persönlichen und fachlichen Fähigkeiten, ob die drei Personen die Voraussetzungen für eine berufliche Selbstständigkeit erfüllen (**Anlage 6**).

2.2 Sie haben sich mit den zukünftigen Mitgesellschaftern über die Interessen und Rahmenbedingungen bezüglich des zu gründenden Unternehmens ausgetauscht. Eine Gesprächsnotiz dazu wurde erstellt. Sie wurden beauftragt, eine geeignete Rechtsform vorzuschlagen (**Anlagen 7 und 8**).

- Prüfen Sie jeweils anhand der gesetzlichen Bestimmungen und der Gesprächsnotiz für die Kriterien
  - Haftung,
  - Mindestkapital/Einlage,
  - Geschäftsführung,

  ob die Rechtsformen KG und GmbH grundsätzlich infrage kommen.
- Begründen Sie, welche Rechtsform den Interessen aller am nächsten kommt.

2.3 Die vier Gesellschafter beschließen die Gründung einer GmbH. Ihnen liegt ein Entwurf für den Gesellschaftsvertrag vor.

Formulieren Sie die §§ 2, 4 und 6 des Gesellschaftsvertrags (**Anlagen 7, 8 und 9**).

2.4 Nach der Gründung der Gesellschaft will sich die Unternehmung erweitern. Neuer Produktzweig soll die Produktion von Mund-Nasen-Bedeckungen für Krankenhäuser und Pflegeeinrichtungen sein. Hierfür wird die Aufnahme von zusätzlichem Kapital von der Hausbank notwendig. Diese verlangt einen Businessplan.

Beschreiben Sie drei mögliche Inhalte, die der Businessplan enthalten sollte.

Anlage 6

Fragebogen „Bin ich ein Unternehmertyp?" Ihre Kollegen	Andrea Anders	Helmut Hägele	Berthold Bach
1. Glauben Sie, dass Sie als Selbstständige/-r noch ruhig schlafen können, wenn Sie an die möglichen Unsicherheiten einer unternehmerischen Existenz denken?			
Kein Grund zur Beunruhigung	❑	X	❑
Werde damit leben	X	❑	❑
Bin eher unsicher	❑	❑	X
2. Sind Sie beruflich bisher schon gewohnt, sich selber Ziele zu setzen und diese ohne Druck durch Vorgesetzte selbstständig zu verfolgen?			
Ja, sehr häufig	X	❑	❑
Manchmal	❑	X	X
Nur ausnahmsweise	❑	❑	❑
3. Halten Sie auch auf Dauer Stress-Situationen stand? Weichen Sie solchen Situationen nicht aus, sondern gehen die notwendigen Problemlösungen an?			
Überwiegend ja	X	X	❑
Eher ja	❑	❑	❑
Nur sehr bedingt	❑	❑	X
4. In welchem Umfang konnten Sie bisher Vertriebserfahrungen sammeln?			
Mehrjährige Vertriebserfahrung	❑	❑	X
Bis zu zweijährige Vertriebserfahrung	❑	X	❑
Keine Vertriebserfahrung	X	❑	❑
5. Konnten Sie in Ihrem Berufsleben Führungserfahrungen sammeln, das heißt, hatten Sie den Einsatz von Mitarbeitern zu organisieren und zu kontrollieren?			
Ja, in jedem Fall	❑	X	X
Nur zum Teil	X	❑	❑
Nein	❑	❑	❑
6. Besitzen Sie eine gut fundierte kaufmännische oder betriebswirtschaftliche Ausbildung und/oder entsprechend zu bewertende Erfahrungen?			
Ja, umfangreiche Qualifikation	X	❑	X
Ja, bin ausreichend qualifiziert	❑	X	❑
Keine derartige Ausbildung oder Erfahrung	❑	❑	❑

Quelle: Bundesministerium für Wirtschaft und Klimaschutz: Sind Sie ein Unternehmertyp? In: https://www.existenzgruender.de/static/etraining/existenzgruendung/existenz/kapitel_2.html#kapitel-02-01 [27.06.2023].

Anlage 7

Ergebnisprotokoll des Gesprächs vom 05.02.2023	
Betrifft:	Kriterien der Rechtsformwahl und Gesellschaftsvertrag Stellungnahmen der zukünftigen Gesellschafter/-innen zur Gestaltung
Sie selbst:	
Haftung:	Sie haben keine Präferenzen.
Mindestkapital/Einlage:	Sie wollen ein Grundstück mit einem Wert von 200.000,00 EUR unbedingt einbringen.
Geschäftsführung:	Sie möchten Geschäftsführer/-in sein. Sie akzeptieren auch Einzelgeschäftsführung.
Gewinnverteilung:	Nach den eingezahlten Kapitalanteilen im Gesellschaftsvertrag sowie Berücksichtigung von Haftung, Geschäftsführung und Vertretung.
Firma:	Sie möchten den bisherigen Namen aus Gründen der Vertrauensbildung beibehalten.
Andrea Anders:	
Haftung:	Sie hat keine Präferenzen.
Mindestkapital/Einlage:	Sie hat ein sofort verfügbares Kapital in Höhe von 200.000,00 EUR in bar.
Geschäftsführung:	Sie möchte nur leitende Angestellte sein. Sie akzeptiert nur Gesamtgeschäftsführung.
Gewinnverteilung:	Nach den eingezahlten Kapitalanteilen im Gesellschaftsvertrag sowie Berücksichtigung von Haftung, Geschäftsführung und Vertretung.
Firma:	Sie hat keine Präferenzen.
Helmut Hägele:	
Haftung:	Er will unbedingt, dass seine Haftung auf die Einlage beschränkt ist.
Mindestkapital/Einlage:	Er hat ein sofort verfügbares Kapital in Höhe von 100.000,00 EUR in bar.
Geschäftsführung:	Er möchte Geschäftsführer sein. Er akzeptiert nur Gesamtgeschäftsführung.
Gewinnverteilung:	Nach den eingezahlten Kapitalanteilen im Gesellschaftsvertrag.
Firma:	Er will, dass der neue Name dem alten Namen möglichst ähnlich ist.
Berthold Bach:	
Haftung:	Er will unbedingt, dass seine Haftung auf die Einlage beschränkt ist.
Mindestkapital/Einlage:	Er hat ein sofort verfügbares Kapital in Höhe von 200.000,00 EUR in bar.
Geschäftsführung:	Er möchte kein Geschäftsführer sein.
Gewinnverteilung:	Nach den eingezahlten Kapitalanteilen im Gesellschaftsvertrag.
Firma:	Er hat keine Präferenzen.

Anlage 8

Auszug aus dem Handelsgesetzbuch (HGB)

§ 19 Bezeichnung der Firma bei Einzelkaufleuten, einer OHG oder KG
(1) Die Firma muß, auch wenn sie nach den §§ 21, 22, 24 oder nach anderen gesetzlichen Vorschriften fortgeführt wird, enthalten:

1. bei Einzelkaufleuten die Bezeichnung „eingetragener Kaufmann", „eingetragene Kauffrau" oder eine allgemein verständliche Abkürzung dieser Bezeichnung, insbesondere „e. K.", „e. Kfm." oder „e. Kfr.";
2. bei einer offenen Handelsgesellschaft die Bezeichnung „offene Handelsgesellschaft" oder eine allgemein verständliche Abkürzung dieser Bezeichnung;
3. bei einer Kommanditgesellschaft die Bezeichnung „Kommanditgesellschaft" oder eine allgemein verständliche Abkürzung dieser Bezeichnung.

[...]

Offene Handelsgesellschaft (OHG)

§ 109 Gesellschaftsvertrag
Das Rechtsverhältnis der Gesellschafter untereinander richtet sich zunächst nach dem Gesellschaftsvertrage; die Vorschriften der §§ 110 bis 122 finden nur insoweit Anwendung, als nicht durch den Gesellschaftsvertrag ein anderes bestimmt ist.

§ 114 Geschäftsführung
(1) Zur Führung der Geschäfte der Gesellschaft sind alle Gesellschafter berechtigt und verpflichtet. [...]

§ 115 Geschäftsführung durch mehrere Gesellschafter
(1) Steht die Geschäftsführung allen oder mehreren Gesellschaftern zu, so ist jeder von ihnen allein zu handeln berechtigt; [...]

§ 120 Berechnung von Gewinn und Verlust
(1) Am Schlusse jedes Geschäftsjahrs wird auf Grund der Bilanz der Gewinn oder der Verlust des Jahres ermittelt und für jeden Gesellschafter sein Anteil daran berechnet.
(2) Der einem Gesellschafter zukommende Gewinn wird dem Kapitalanteile des Gesellschafters zugeschrieben; der auf einen Gesellschafter entfallende Verlust sowie das während des Geschäftsjahrs auf den Kapitalanteil entnommene Geld wird davon abgeschrieben.

§ 121 Verteilung von Gewinn und Verlust
(1) Von dem Jahresgewinne gebührt jedem Gesellschafter zunächst ein Anteil in Höhe von vier vom Hundert seines Kapitalanteils. Reicht der Jahresgewinn hierzu nicht aus, so bestimmen sich die Anteile nach einem entsprechend niedrigeren Satze. [...]
(3) Derjenige Teil des Jahresgewinns, welcher die nach den Absätzen 1 und 2 zu berechnenden Gewinnanteile übersteigt, sowie der Verlust eines Geschäftsjahrs wird unter die Gesellschafter nach Köpfen verteilt.

§ 128 Haftung der Gesellschafter
Die Gesellschafter haften für die Verbindlichkeiten der Gesellschaft den Gläubigern als Gesamtschuldner persönlich. Eine entgegenstehende Vereinbarung ist Dritten gegenüber unwirksam.

Kommanditgesellschaft (KG)

§ 161 Begriff der KG; Anwendung der OHG-Vorschriften
(1) Eine Gesellschaft, deren Zweck auf den Betrieb eines Handelsgewerbes unter gemeinschaftlicher Firma gerichtet ist, ist eine Kommanditgesellschaft, wenn bei einem oder bei einigen von den Gesellschaftern die Haftung gegenüber den Gesellschaftsgläubigern auf den Betrag einer bestimmten Vermögenseinlage beschränkt ist (Kommanditisten), während bei dem anderen Teile der Gesellschafter eine Beschränkung der Haftung nicht stattfindet (persönlich haftende Gesellschafter).
(2) Soweit nicht in diesem Abschnitt ein anderes vorgeschrieben ist, finden auf die Kommanditgesellschaft die für die offene Handelsgesellschaft geltenden Vorschriften Anwendung.

§ 164 Geschäftsführung
Die Kommanditisten sind von der Führung der Geschäfte der Gesellschaft ausgeschlossen; [...]

§ 167 Gewinn und Verlust
(1) Die Vorschriften des § 120 über die Berechnung des Gewinns oder Verlustes gelten auch für den Kommanditisten.
(2) Jedoch wird der einem Kommanditisten zukommende Gewinn seinem Kapitalanteil nur so lange zugeschrieben, als dieser den Betrag der bedungenen Einlage nicht erreicht.
(3) An dem Verluste nimmt der Kommanditist nur bis zum Betrage seines Kapitalanteils und seiner noch rückständigen Einlage teil.

§ 168 Verteilung von Gewinn und Verlust
(1) Die Anteile der Gesellschafter am Gewinne bestimmen sich, soweit der Gewinn den Betrag von vier vom Hundert der Kapitalanteile nicht übersteigt, nach den Vorschriften des § 121 Abs. 1 und 2.
(2) In Ansehung des Gewinns, welcher diesen Betrag übersteigt, sowie in Ansehung des Verlustes gilt, soweit nicht ein anderes vereinbart ist, ein den Umständen nach angemessenes Verhältnis der Anteile als bedungen.

Auszug aus dem Gesetz betreffend die Gesellschaften mit beschränkter Haftung (GmbHG)

§ 4 Firma
Die Firma der Gesellschaft muß, auch wenn sie nach § 22 des Handelsgesetzbuchs oder nach anderen gesetzlichen Vorschriften fortgeführt wird, die Bezeichnung „Gesellschaft mit beschränkter Haftung" oder eine allgemein verständliche Abkürzung dieser Bezeichnung enthalten. [...]

§ 5 Stammkapital; Geschäftsanteil
(1) Das Stammkapital der Gesellschaft muß mindestens fünfundzwanzigtausend Euro betragen. [...]

§ 6 Geschäftsführung
(1) Die Gesellschaft muß einen oder mehrere Geschäftsführer haben. [...]
(3) Zu Geschäftsführern können Gesellschafter oder andere Personen bestellt werden. [...]
(4) Ist im Gesellschaftsvertrag bestimmt, daß sämtliche Gesellschafter zur Geschäftsführung berechtigt sein sollen, so gelten nur die der Gesellschaft bei Festsetzung dieser Bestimmung angehörenden Personen als die bestellten Geschäftsführer.
[...]

§ 7 Anmeldung der Gesellschaft

(1) Die Gesellschaft ist bei dem Gericht, in dessen Bezirk sie ihren Sitz hat, zur Eintragung in das Handelsregister anzumelden.
(2) Die Anmeldung darf erst erfolgen, wenn auf jeden Geschäftsanteil, soweit nicht Sacheinlagen vereinbart sind, ein Viertel des Nennbetrags eingezahlt ist. Insgesamt muß auf das Stammkapital mindestens soviel eingezahlt sein, daß der Gesamtbetrag der eingezahlten Geldeinlagen zuzüglich des Gesamtnennbetrags der Geschäftsanteile, für die Sacheinlagen zu leisten sind, die Hälfte des Mindeststammkapitals gemäß § 5 Abs. 1 erreicht.
(3) Die Sacheinlagen sind vor der Anmeldung der Gesellschaft zur Eintragung in das Handelsregister so an die Gesellschaft zu bewirken, daß sie endgültig zur freien Verfügung der Geschäftsführer stehen.

§ 13 Haftung

[...]
(2) Für die Verbindlichkeiten der Gesellschaft haftet den Gläubigern derselben nur das Gesellschaftsvermögen.
[...]

§ 29 Ergebnisverwendung

[...]
(3) Die Verteilung erfolgt nach Verhältnis der Geschäftsanteile. Im Gesellschaftsvertrag kann ein anderer Maßstab der Verteilung festgesetzt werden.
[...]

§ 35 Vertretung der Gesellschaft

(1) Die Gesellschaft wird durch die Geschäftsführer gerichtlich und außergerichtlich vertreten. Hat eine Gesellschaft keinen Geschäftsführer (Führungslosigkeit), wird die Gesellschaft für den Fall, dass ihr gegenüber Willenserklärungen abgegeben oder Schriftstücke zugestellt werden, durch die Gesellschafter vertreten.
(2) Sind mehrere Geschäftsführer bestellt, sind sie alle nur gemeinschaftlich zur Vertretung der Gesellschaft befugt, es sei denn, dass der Gesellschaftsvertrag etwas anderes bestimmt.
[...]

Anlage 9: Entwurf des Gesellschaftsvertrags (Satzung) für eine GmbH

Die Gesellschafter
A. *Ihr Name*, wohnhaft in Wasseralfinger Str. 134, 73433 Aalen
B. Andrea Anders, wohnhaft in Schwabengasse 8, 73453 Abtsgmünd
C. Helmut Hägele, wohnhaft in Aalener Weg 22, 73566 Essingen
D. Berthold Bach, wohnhaft in Nördlinger Str. 37, 73441 Bopfingen

§ 1 Sitz und Gegenstand
Sitz der Gesellschaft ist Aalen. Die Gesellschaft betreibt den Handel mit medizinischen Verbrauchsmaterialien.

§ 2 Firma
Die Gesellschaft wird unter dem Namen ____________________ betrieben.

§ 3 Stammkapital
Das Stammkapital wird auf 700.000,00 EUR festgesetzt. Gesellschafter A bringt als Sacheinlage sein Grundstück ein.
Gesellschafter B, C und D erbringen jeweils Bareinlagen.
Darauf übernehmen die Gesellschafter A, B und D Geschäftsanteile im Wert von 200.000,00 EUR und Gesellschafter C 100.000,00 EUR.
Gesellschafter A bringt zum Gesellschaftsbeginn als Sacheinlage das Grundstück Flurstück 457/4, Wasseralfinger Str. 134, 74433 Aalen mit einem Verkehrswert von 200.000,00 EUR ein.
Gesellschafter B und D erbringen eine Bareinlage von 200.000,00 EUR.
Gesellschafter C bringt zum Gesellschaftsbeginn 100.000,00 EUR in bar ein.

§ 4 Geschäftsführung

§ 5 Gesellschafterversammlung
Vor wichtigen Entscheidungen ist eine Gesellschafterversammlung einzuberufen und abzuhalten. Abgestimmt wird mit einfacher Mehrheit. Jeder Euro eines Geschäftsanteils gewährt eine Stimme.

§ 6 Gewinnverteilung

§ 7 Schlussbestimmungen
Änderungen und Ergänzungen dieses Vertrages bedürfen der Schriftform. Dies gilt auch für einen Verzicht auf das Schriftformerfordernis.

Sollten einzelne Bestimmungen dieses Vertrages unwirksam oder undurchführbar sein oder werden, wird hierdurch die Wirksamkeit des Vertrages im Übrigen nicht berührt. Insoweit verpflichten sich die Gesellschafter, die jeweilige Bestimmung durch eine wirtschaftlich sinnvolle, dem Sinn und Zweck des Vertrages am nächsten liegende Regelung zu ersetzen.

Aalen, den__________. Februar 2022

Den vorstehenden Vertrag beurkundet:

Unterschrift Gesellschafter A

Unterschrift Gesellschafter B

Unterschrift Gesellschafter C

Unterschrift Gesellschafter D

Unterschrift des Notars

1 Prüfungsaufgaben Wirtschafts- und Sozialkunde Winter 2023/2024

Aufgabe 1: Wirtschaftspolitische Einflüsse auf den Ausbildungsbetrieb, das Lebensumfeld und die Volkswirtschaft einschätzen

Die Gruber Medical GmbH ist ein mittelständisches Medizintechnikunternehmen mit Sitz in Tuttlingen, welches sich auf die Produktion von chirurgischen Instrumenten spezialisiert hat.

Sie sind Auszubildende/Auszubildender im 3. Lehrjahr bei der Gruber Medical GmbH. Sie unterhalten sich in der Cafeteria mit Carina, Auszubildende im 1. Lehrjahr, über die gegenwärtige wirtschaftliche Situation in Deutschland und wie sich diese vermutlich auf die Zukunft ihres Ausbildungsbetriebes auswirkt.

1.1 Sie haben folgenden Artikel in der ausliegenden Zeitung gelesen.

Konjunkturaussichten sind schlecht

Materialmangel, Energieengpässe, hohe Inflationsraten und steigende Zinsen – der Gegenwind für Deutschlands Wirtschaft ist im Herbst 2022 so heftig wie selten zuvor.

Die Konsumstimmung in Deutschland ging das dritte Mal in Folge zurück und ist auf ein Rekordtief gefallen – den schlechtesten Wert seit Beginn der Datenerhebung im Jahr 1991. Auch die industriellen Auftragseingänge vom Binnenmarkt sind den siebten Monat in Folge zurückgegangen. Aber die Bestellungen aus dem Ausland legten noch um gut 1 % zu. Die Importe sind erneut gesunken, die Exporte steigen nur noch leicht und die Exporterwartungen lassen für die Zukunft eine Abschwächung des internationalen Handels erwarten. Eine Abwärtsspirale wird inzwischen nicht mehr ausgeschlossen.

Begründen Sie mithilfe von zwei Konjunkturindikatoren, in welcher Konjunkturphase sich die deutsche Wirtschaft befindet.

1.2 Carina fragt interessiert nach, wie es nach dieser Phase mit der deutschen Wirtschaft voraussichtlich weitergehen wird.

Stellen Sie als Erklärungshilfe den idealtypischen Konjunkturverlauf grafisch dar.

1.3 Carina hat in den sozialen Medien folgende Schlagzeile gelesen: „Die hohen Energiepreise sind schlecht für die privaten Haushalte und die Unternehmen."

1.3.1 Beurteilen Sie die Auswirkung hoher Energiepreise auf die konjunkturelle Entwicklung aufgrund des veränderten Verhaltens
- der Haushalte,
- der Unternehmen.

1.3.2 Diskutieren Sie in diesem Zusammenhang die Chance, vom Ausbildungsbetrieb nach der Ausbildung übernommen zu werden.

1.4 Aufgrund der anhaltend hohen Inflation hat die EZB die Leitzinsen schrittweise erhöht.

1.4.1 Beschreiben Sie in mindestens drei Schritten, wie sich die Leitzinserhöhung auf das angestrebte Wirtschaftswachstum auswirken kann.

1.4.2 Erläutern Sie die mögliche Zielbeziehung zwischen den oben angesprochenen wirtschaftspolitischen Zielen.

1.4.3 Die wirtschaftspolitischen Ziele des Stabilitätsgesetzes wurden um zwei weitere qualitative Ziele zum „magischen Sechseck" ergänzt.
- Nennen Sie drei weitere Ziele des „magischen Sechsecks".
- Geben Sie an, wie diese Ziele gemessen werden können.

Aufgabe 2: Entscheidungen im Rahmen einer beruflichen Selbstständigkeit treffen

Sie stehen kurz vor dem Abschluss Ihrer Ausbildung und müssen sich entscheiden, wie Sie Ihre berufliche Zukunft gestalten

Zum einen liegt Ihnen ein Angebot für einen unbefristeten Arbeitsvertrag Ihres bisherigen Ausbildungsbetriebes als Sachbearbeiter/-in vor. Zum anderen könnten Sie sich aber auch gemeinsam mit Ihrem Freund Andreas selbstständig machen.

Dieser befindet sich gerade auch am Ende seiner Ausbildung zum Grafikdesigner und hat die Geschäftsidee, mithilfe eines 3D-Druckers individualisierte Schutzhüllen für Smartphones und Tablets herzustellen. Dazu möchte er einen Onlineshop aufbauen, über den die Kunden die Farbe und das Design für die Schutzhüllen individuell auswählen und bestellen können.

2.1 Vergleichen Sie in einer Tabelle die Selbstständigkeit mit einer Arbeitnehmertätigkeit anhand der folgenden Kriterien:
- soziale Sicherung,
- Verantwortung,
- Einkommen/Vermögen,
- Arbeitsbelastung.

2.2 Sie entscheiden sich, zusammen mit Ihrem Freund den Schritt in die Selbstständigkeit zu wagen und ein Unternehmen zu gründen. Sie wollen beide Ihre Fähigkeiten und Ihr Wissen in das neue Unternehmen einbringen. Sie und Ihr Freund übernehmen alle Aufgaben selbst und leiten das Unternehmen gleichberechtigt. Zusammen mit Ihrem Freund würden Sie ein Startkapital von 14.000,00 EUR in bar einbringen. Im Gegensatz zu Ihnen ist Andreas nicht bereit, unbeschränkt mit seinem Privatvermögen zu haften.

Begründen Sie anhand von drei Kriterien, welche Rechtsform sich für Ihr neues Unternehmen eignet (**Anlage 1**).

2.3 Ihr Freund hat ein Leitbild für Ihr neues Unternehmen erstellt (**Anlage 2**).

Er ist der Meinung, dass in diesem Leitbild auch schon konkrete Ziele stehen, die sie für die operative Unternehmenssteuerung verwenden können.

Sie entgegnen, dass im Leitbild noch keine operationalisierten Unternehmensziele stehen und diese Ziele erst noch formuliert werden müssen.

2.3.1 Formulieren Sie jeweils ein ökonomisches und ökologisches operationalisiertes Unternehmensziel anhand des Leitbilds.

2.3.2 Ihnen fällt auf, dass Unternehmensziele nicht immer unabhängig voneinander verfolgt werden können. Um Ihre Ziele zu erreichen, möchten Sie deshalb wissen, in welchem Verhältnis die Unternehmensziele aus Teilaufgabe 2.3.1 zueinanderstehen.

Stellen Sie die Zielbeziehung zwischen den Unternehmenszielen aus Teilaufgabe 2.3.1 dar.

2.3.3 Beschreiben Sie zwei weitere mögliche Zielbeziehungen.

Anlage 1: Gesetzesauszüge

Auszug aus dem Gesetz betreffend die Gesellschaften mit beschränkter Haftung (GmbHG)

§ 1 Zweck; Gründerzahl

Gesellschaften mit beschränkter Haftung können nach Maßgabe der Bestimmungen dieses Gesetzes zu jedem gesetzlich zulässigen Zweck durch eine oder mehrere Personen errichtet werden.

§ 5 Stammkapital; Geschäftsanteil

(1) Das Stammkapital der Gesellschaft muß mindestens fünfundzwanzigtausend Euro betragen.

(2) Der Nennbetrag jedes Geschäftsanteils muss auf volle Euro lauten. Ein Gesellschafter kann bei Errichtung der Gesellschaft mehrere Geschäftsanteile übernehmen.

(3) Die Höhe der Nennbeträge der einzelnen Geschäftsanteile kann verschieden bestimmt werden. Die Summe der Nennbeträge aller Geschäftsanteile muss mit dem Stammkapital übereinstimmen.

(4) Sollen Sacheinlagen geleistet werden, so müssen der Gegenstand der Sacheinlage und der Nennbetrag des Geschäftsanteils, auf den sich die Sacheinlage bezieht, im Gesellschaftsvertrag festgesetzt werden. Die Gesellschafter haben in einem Sachgründungsbericht die für die Angemessenheit der Leistungen für Sacheinlagen wesentlichen Umstände darzulegen und beim Übergang eines Unternehmens auf die Gesellschaft die Jahresergebnisse der beiden letzten Geschäftsjahre anzugeben.

§ 6 Geschäftsführer

(1) Die Gesellschaft muß einen oder mehrere Geschäftsführer haben.

[...]

§ 7 Anmeldung der Gesellschaft

(1) Die Gesellschaft ist bei dem Gericht, in dessen Bezirk sie ihren Sitz hat, zur Eintragung in das Handelsregister anzumelden.

(2) Die Anmeldung darf erst erfolgen, wenn auf jeden Geschäftsanteil, soweit nicht Sacheinlagen vereinbart sind, ein Viertel des Nennbetrags eingezahlt ist. Insgesamt muß auf das Stammkapital mindestens soviel eingezahlt sein, daß der Gesamtbetrag der eingezahlten Geldeinlagen zuzüglich des Gesamtnennbetrags der Geschäftsanteile, für die Sacheinlagen zu leisten sind, die Hälfte des Mindeststammkapitals gemäß § 5 Abs. 1 erreicht.

(3) Die Sacheinlagen sind vor der Anmeldung der Gesellschaft zur Eintragung in das Handelsregister so an die Gesellschaft zu bewirken, daß sie endgültig zur freien Verfügung der Geschäftsführer stehen.

§ 13 Juristische Person; Handelsgesellschaft

(1) Die Gesellschaft mit beschränkter Haftung als solche hat selbständig ihre Rechte und Pflichten; sie kann Eigentum und andere dingliche Rechte an Grundstücken erwerben, vor Gericht klagen und verklagt werden.

(2) Für die Verbindlichkeiten der Gesellschaft haftet den Gläubigern derselben nur das Gesellschaftsvermögen.

(3) Die Gesellschaft gilt als Handelsgesellschaft im Sinne des Handelsgesetzbuchs.

§ 35 Vertretung der Gesellschaft

(1) Die Gesellschaft wird durch die Geschäftsführer gerichtlich und außergerichtlich vertreten. Hat eine Gesellschaft keinen Geschäftsführer (Führungslosigkeit), wird die Gesellschaft für den Fall, dass ihr gegenüber Willenserklärungen abgegeben oder Schriftstücke zugestellt werden, durch die Gesellschafter vertreten.

(2) Sind mehrere Geschäftsführer bestellt, sind sie alle nur gemeinschaftlich zur Vertretung der Gesellschaft befugt, es sei denn, dass der Gesellschaftsvertrag etwas anderes bestimmt. Ist der Gesellschaft gegenüber eine Willenserklärung abzugeben, genügt die Abgabe gegenüber einem Vertreter der Gesellschaft nach Absatz 1. An die Vertreter der Gesellschaft nach Absatz 1 können unter der im Handelsregister eingetragenen Geschäftsanschrift Willenserklärungen abgegeben und Schriftstücke für die Gesellschaft zugestellt werden. Unabhängig hiervon können die Abgabe und die Zustellung auch unter der eingetragenen Anschrift der empfangsberechtigten Person nach § 10 Abs. 2 Satz 2 erfolgen.

[...]

§ 46 Aufgabenkreis der Gesellschafter

Der Bestimmung der Gesellschafter unterliegen:

1. die Feststellung des Jahresabschlusses und die Verwendung des Ergebnisses;
   - 1a. die Entscheidung über die Offenlegung eines Einzelabschlusses nach internationalen Rechnungslegungsstandards (§ 325 Abs. 2a des Handelsgesetzbuchs) und über die Billigung des von den Geschäftsführern aufgestellten Abschlusses;
   - 1b. die Billigung eines von den Geschäftsführern aufgestellten Konzernabschlusses;
2. die Einforderung der Einlagen;
3. die Rückzahlung von Nachschüssen;
4. die Teilung, die Zusammenlegung sowie die Einziehung von Geschäftsanteilen;
5. die Bestellung und die Abberufung von Geschäftsführern sowie die Entlastung derselben;
6. die Maßregeln zur Prüfung und Überwachung der Geschäftsführung;
7. die Bestellung von Prokuristen und von Handlungsbevollmächtigten zum gesamten Geschäftsbetrieb;
8. die Geltendmachung von Ersatzansprüchen, welche der Gesellschaft aus der Gründung oder Geschäftsführung gegen Geschäftsführer oder Gesellschafter zustehen, sowie die Vertretung der Gesellschaft in Prozessen, welche sie gegen die Geschäftsführer zu führen hat.

§ 47 Abstimmung

(1) Die von den Gesellschaftern in den Angelegenheiten der Gesellschaft zu treffenden Bestimmungen erfolgen durch Beschlußfassung nach der Mehrheit der abgegebenen Stimmen.

(2) Jeder Euro eines Geschäftsanteils gewährt eine Stimme.

[...]

Auszug aus dem Handelsgesetzbuch (HGB)

§ 105[1]
(1) Eine Gesellschaft, deren Zweck auf den Betrieb eines Handelsgewerbes unter gemeinschaftlicher Firma gerichtet ist, ist eine offene Handelsgesellschaft, wenn bei keinem der Gesellschafter die Haftung gegenüber den Gesellschaftsgläubigern beschränkt ist.
(2) Eine Gesellschaft, deren Gewerbebetrieb nicht schon nach § 1 Abs. 2 Handelsgewerbe ist oder die nur eigenes Vermögen verwaltet, ist offene Handelsgesellschaft, wenn die Firma des Unternehmens in das Handelsregister eingetragen ist. 2 § 2 Satz 2 und 3 gilt entsprechend.
(3) Auf die offene Handelsgesellschaft finden, soweit nicht in diesem Abschnitt ein anderes vorgeschrieben ist, die Vorschriften des Bürgerlichen Gesetzbuchs über die Gesellschaft Anwendung.

§ 114[1]
(1) Zur Führung der Geschäfte der Gesellschaft sind alle Gesellschafter berechtigt und verpflichtet.
(2) Ist im Gesellschaftsvertrage die Geschäftsführung einem Gesellschafter oder mehreren Gesellschaftern übertragen, so sind die übrigen Gesellschafter von der Geschäftsführung ausgeschlossen.

§ 115[1]
(1) Steht die Geschäftsführung allen oder mehreren Gesellschaftern zu, so ist jeder von ihnen allein zu handeln berechtigt; widerspricht jedoch ein anderer geschäftsführender Gesellschafter der Vornahme einer Handlung, so muß diese unterbleiben.
(2) Ist im Gesellschaftsvertrage bestimmt, daß die Gesellschafter, denen die Geschäftsführung zusteht, nur zusammen handeln können, so bedarf es für jedes Geschäft der Zustimmung aller geschäftsführenden Gesellschafter, es sei denn, daß Gefahr im Verzug ist.

§ 161[1]
(1) Eine Gesellschaft, deren Zweck auf den Betrieb eines Handelsgewerbes unter gemeinschaftlicher Firma gerichtet ist, ist eine Kommanditgesellschaft, wenn bei einem oder bei einigen von den Gesellschaftern die Haftung gegenüber den Gesellschaftsgläubigern auf den Betrag einer bestimmten Vermögenseinlage beschränkt ist (Kommanditisten), während bei dem anderen Teile der Gesellschafter eine Beschränkung der Haftung nicht stattfindet (persönlich haftende Gesellschafter).
(2) Soweit nicht in diesem Abschnitt ein anderes vorgeschrieben ist, finden auf die Kommanditgesellschaft die für die offene Handelsgesellschaft geltenden Vorschriften Anwendung.

§ 163
Für das Verhältnis der Gesellschafter untereinander gelten in Ermangelung abweichender Bestimmungen des Gesellschaftsvertrags die besonderen Vorschriften der §§ 164 bis 169.

---
[1] *Alte Fassung, seit dem 01.01.2024 neue Fassung.*

§ 164[1]
Die Kommanditisten sind von der Führung der Geschäfte der Gesellschaft ausgeschlossen; sie können einer Handlung der persönlich haftenden Gesellschafter nicht widersprechen, es sei denn, daß die Handlung über den gewöhnlichen Betrieb des Handelsgewerbes der Gesellschaft hinausgeht. 2 Die Vorschriften des § 116 Abs. 3 bleiben unberührt.

§ 171[1]
(1) Der Kommanditist haftet den Gläubigern der Gesellschaft bis zur Höhe seiner Einlage unmittelbar; die Haftung ist ausgeschlossen, soweit die vereinbarte Einlage geleistet ist.
(2) Ist über das Vermögen der Gesellschaft das Insolvenzverfahren eröffnet, so wird während der Dauer des Verfahrens das den Gesellschaftsgläubigern nach Absatz 1 zustehende Recht durch den Insolvenzverwalter oder den Sachwalter ausgeübt.

Anlage 2

Leitbild

Trendiges Design und nachhaltige Produkte – Unsere Kunden und die Umwelt sind uns wichtig

Wir wollen mit unseren Schutzhüllen Ihre wichtigsten Alltagsgegenstände vor Stürzen und Schlägen sichern. Durch unser innovatives und kreatives Design erhalten Tablets und Smartphones einen trendigen Look. Unsere Kunden können zudem das Design nach ihren Wünschen gestalten.
Wir zeichnen uns aus durch schnelle Lieferung und eine hohe Qualität. Reklamationen wollen wir vermeiden: die Zufriedenheit unserer Kunden steht an oberster Stelle.

Nachhaltig

Wir verwenden überwiegend recycelte Rohstoffe aus Deutschland für die Herstellung unserer Schutzhüllen, um keine Rohstoffe zu verschwenden. Durch unsere Schutzhüllen erhöht sich die Nutzungsdauer ihres Smartphones und Tablets. Der Vorteil: Unsere Kunden sparen Geld und die Natur wird nicht durch neuen Elektromüll belastet. Unsere Rohstofflieferanten überprüfen wir regelmäßig, um die Qualität unserer Produkte sicherzustellen.

Innovativ

Wir werden unsere Schutzhüllen an neue Geräte anpassen, um auch in Zukunft die besten Schutzhüllen zu bieten. Wir erweitern unsere Designs regelmäßig und richten uns nach den Kundeninteressen.

Wirtschaftlich

Unser Unternehmen arbeitet ergebnisorientiert und setzt wirtschaftliches Denken um, indem wir Wachstum erreichen. Unsere Schutzhüllen sollen in Zukunft jedes Smartphone und jedes Tablet vor Beschädigung schützen.

[1] Alte Fassung, seit dem 01.01.2024 neue Fassung.

2 Prüfungsaufgaben Wirtschafts- und Sozialkunde Sommer 2024

Aufgabe 1: In Ausbildung und Beruf orientieren

Die HaWa GmbH ist ein Hersteller für Haushaltsprodukte aus Stockach mit 120 Beschäftigten. Die Belegschaft hat erfolgreich einen Betriebsrat gegründet. Sie wurden nach Ihrer kaufmännischen Ausbildung in den Betriebsrat gewählt.

1.1 Sie bereiten mit den anderen Betriebsratsmitgliedern die erste gemeinsame Sitzung mit der Geschäftsleitung vor.

Begründen Sie mit zwei Argumenten, welchen Nutzen die Geschäftsleitung aus der Zusammenarbeit mit dem Betriebsrat ziehen kann.

1.2 Sie erhalten als Betriebsratsmitglied vom Geschäftsführer Jens Müller die folgende-E-Mail (**Anlage 1**).

Prüfen Sie die Mitwirkungs- und Mitbestimmungsrechte des Betriebsrats bei den Plänen der Geschäftsleitung (**Anlage 2**).

1.3 Aufgrund Ihrer Tätigkeit als Betriebsratsmitglied kommen verstärkt Auszubildende und Beschäftigte mit unterschiedlichen Anliegen zu Ihnen.

1.3.1 Der Auszubildende Simon Haller (17 Jahre) ist im ersten Ausbildungsjahr und kommt aufgebracht mit einer Übersicht seiner Arbeitszeiten der aktuellen Woche zu Ihnen. Er ist unsicher, ob sein Wochenplan so stimmen kann (**Anlage 3**).

Prüfen Sie Simons Arbeits- und Pausenzeiten (**Anlage 2**).

1.3.2 Die Beschäftigte Mara Eckert (26 Jahre) kommt mit folgender Beschwerde zu Ihnen:

„Vor Kurzem bin ich über eine Palette im Rohstofflager gestolpert und habe mich schwer verletzt. Seit Monaten kann eine ordnungsgemäße Lagerung der Paletten nicht erfolgen, da die Hälfte der Lagerhalle zur Produktion umfunktioniert wurde. Die Lagerkapazität reicht daher nicht mehr aus. Ich habe Angst, dass so etwas wieder passiert."

- Entwickeln Sie eine Maßnahme, um solche Unfälle in Zukunft zu vermeiden.
- Geben Sie an, welcher Sozialversicherungszweig in diesem Falle zuständig ist.

Aufgabe 2: Wirtschaftspolitisches Handeln in der sozialen Marktwirtschaft

Sie sind in der Heu Maier GmbH, einem Handelsunternehmen für landwirtschaftliche Produkte, angestellt. In Vorbereitung für eine Strategiesitzung mit der Geschäftsleitung haben Sie die Aufgabe, die Marktsituation im Bereich Heu-Rundballen vorzustellen.

An der Mannheimer Produktenbörse werden Heu-Rundballen gehandelt. Für Heu-Rundballen liegen folgende Angebote und Nachfragen vor:

Anbieter		
Verkaufsaufträge	Preis EUR/Tonne	Menge in Tonnen
A	mindestens 120,00 EUR/t	30
B	mindestens 130,00 EUR/t	10
C	mindestens 140,00 EUR/t	10
D	mindestens 150,00 EUR/t	10
E	mindestens 160,00 EUR/t	10

Nachfrager		
Kaufaufträge	Preis EUR/Tonne	Menge in Tonnen
F	höchstens 120,00 EUR/t	5
G	höchstens 130,00 EUR/t	10
H	höchstens 140,00 EUR/t	15
I	höchstens 150,00 EUR/t	20
J	höchstens 160,00 EUR/t	40

2.1 Ermitteln Sie mithilfe der Tabelle, welcher Marktpreis sich aufgrund der vorliegenden Kauf- und Verkaufsaufträge einstellen wird (**Anlage 4**).

2.2 Sie sollen Ihr Ergebnis aus 2.1 grafisch veranschaulichen.

Bestimmen Sie das Marktgleichgewicht in dem Preis-Mengen-Diagramm (**Anlage 5**).

2.3 In einer Fachzeitschrift steht: „Anhaltende Dürre bremst die Heuernte massiv aus – große Einbußen bei der Heuernte!“

- Stellen Sie die Veränderung des Marktgleichgewichts in einer Skizze dar.
- Erklären Sie den Anpassungsprozess hin zum neuen Gleichgewicht.

2.4 Der Heu Maier GmbH liegt ein Angebot von einem großen Wettbewerber zur Fusion vor, sodass die Geschäftsleitung darüber in der Strategiesitzung diskutieren möchte, inwieweit eine Annahme dieses Angebots vorteilhaft ist.

2.4.1 Erklären Sie, ob es sich bei einer Fusion um eine Kooperation oder eine Konzentration handelt.

2.4.2 Beschreiben Sie zwei Ziele, die aus Sicht der Geschäftsleitung der Heu Maier GmbH für eine Fusion sprechen könnten.

Anlage 1

Von:	jens.mueller@hawa.de
An:	betriebsrat@hawa.de
Betreff:	**Unterrichtung/Mitteilung an die Mitglieder des Betriebsrats der HaWa GmbH**

Sehr geehrte Damen und Herren des Betriebsrats,

hiermit informiere ich Sie über folgende Pläne unserer Geschäftsleitung:

1. Das Unternehmen HaWa GmbH möchte den kleineren Mitbewerber Hans Klug KG in Konstanz übernehmen. Der Zusammenschluss der beiden Unternehmen soll bereits in wenigen Wochen eingeleitet werden.
2. Die Geschäftsleitung der HaWa GmbH beabsichtigt die Versetzung von 10 Beschäftigten an den zukünftigen Standort in Konstanz.

In einer gemeinsamen beratenden Besprechung mit Ihnen sollen o. g. Vorhaben ausführlich erörtert werden. Den Termin für unsere Besprechung teile ich ihnen zeitnah mit.

Mit freundlichen Grüßen,

Jens Müller
Geschäftsführer HaWa GmbH

Anlage 2: Gesetzesauszüge

Auszug aus dem Betriebsverfassungsgesetz (BetrVG)

§ 74 Grundsätze für die Zusammenarbeit

(1) Arbeitgeber und Betriebsrat sollen mindestens einmal im Monat zu einer Besprechung zusammentreten. Sie haben über strittige Fragen mit dem ernsten Willen zur Einigung zu verhandeln und Vorschläge für die Beilegung von Meinungsverschiedenheiten zu machen.
[...]

§ 76 Einigungsstelle

(1) Zur Beilegung von Meinungsverschiedenheiten zwischen Arbeitgeber und Betriebsrat, Gesamtbetriebsrat oder Konzernbetriebsrat ist bei Bedarf eine Einigungsstelle zu bilden. Durch Betriebsvereinbarung kann eine ständige Einigungsstelle errichtet werden.
(2) Die Einigungsstelle besteht aus einer gleichen Anzahl von Beisitzern, die vom Arbeitgeber und Betriebsrat bestellt werden, und einem unparteiischen Vorsitzenden, auf dessen Person sich beide Seiten einigen müssen. Kommt eine Einigung über die Person des Vorsitzenden nicht zustande, so bestellt ihn das Arbeitsgericht. Dieses entscheidet auch, wenn kein Einverständnis über die Zahl der Beisitzer erzielt wird.
[...]

§ 87 Mitbestimmungsrechte

(1) Der Betriebsrat hat, soweit eine gesetzliche oder tarifliche Regelung nicht besteht, in folgenden Angelegenheiten mitzubestimmen:

1. Fragen der Ordnung des Betriebs und des Verhaltens der Arbeitnehmer im Betrieb;
2. Beginn und Ende der täglichen Arbeitszeit einschließlich der Pausen sowie Verteilung der Arbeitszeit auf die einzelnen Wochentage;
3. vorübergehende Verkürzung oder Verlängerung der betriebsüblichen Arbeitszeit;
4. Zeit, Ort und Art der Auszahlung der Arbeitsentgelte;
5. Aufstellung allgemeiner Urlaubsgrundsätze und des Urlaubsplans sowie die Festsetzung der zeitlichen Lage des Urlaubs für einzelne Arbeitnehmer, wenn zwischen dem Arbeitgeber und den beteiligten Arbeitnehmern kein Einverständnis erzielt wird;
6. Einführung und Anwendung von technischen Einrichtungen, die dazu bestimmt sind, das Verhalten oder die Leistung der Arbeitnehmer zu überwachen;
7. Regelungen über die Verhütung von Arbeitsunfällen und Berufskrankheiten sowie über den Gesundheitsschutz im Rahmen der gesetzlichen Vorschriften oder der Unfallverhütungsvorschriften;

[...]

§ 88 Freiwillige Betriebsvereinbarungen

Durch Betriebsvereinbarung können insbesondere geregelt werden

1. zusätzliche Maßnahmen zur Verhütung von Arbeitsunfällen und Gesundheitsschädigungen;

[...]

§ 90 Unterrichtungs- und Beratungsrechte

(1) Der Arbeitgeber hat den Betriebsrat über die Planung

1. von Neu-, Um- und Erweiterungsbauten von Fabrikations-, Verwaltungs- und sonstigen betrieblichen Räumen,
2. von technischen Anlagen,
3. von Arbeitsverfahren und Arbeitsabläufen einschließlich des Einsatzes von Künstlicher Intelligenz oder
4. der Arbeitsplätze

rechtzeitig unter Vorlage der erforderlichen Unterlagen zu unterrichten.

(2) Der Arbeitgeber hat mit dem Betriebsrat die vorgesehenen Maßnahmen und ihre Auswirkungen auf die Arbeitnehmer, insbesondere auf die Art ihrer Arbeit sowie die sich daraus ergebenden Anforderungen an die Arbeitnehmer so rechtzeitig zu beraten, dass Vorschläge und Bedenken des Betriebsrats bei der Planung berücksichtigt werden können. Arbeitgeber und Betriebsrat sollen dabei auch die gesicherten arbeitswissenschaftlichen Erkenntnisse über die menschengerechte Gestaltung der Arbeit berücksichtigen.

§ 99 Mitbestimmung bei personellen Einzelmaßnahmen

(1) In Unternehmen mit in der Regel mehr als zwanzig wahlberechtigten Arbeitnehmern hat der Arbeitgeber den Betriebsrat vor jeder Einstellung, Eingruppierung, Umgruppierung und Versetzung zu unterrichten [...].

(2) Der Betriebsrat kann die Zustimmung verweigern, wenn

[...]

3. die durch Tatsachen begründete Besorgnis besteht, dass infolge der personellen Maßnahme im Betrieb beschäftigte Arbeitnehmer gekündigt werden oder sonstige Nachteile erleiden, ohne dass dies aus betrieblichen oder persönlichen Gründen gerechtfertigt ist; als Nachteil gilt bei unbefristeter Einstellung auch die Nichtberücksichtigung eines gleich geeigneten befristet Beschäftigten,
4. der betroffene Arbeitnehmer durch die personelle Maßnahme benachteiligt wird, ohne dass dies aus betrieblichen oder in der Person des Arbeitnehmers liegenden Gründen gerechtfertigt ist,

   [...]
6. die durch Tatsachen begründete Besorgnis besteht, dass der für die personelle Maßnahme in Aussicht genommene Bewerber oder Arbeitnehmer den Betriebsfrieden [...] stören werde.

(3) Verweigert der Betriebsrat seine Zustimmung, so hat er dies unter Angabe von Gründen innerhalb einer Woche nach Unterrichtung durch den Arbeitgeber diesem schriftlich mitzuteilen. Teilt der Betriebsrat dem Arbeitgeber die Verweigerung seiner Zustimmung nicht innerhalb der Frist schriftlich mit, so gilt die Zustimmung als erteilt.

(4) Verweigert der Betriebsrat seine Zustimmung, so kann der Arbeitgeber beim Arbeitsgericht beantragen, die Zustimmung zu ersetzen.

§ 111 Betriebsänderungen

In Unternehmen mit in der Regel mehr als zwanzig wahlberechtigten Arbeitnehmern hat der Unternehmer den Betriebsrat über geplante Betriebsänderungen, die wesentliche Nachteile für die Belegschaft oder erhebliche Teile der Belegschaft zur Folge haben können, rechtzeitig und umfassend zu unterrichten und die geplanten Betriebsänderungen mit dem Betriebsrat zu beraten. [...] Als Betriebsänderungen im Sinne des Satzes 1 gelten

1. Einschränkung und Stilllegung des ganzen Betriebs oder von wesentlichen Betriebsteilen,
2. Verlegung des ganzen Betriebs oder von wesentlichen Betriebsteilen,
3. Zusammenschluss mit anderen Betrieben oder die Spaltung von Betrieben,
4. grundlegende Änderungen der Betriebsorganisation, des Betriebszwecks oder der Betriebsanlagen,

[...]

Auszug aus dem Jugendarbeitsschutzgesetz (JArbSchG)

§ 1 Geltungsbereich

(1) Dieses Gesetz gilt [...] für die Beschäftigung von Personen, die noch nicht 18 Jahre alt sind, [...]

§ 2 Kind, Jugendlicher

[...]

(2) Jugendlicher im Sinne dieses Gesetzes ist, wer 15, aber noch nicht 18 Jahre alt ist.

[...]

§ 8 Dauer der Arbeitszeit
(1) Jugendliche dürfen nicht mehr als acht Stunden täglich und nicht mehr als 40 Stunden wöchentlich beschäftigt werden.
[...]
(2a) Wenn an einzelnen Werktagen die Arbeitszeit auf weniger als acht Stunden verkürzt ist, können Jugendliche an den übrigen Werktagen derselben Woche achteinhalb Stunden beschäftigt werden.
[...]

§ 9 Berufsschule
(1) Der Arbeitgeber hat den Jugendlichen für die Teilnahme am Berufsschulunterricht freizustellen. Er darf den Jugendlichen nicht beschäftigen

1. vor einem vor 9 Uhr beginnenden Unterricht; dies gilt auch für Personen, die über 18 Jahre alt und noch berufsschulpflichtig sind,
2. an einem Berufsschultag mit mehr als fünf Unterrichtsstunden von mindestens je 45 Minuten, einmal in der Woche,
3. in Berufsschulwochen mit einem planmäßigen Blockunterricht von mindestens 25 Stunden an mindestens fünf Tagen; zusätzliche betriebliche Ausbildungsveranstaltungen bis zu zwei Stunden wöchentlich sind zulässig.

[...]

§ 11 Ruhepausen, Aufenthaltsräume
(1) Jugendlichen müssen im Voraus feststehende Ruhepausen von angemessener Dauer gewährt werden. Die Ruhepausen müssen mindestens betragen

1. 30 Minuten bei einer Arbeitszeit von mehr als viereinhalb bis zu sechs Stunden,
2. 60 Minuten bei einer Arbeitszeit von mehr als sechs Stunden.

Als Ruhepause gilt nur eine Arbeitsunterbrechung von mindestens 15 Minuten.
(2) Die Ruhepausen müssen in angemessener zeitlicher Lage gewährt werden, frühestens eine Stunde nach Beginn und spätestens eine Stunde vor Ende der Arbeitszeit. Länger als viereinhalb Stunden hintereinander dürfen Jugendliche nicht ohne Ruhepause beschäftigt werden.
[...]

§ 13 Tägliche Freizeit
Nach Beendigung der täglichen Arbeitszeit dürfen Jugendliche nicht vor Ablauf einer ununterbrochenen Freizeit von mindestens 12 Stunden beschäftigt werden.

§ 14 Nachtruhe
(1) Jugendliche dürfen nur in der Zeit von 6 bis 20 Uhr beschäftigt werden.
[...]

§ 15 Fünf-Tage-Woche
Jugendliche dürfen nur an fünf Tagen in der Woche beschäftigt werden. Die beiden wöchentlichen Ruhetage sollen nach Möglichkeit aufeinander folgen.

Anlage 3

Arbeitszeiten in der aktuellen Woche					
Mitarbeitende/-r:	**Simon Haller**		*Abteilung:*	**Fertigung Stapelboxen**	
	Montag	**Dienstag**	**Mittwoch**	**Donnerstag**	**Freitag**
Kommt/Geht	07:00–07:30 Uhr	07:00–08:00 Uhr	07:00–07:30 Uhr		07:00–07:30 Uhr
Pause 1	15 Min.		15 Min.		15 Min.
Kommt/Geht	07:45–13:00 Uhr		07:45–13:00 Uhr		07:45–13:00 Uhr
Pause 2	30 Min.		30 Min.		30 Min.
Kommt/Geht	13:30–15:45 Uhr		13:30–15:45 Uhr		13:30–15:45 Uhr
Besonderheiten:		Berufsschultag, ab 2. Std. (8:40 Uhr) bis zur 7. Std.		Feiertag	

Anlage 4: Tabelle aller Kauf- und Verkaufsaufträge

Preis (Euro je t)	Gesamtangebot (in t)	Gesamtnachfrage (in t)

Anlage 5: Preis-Mengen-Diagramm

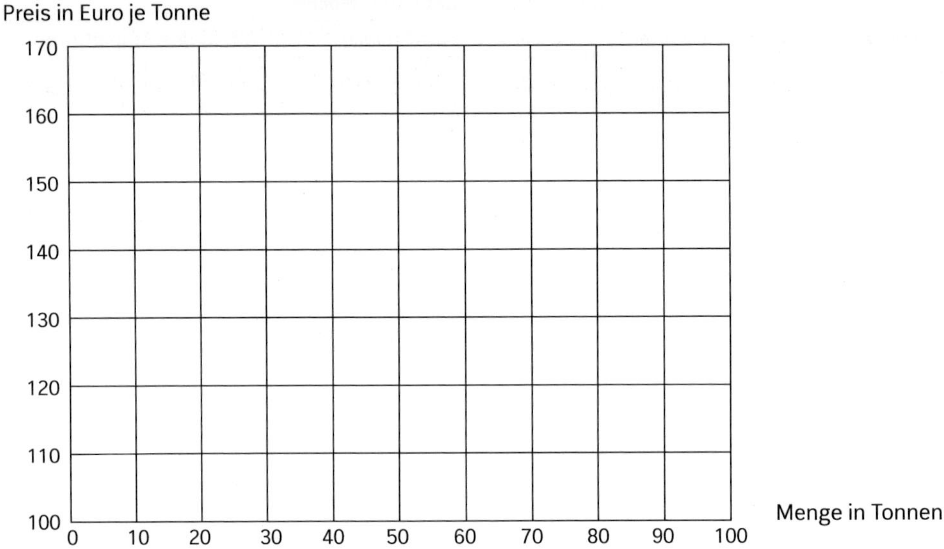

3 Prüfungsaufgaben Wirtschafts- und Sozialkunde Winter 2024/2025

Aufgabe 1: Entscheidungen im Rahmen einer beruflichen Selbstständigkeit treffen

Der Schreinermeister Paul Holzer hat sich selbstständig gemacht. Sein Unternehmen, Van4Living e. K., hat sich auf den Ausbau von Vans zu Campern spezialisiert. Paul Holzer möchte die Betriebsstätte zeitnah vergrößern. Bei seinem Vorhaben ist er auf zusätzliches Kapital angewiesen.

Josef Holzer, Pauls Vater, ist bereits in Ruhestand und möchte sich finanziell an der Unternehmung seines Sohns beteiligen, jedoch keine leitende Funktion übernehmen.

Sie arbeiten im kaufmännischen Bereich des Unternehmens und wirken aktiv bei der Umstrukturierung mit.

1.1 Paul und Josef Holzer beschließen die Gründung einer Kommanditgesellschaft (KG).

1.1.1 Ihnen liegt der Entwurf des neuen Gesellschaftsvertrages vor (**Anlage 1**). Die Firma soll soweit möglich beibehalten werden.

Vervollständigen Sie die Paragrafen 2 und 4 des Gesellschaftsvertrages (**Anlagen 1 und 5**).

1.1.2 Sie schlagen Paul und Josef Holzer vor, den Paragraf 5 „Verteilung von Gewinn und Verlust" um folgenden Absatz zu ergänzen:

„(3) Der verbleibende Restgewinn wird im Verhältnis der jeweiligen Kapitaleinlagen verteilt."

Begründen Sie, warum es sinnvoll ist, auch die Verteilung des Restgewinns im Gesellschaftsvertrag festzulegen (**Anlagen 1 und 5**).

1.2 Der Vorschlag aus Teilaufgabe 1.1.2 zur Verteilung des verbleibenden Restgewinns wurde in den Gesellschaftsvertrag aufgenommen. Im ersten Geschäftsjahr betrug der Gewinn der KG zum Bilanzstichtag am 30.09.2024 48.000,00 EUR.

Führen Sie die Gewinnverwendung durch (**Anlagen 1, 2 und 5**).

1.3 Die Gesellschafter sind sich darüber einig, dass die Betriebsstätte schnellstmöglich vergrößert werden soll. Ein Verbleib am bisherigen Standort ist aus Platzgründen nicht möglich. Beide Gesellschafter bevorzugen einen Standort in der Nähe von Ulm und legen besonderen Wert auf eine sehr gute Verkehrsanbindung. Sie unterstützen Paul Holzer bei der Standortwahl.

1.3.1 Erläutern Sie, weshalb die Standortwahl für den wirtschaftlichen Erfolg des Unternehmens bedeutsam ist.

1.3.2 Erarbeiten Sie einen Vorschlag für die Standortwahl mithilfe einer Nutzwertanalyse (**Anlagen 3 und 4**). Die Gewichtung der Standortfaktoren „Flächenverfügbarkeit" und „Verkehrsanbindung" muss noch festgelegt werden.

Aufgabe 2: Wirtschaftliches Handeln in der sozialen Marktwirtschaft analysieren

Die PowerBite GmbH mit Sitz in Laupheim stellt Fitness Riegel her und erweitert ihre Produktpalette um einen Protein-Riegel. Hauptbestandteil des neuen Produktes ist proteinreicher Bio-Leinsamen, der an der Warenbörse gehandelt wird.

Sie arbeiten für die PowerBite GmbH. Im Unternehmen sind Sie für den Einkauf und die Preiskalkulation zuständig.

2.1 An der Warenbörse treten am heutigen Börsentag eine Vielzahl von Anbietern und Nachfragern mit folgenden Preis- und Mengenvorstellungen für Bio-Leinsamen derselben Handelsklasse auf:

Kaufaufträge	Menge in t	Preis je t in Euro
A	40	billigst*
B	30	höchstens 5.500,00
C	35	höchstens 4.000,00
D	45	höchstens 3.500,00
E	60	höchstens 3.000,00

Verkaufsaufträge	Menge in t	Preis je t in Euro
F	25	bestens*
G	15	mindestens 3.000,00
H	25	mindestens 3.500,00
I	40	mindestens 4.000,00
J	50	mindestens 5.500,00

**Hinweise:*

- *„Billigst" bedeutet, dass der Käufer zu jedem Preis kauft.*
- *„Bestens" bedeutet, dass der Verkäufer zu jedem Preis verkauft.*

Es gelten die Bedingungen eines Polypols auf dem vollkommenen Markt.

2.1.1 Beschreiben Sie anhand dieses Beispiels zwei Bedingungen für einen vollkommenen Markt.

2.1.2 Begründen Sie mithilfe von **Anlage 6**, zu welchem Preis Sie den Bio-Leinsamen heute einkaufen müssen.

2.2 In der Kantine stoßen Sie auf folgende Zeilen in der Fachzeitschrift „Gesund Essen – gesund Leben":

> „[...] Immer mehr Menschen achten auf ihre Gesundheit. Ein aktiver Lebensstil sowie eine gesunde Ernährung spielen eine immer größere Rolle. Fitnessstudios verzeichnen eine rasant steigende Zahl an Mitgliedern. Proteinreiche Nahrungsmittel vor und nach dem Training gewinnen bei den Sportlerinnen und Sportlern zunehmend an Bedeutung. [...]"

Skizzieren Sie die Auswirkungen dieses Trends auf den Markt für Bio-Leinsamen in einem Preis-Mengen-Diagramm.

2.3 Aufgrund ihrer Kostensituation ist es vielen heimischen landwirtschaftlichen Betrieben nicht möglich, Bio-Leinsamen zum Marktpreis anzubieten. Daher fordern Befürworter der ökologischen Landwirtschaft einen staatlich festgesetzten Mindestpreis.

- Stellen Sie die Marktsituation, die sich aufgrund des geforderten Mindestpreises ergeben würde, in einem neuen Schaubild grafisch dar.
- Beschreiben Sie je eine mögliche Auswirkung für:
  - Anbieter
  - Nachfrager
  - Staat

Anlage 1: Entwurf des Gesellschaftsvertrags für eine KG (Auszug)

Die Gesellschafter

A) Paul Holzer, wohnhaft in Ulm
B) Josef Holzer, wohnhaft in Ulm

gründen eine Kommanditgesellschaft und schließen zu diesem Zweck den folgenden Gesellschaftsvertrag:

§ 1 Zweck der Gesellschaft
Zweck der Gesellschaft ist der Ausbau von Vans zu Campern und deren Vertrieb.

§ 2 Firma und Sitz der Gesellschaft
Die Gesellschaft führt die Firma ______________________________.
Der Sitz der Gesellschaft ist in Ulm.

§ 3 Beginn, Dauer
Die Gesellschaft beginnt am 01.10.2023. Ihre Dauer ist unbestimmt.

§ 4 Gesellschafter/Einlagen

(1) Komplementär ist der Gesellschafter ______________________.

Kommanditist ist der Gesellschafter ______________________.

(2) Der Komplementär erbringt folgende Einlage: 225.000,00 EUR.
Der Kommanditist erbringt folgende Einlage: 75.000,00 EUR.

§ 5 Verteilung von Gewinn und Verlust

(1) Vom Gewinn erhält der Komplementär zunächst eine Vergütung in Höhe von jeweils 2.500,00 EUR pro Monat, die auf seinen Gewinnanteil angerechnet wird.
(2) Jeder Gesellschafter erhält eine Kapitalverzinsung in Höhe von 4 % der Einlage.

[...]

____
Ort, Datum

_______________________ _______________________
Unterschrift Gesellschafter A *Unterschrift Gesellschafter B*

Anlage 2

Gesellschafter	Kapitalanteil in Euro	Tätigkeitsvergütung in Euro	__% Verzinsung in Euro	Restgewinn in Euro	Gesamtgewinn in Euro
Paul Holzer					
Josef Holzer					
Summe					

Anlage 3: Standortinformationen

Standort A

Der Standort befindet sich im Gewerbegebiet Ulm-Nord und liegt unmittelbar an der Autobahn sowie der Bundesstraße. In den letzten fünf Jahren haben sich zwei weitere Konkurrenzunternehmen am Standort niedergelassen. Die Verfügbarkeit von weiteren Gewerbeflächen am Standort ist gegeben, jedoch derzeit stark nachgefragt. Durchschnittlich muss für einen Quadratmeter Gewerbefläche 10,75 EUR an Miete gezahlt werden.

Standort B

Der Standort befindet sich in einem Gewerbepark im Ulmer Umland. Die benötigte Gewerbefläche kann hier zum Durchschnittspreis von 9,80 EUR je Quadratmeter angemietet werden. Die Entfernung zur Autobahn beträgt ca. 40 Minuten. Ein weiteres Unternehmen, welches sich auf den Ausbau von Vans spezialisiert hat, befindet sich ebenfalls vor Ort. Eine nachträgliche Erweiterung der Betriebsstätte wäre an diesem Standort jederzeit möglich.

Anlage 4: Nutzwertanalyse für die Standortbestimmung

		Standort A		Standort B	
Standortfaktoren	Gewichtung	Bewertung	Punkte	Bewertung	Punkte
Mietkosten je m^2 in Euro	30				
Wettbewerbssituation	20				
Flächenverfügbarkeit					
Verkehrsanbindung					
Summe	100				

Bewertung: 1 = sehr schlecht; 5 = sehr gut

Anlage 5: Gesetzesauszüge

Auszug aus dem Bürgerlichen Gesetzbuch (BGB)

§ 709 Beiträge; Stimmkraft; Anteil an Gewinn und Verlust

(1) Der Beitrag eines Gesellschafters kann in jeder Förderung des gemeinsamen Zwecks, auch in der Leistung von Diensten, bestehen.

(2) Im Zweifel sind die Gesellschafter zu gleichen Beiträgen verpflichtet.

(3) Die Stimmkraft und der Anteil an Gewinn und Verlust richten sich vorrangig nach den vereinbarten Beteiligungsverhältnissen. Sind keine Beteiligungsverhältnisse vereinbart worden, richten sie sich nach dem Verhältnis der vereinbarten Werte der Beiträge. Sind auch Werte der Beiträge nicht vereinbart worden, hat jeder Gesellschafter ohne Rücksicht auf den Wert seines Beitrags die gleiche Stimmkraft und einen gleichen Anteil am Gewinn und Verlust.

Auszug aus dem Handelsgesetzbuch (HGB)

§ 19

(1) Die Firma muss, auch wenn sie nach den §§ 21, 22, 24 oder nach anderen gesetzlichen Vorschriften fortgeführt wird, enthalten:

1. bei Einzelkaufleuten die Bezeichnung „eingetragener Kaufmann“, „eingetragene Kauffrau“ oder eine allgemein verständliche Abkürzung dieser Bezeichnung, insbesondere „e. K.“, „e. Kfm.“ oder „e. Kfr.“;
2. bei einer offenen Handelsgesellschaft die Bezeichnung „offene Handelsgesellschaft“ oder eine allgemein verständliche Abkürzung dieser Bezeichnung;
3. bei einer Kommanditgesellschaft die Bezeichnung „Kommanditgesellschaft“ oder eine allgemein verständliche Abkürzung dieser Bezeichnung.

(2) Wenn in einer offenen Handelsgesellschaft oder Kommanditgesellschaft keine natürliche Person persönlich haftet, muss die Firma, auch wenn sie nach den §§ 21, 22, 24 oder nach anderen gesetzlichen Vorschriften fortgeführt wird, eine Bezeichnung enthalten, welche die Haftungsbeschränkung kennzeichnet.

§ 120 Ermittlung von Gewinn- und Verlustanteilen

(1) Die geschäftsführungsbefugten Gesellschafter sind gegenüber der Gesellschaft zur Aufstellung des Jahresabschlusses (§ 242 Absatz 3) verpflichtet. Sie haben dabei für jeden Gesellschafter nach Maßgabe von § 709 Absatz 3 des Bürgerlichen Gesetzbuchs den Anteil am Gewinn oder Verlust zu ermitteln.

(2) Der einem Gesellschafter zukommende Gewinn wird dem Kapitalanteil des Gesellschafters zugeschrieben; der auf einen Gesellschafter entfallende Verlust wird davon abgeschrieben.

§ 121 Feststellung des Jahresabschlusses

Über die Feststellung des Jahresabschlusses entscheiden die Gesellschafter durch Beschluss.

§ 161

(1) Eine Gesellschaft, deren Zweck auf den Betrieb eines Handelsgewerbes unter gemeinschaftlicher Firma gerichtet ist, ist eine Kommanditgesellschaft, wenn bei einem oder bei einigen von den Gesellschaftern die Haftung gegenüber den Gesellschaftsgläubigern auf einen bestimmten Betrag (Haftsumme) beschränkt ist (Kommanditisten), während bei dem anderen Teile der Gesellschafter eine Beschränkung der Haftung nicht stattfindet (persönlich haftende Gesellschafter).

(2) Soweit nicht in diesem Abschnitt ein anderes vorgeschrieben ist, finden auf die Kommanditgesellschaft die für die offene Handelsgesellschaft geltenden Vorschriften entsprechende Anwendung.

§ 167 Verlustbeteiligung

Soweit der Kommanditist die vereinbarte Einlage geleistet hat, sind die §§ 136 und 149 auf ihn nicht anzuwenden.

Anlage 6: Bestimmung des Marktpreises

Preis je t in Euro	Gesamtnachfrage (in t)	Gesamtangebot (in t)	Umgesetzte Menge (in t)
2.500,00			
3.000,00			
3.500,00			
4.000,00			
5.500,00			

4 Prüfungsaufgaben Wirtschafts- und Sozialkunde Sommer 2025

Aufgabe 1: In Ausbildung und Beruf orientieren

Sie absolvieren eine kaufmännische Ausbildung in der Lohrer GmbH mit Sitz in Heilbronn. Das Unternehmen stellt Klimaanlagen her. 2024 wurde erstmals ein Betriebsrat gewählt.
Sie sind aktuell in der Personalabteilung eingesetzt und für Fragen der Auszubildenden zuständig (**Anlage 1**).

1.1 Da die Zahl der Auszubildenden stark zugenommen hat, soll nun erstmalig eine Jugend- und Auszubildendenvertretung (JAV) gewählt werden. Sie wurden gebeten, diesen Prozess zu unterstützen.

Folgende Zahlen über die Altersstruktur der Belegschaft liegen vor:

Alter	Mit Arbeitsvertrag	Mit Ausbildungsvertrag
unter 16	2	4
16 und 17 Jahre alt	3	5
18 bis 24 Jahre alt	10	8
25 Jahre und älter	207	2

Der gewählte Betriebsrat setzt sich ausschließlich aus Beschäftigten der Gruppe „25 Jahre und älter mit Arbeitsvertrag" zusammen.

1.1.1 Für die Informationsveranstaltung zur JAV-Wahl sollen die nachfolgenden Punkte geklärt werden:

Begründen Sie,

- wie viele Personen bei der JAV-Wahl abstimmen dürfen,
- wie viele Personen sich als Kandidatin oder Kandidat aufstellen lassen können und
- aus wie vielen Mitgliedern die JAV bestehen würde.

1.1.2 Die Wahlen sollen im Juli 2025 stattfinden. Eine Auszubildende gibt zu bedenken; dass JAV-Wahlen nur in der Zeit vom 1. Oktober bis 30. November stattfinden dürfen.

Prüfen Sie die Rechtslage.

1.2 Nach der Informationsveranstaltung werden noch allgemein Fragen zur Ausbildung gestellt.

1.2.1 Ein Auszubildender im 2. Lehrjahr hat folgendes Anliegen:

„Meine Mutter hat einen neuen Arbeitsplatz in Hannover gefunden. Kann ich mit meiner Familie umziehen und an meinem neuen Wohnort dieselbe Ausbildung in einem anderen Unternehmen fortsetzen?"

- Prüfen sie die Rechtslage.
- Formulieren Sie einen begründeten Handlungsvorschlag.

1.2.2 Ein weiterer Auszubildender befürchtet, dass er seine Abschlussprüfung nicht bestehen wird.

Erläutern Sie dem Auszubildenden seine Rechte, falls er die Abschlussprüfung nicht besteht.

1.2.3 Eine 17-jährige Auszubildende schildert folgendes Problem:

„Ich arbeite gerade in der Exportabteilung. Derzeit sind viele Personen krank, sodass ich die nächsten beiden Samstage arbeiten soll."

Beurteilen Sie, ob diese Anweisung befolgt werden muss.

1.2.4 Eine andere 17-jährige Auszubildende beschwert sich, dass sie am Tag vor ihrer schriftlichen Abschlussprüfung nicht freigestellt wird.
Prüfen Sie, ob ihre Beschwerde berechtigt ist.

Aufgabe 2: Wirtschaftspolitisches Handeln in der sozialen Marktwirtschaft analysieren; Wirtschaftspolitische Einflüsse einschätzen

Sie arbeiten in einem großen Unternehmen in Süddeutschland, das sich Nachhaltigkeit in allen Bereichen zum Ziel gesetzt hat, und treffen sich mit Ihren Kolleginnen und Kollegen in der Mittagspause.

2.1 Während des Mittagessens ereignet sich folgendes Gespräch:

Amelie	„Habt ihr mitbekommen, dass unsere Kantine auf Bio-Essen umgestellt werden soll?"
Cenk	„Ja, ich habe das auch gehört. Das machen sehr viele andere Betriebskantinen auch schon. Aufgrund der Vielzahl der Anbieter ist wohl noch nicht klar, welche Lieferanten für unser Essen in der Kantine ausgewählt werden."

2.1.1 Stellen Sie die Marktsituation für Kantinenessen in Bio-Qualität in einer Skizze (Preis-Mengen-Diagramm) dar. (Annahme: Modell des vollkommenen Marktes)

2.1.2

Amelie	„Unsere Unternehmensführung nimmt das Ziel der Nachhaltigkeit sehr ernst."
Cenk	„Die für das Kantinenessen notwendigen Bio-Produkte werden im ökologischen Landbau produziert. Dazu habe ich in meiner Nachrichten-App heute Morgen einen interessanten Artikel gelesen. Es ging um die Bio-Strategie 2030 der Bundesregierung (**Anlage 2**)."

Skizzieren Sie die sich ergebenden Veränderungen des Marktgleichgewichts für Kantinenessen in Bio-Qualität in Ihrer Darstellung aus Teilaufgabe 2.1.1, wenn die Bio-Strategie 2030 erfolgreich umgesetzt wird.

Hinweis: Konnten Sie keine Skizze der Marktsituation in Teilaufgabe 2.1.1 anfertigen, beschreiben Sie die Veränderung des Marktgleichgewichts in Worten.

2.1.3 Erläutern Sie eine marktkonforme Maßnahme, die der Staat zur Umsetzung der Bio-Strategie 2030 ergreifen könnte.

2.2 Während des Gesprächs erinnert sich Amelie an die Demonstrationen der Landwirte im Januar 2024.

Amelie	„Könnt ihr euch noch an die Bauernproteste erinnern?“
Cenk	„Klar, nach dem Haushaltsurteil des Bundesverfassungsgerichtes fehlten dem Bund 17 Milliarden Euro. Die Ampelkoalition plante daher eigentlich, dass es ab 2024 keine Agrardieselrückvergütung* geben sollte. Außerdem sollte es auch keine Kfz-Steuerbefreiung mehr für land- und forstwirtschaftliche Fahrzeuge geben.“

** Zur Erläuterung: Land- und forstwirtschaftlichen Betrieben wird auf Antrag die im Dieselpreis enthaltene Mineralölsteuer anteilig erstattet.*

Erläutern Sie den Anpassungsprozess hin zum neuen Marktgleichgewicht auf dem Markt für Kantinenessen in Bio-Qualität aufgrund der in dieser Teilaufgabe beschriebenen, staatlich geplanten Maßnahme.

2.3 Durch die nachhaltige Transformation der Wirtschaft soll das Ziel des Erhalts einer lebenswerten Umwelt gefördert werden.

2.3.1 Beschreiben Sie eine mögliche Zielbeziehung zwischen dem Ziel des Erhalts einer lebenswerten Umwelt und dem Ziel des stetigen und angemessenen Wirtschaftswachstums.

2.3.2 Nennen Sie die vier weiteren wirtschaftspolitischen Ziele des magischen Sechsecks.

Anlage 1: Gesetzesauszüge

Auszug aus dem Berufsbildungsgesetz (BBiG)

§ 20 Probezeit
Das Berufsausbildungsverhältnis beginnt mit der Probezeit. Sie muss mindestens einen Monat und darf höchstens vier Monate betragen.

§ 21 Beendigung
(1) Das Berufsausbildungsverhältnis endet mit dem Ablauf der Ausbildungsdauer.
(2) Bestehen Auszubildende vor Ablauf der Ausbildungsdauer die Abschlussprüfung, so endet das Berufsausbildungsverhältnis mit Bekanntgabe des Ergebnisses durch den Prüfungsausschuss.
(3) Bestehen Auszubildende die Abschlussprüfung nicht, so verlängert sich das Berufsausbildungsverhältnis auf ihr Verlangen bis zur nächstmöglichen Wiederholungsprüfung, höchstens um ein Jahr.

§ 22 Kündigung
(1) Während der Probezeit kann das Berufsausbildungsverhältnis jederzeit ohne Einhalten einer Kündigungsfrist gekündigt werden.

(2) Nach der Probezeit kann das Berufsausbildungsverhältnis nur gekündigt werden
1. aus einem wichtigen Grund ohne Einhalten einer Kündigungsfrist,
2. von Auszubildenden mit einer Kündigungsfrist von vier Wochen, wenn sie die Berufsausbildung aufgeben oder sich für eine andere Berufstätigkeit ausbilden lassen wollen.

(3) Die Kündigung muss schriftlich und in den Fällen des Absatzes 2 unter Angabe der Kündigungsgründe erfolgen; [...]

Auszug aus dem Betriebsverfassungsgesetz (BetrVG)

§ 13 Zeitpunkt der Betriebsratswahlen

(1) Die regelmäßigen Betriebsratswahlen finden alle vier Jahre in der Zeit vom 1. März bis 31. Mai statt. Sie sind zeitgleich mit den regelmäßigen Wahlen nach § 5 Abs. 1 des Sprecherausschussgesetzes einzuleiten.

(2) Außerhalb dieser Zeit ist der Betriebsrat zu wählen, wenn
1. mit Ablauf von 24 Monaten, vom Tage der Wahl an gerechnet, die Zahl der regelmäßig beschäftigten Arbeitnehmer um die Hälfte, mindestens aber um fünfzig, gestiegen oder gesunken ist,
2. die Gesamtzahl der Betriebsratsmitglieder nach Eintreten sämtlicher Ersatzmitglieder unter die vorgeschriebene Zahl der Betriebsratsmitglieder gesunken ist,
3. der Betriebsrat mit der Mehrheit seiner Mitglieder seinen Rücktritt beschlossen hat,
4. die Betriebsratswahl mit Erfolg angefochten worden ist,
5. der Betriebsrat durch eine gerichtliche Entscheidung aufgelöst ist oder
6. im Betrieb ein Betriebsrat nicht besteht.

(3) Hat außerhalb des für die regelmäßigen Betriebsratswahlen festgelegten Zeitraums eine Betriebsratswahl stattgefunden, so ist der Betriebsrat in dem auf die Wahl folgenden nächsten Zeitraum der regelmäßigen Betriebsratswahlen neu zu wählen. Hat die Amtszeit des Betriebsrats zu Beginn des für die regelmäßigen Betriebsratswahlen festgelegten Zeitraums noch nicht ein Jahr betragen, so ist der Betriebsrat in dem übernächsten Zeitraum der regelmäßigen Betriebsratswahlen neu zu wählen.

§ 60 Errichtung und Aufgabe

(1) In Betrieben mit in der Regel mindestens fünf Arbeitnehmern, die das 18. Lebensjahr noch nicht vollendet haben (jugendliche Arbeitnehmer) oder die zu ihrer Berufsausbildung beschäftigt sind, werden Jugend- und Auszubildendenvertretungen gewählt.

(2) Die Jugend- und Auszubildendenvertretung nimmt nach Maßgabe der folgenden Vorschriften die besonderen Belange der in Absatz 1 genannten Arbeitnehmer wahr.

§ 61 Wahlberechtigung und Wählbarkeit

(1) Wahlberechtigt sind alle in § 60 Abs. 1 genannten Arbeitnehmer des Betriebs.
(2) Wählbar sind alle Arbeitnehmer des Betriebs, die das 25. Lebensjahr noch nicht vollendet haben oder die zu ihrer Berufsausbildung beschäftigt sind; § 8 Abs. 1 Satz 3 findet Anwendung. Mitglieder des Betriebsrats können nicht zu Jugend- und Auszubildendenvertretern gewählt werden.

§ 62 Zahl der Jugend- und Auszubildendenvertreter, Zusammensetzung der Jugend- und Auszubildendenvertretung

(1) Die Jugend- und Auszubildendenvertretung besteht in Betrieben mit in der Regel
5 bis 20 der in § 60 Abs. 1 genannten Arbeitnehmer aus einer Person,
21 bis 50 der in § 60 Abs. 1 genannten Arbeitnehmer aus 3 Mitgliedern,
51 bis 150 der in § 60 Abs. 1 genannten Arbeitnehmer aus 5 Mitgliedern,
151 bis 300 der in § 60 Abs. 1 genannten Arbeitnehmer aus 7 Mitgliedern,
301 bis 500 der in § 60 Abs. 1 genannten Arbeitnehmer aus 9 Mitgliedern,
501 bis 700 der in § 60 Abs. 1 genannten Arbeitnehmer aus 11 Mitgliedern,
701 bis 1.000 der in § 60 Abs. 1 genannten Arbeitnehmer aus 13 Mitgliedern,
mehr als 1.000 der in § 60 Abs. 1 genannten Arbeitnehmer aus 15 Mitgliedern.
[...]

§ 64 Zeitpunkt der Wahlen und Amtszeit

(1) Die regelmäßigen Wahlen der Jugend- und Auszubildendenvertretung finden alle zwei Jahre in der Zeit vom 1. Oktober bis 30. November statt. Für die Wahl der Jugend- und Auszubildendenvertretung außerhalb dieser Zeit gilt § 13 Abs. 2 Nr. 2 bis 6 und Abs. 3 entsprechend.
[...]

Auszug aus dem Jugendarbeitsschutzgesetz (JArbSchG)

§ 8 Dauer der Arbeitszeit

(1) Jugendliche dürfen nicht mehr als acht Stunden täglich und nicht mehr als 40 Stunden wöchentlich beschäftigt werden.
(2) Wenn in Verbindung mit Feiertagen an Werktagen nicht gearbeitet wird, damit die Beschäftigten eine längere zusammenhängende Freizeit haben, so darf die ausfallende Arbeitszeit auf die Werktage von fünf zusammenhängenden, die Ausfalltage einschließenden Wochen nur dergestalt verteilt werden, daß die Wochenarbeitszeit im Durchschnitt dieser fünf Wochen 40 Stunden nicht überschreitet. Die tägliche Arbeitszeit darf hierbei achteinhalb Stunden nicht überschreiten.
(2a) Wenn an einzelnen Werktagen die Arbeitszeit auf weniger als acht Stunden verkürzt ist, können Jugendliche an den übrigen Werktagen derselben Woche achteinhalb Stunden beschäftigt werden.
[...]

§ 10 Prüfungen und außerbetriebliche Ausbildungsmaßnahmen

(1) Der Arbeitgeber hat den Jugendlichen

1. für die Teilnahme an Prüfungen und Ausbildungsmaßnahmen, die auf Grund öffentlich-rechtlicher oder vertraglicher Bestimmungen außerhalb der Ausbildungsstätte durchzuführen sind,
2. an dem Arbeitstag, der der schriftlichen Abschlußprüfung unmittelbar vorangeht, freizustellen.

[...]

§ 16 Samstagsruhe

(1) An Samstagen dürfen Jugendliche nicht beschäftigt werden.

(2) Zulässig ist die Beschäftigung Jugendlicher an Samstagen nur

1. in Krankenanstalten sowie in Alten-, Pflege- und Kinderheimen,
2. in offenen Verkaufsstellen, in Betrieben mit offenen Verkaufsstellen, in Bäckereien und Konditoreien, im Friseurhandwerk und im Marktverkehr,
3. im Verkehrswesen,
4. in der Landwirtschaft und Tierhaltung,
5. im Familienhaushalt,
6. im Gaststätten- und Schaustellergewerbe,
7. bei Musikaufführungen, Theatervorstellungen und anderen Aufführungen, bei Aufnahmen im Rundfunk (Hörfunk und Fernsehen), auf Ton- und Bildträger sowie bei Film- und Fotoaufnahmen,
8. bei außerbetrieblichen Ausbildungsmaßnahmen,
9. beim Sport,
10. im ärztlichen Notdienst,
11. in Reparaturwerkstätten für Kraftfahrzeuge.

Mindestens zwei Samstage im Monat sollen beschäftigungsfrei bleiben.

[...]

Anlage 2

Bio-Strategie 2030 –

Nationale Strategie für 30 Prozent ökologische Land- und Lebensmittelwirtschaft bis 2030

Die Bio-Strategie 2030 zielt darauf ab, [...] die geeigneten Rahmenbedingungen zu schaffen und bestehende Hürden zu beseitigen, damit bis zum Jahr 2030 30 Prozent der landwirtschaftlichen Fläche in Deutschland ökologisch bewirtschaftet werden können. [...]

Damit Angebot und Nachfrage ökologischer Produkte in gleichem Maße wachsen, sind die parallele Entwicklung der ökologischen Lebensmittelwirtschaft und die Erhöhung des Konsums von Bio-Produkten nötig. [...]

Immer mehr Menschen essen auswärts – Mehr als 16 Mio. Menschen essen täglich in Kitas, Schulmensen, betrieblichen Kantinen oder Senioreneinrichtungen [...]. Bringt man diese Entwicklungen mit dem Wunsch vieler Menschen nach gesunder und nachhaltiger Ernährung zusammen, entsteht großes Potenzial für mehr Bio in der Außer-Haus-Verpflegung. [...]

Quelle: Bundesministerium für Ernährung und Landwirtschaft: Bio-Strategie 2030, S. 10, 32. In: https://www.bmel.de/DE/themen/landwirtschaft/oekologischer-landbau/bio-strategie-2030.html [17.07.2025].

Bildquellenverzeichnis

DIHK Deutsche Industrie- und Handelskammer, Berlin: 60.1, 61.1, 75.1, 76.1.
OKS Group, Delhi: 9.1, 10.1, 12.1, 15.1, 16.1, 18.1, 19.1, 20.1, 21.1, 27.1, 28.1, 31.1, 31.2, 32.1, 33.1, 35.1, 37.1, 40.1, 45.1, 46.1, 49.1, 51.1, 52.1, 94.1, 94.2, 96.1, 102.1, 102.2, 103.1, 103.2, 104.1, 105.1, 106.1, 107.1, 109.1, 110.1, 111.1, 112.1, 113.1, 116.1, 117.1, 118.1, 120.1, 121.1, 122.1, 122.2, 124.1, 124.2, 126.1, 127.1, 130.1, 131.1, 134.1, 139.1, 141.1, 142.1, 144.1, 144.2, 145.1, 147.1, 148.1, 150.1, 161.1, 162.1, 163.1, 168.1, 170.1, 171.1, 172.1, 173.1, 176.1, 177.1, 181.1, 182.1, 183.1, 185.1, 186.1, 191.1, 192.1, 193.1, 195.1, 196.1, 197.1, 198.1, 200.1, 201.1, 202.1, 202.2, 203.1, 207.1; bearbeitet von YPS – York Publishing Solutions Pvt. Ltd. 25.1, 44.1, 194.1.
Picture-Alliance GmbH, Frankfurt a.M.: dpa-infografik 211.1.
stock.adobe.com, Dublin: pkchai 239.1, 239.3, 239.5, 239.7; sebra 239.2, 239.4, 239.6, 239.8.
YPS – York Publishing Solutions Pvt. Ltd.: 41.1, 43.1, 47.1, 48.1, 48.2, 50.1, 55.1, 56.1, 57.1, 58.1, 99.1, 125.1, 129.1, 133.1, 135.1, 137.1, 153.1, 156.1, 160.1, 166.1, 184.1, 188.1, 189.1, 190.1, 204.1, 212.1, 213.1, 216.1, 217.1, 221.1, 229.1, 234.1, 235.1, 236.1, 237.1, 240.1, 250.1, 251.1.